Gault&Millau

Hotelguide Österreich

HERAUSGEBER & CHEFREDAKTION

Martina & Karl Hohenlohe

2023

www.gaultmillau.at

Inhalt

Vorwort 4

Auszeichnungen 7

News 14

Die besten Hotels Österreichs 21

Landkarte 23

Jahrgangsbewertungen 292

Index A–Z 293

Impressum 19

Vorwort

© Philipp Lipiarski

Dem Alltag entfliehen – und das, ohne weit zu verreisen. Österreich beheimatet eine Fülle an erstklassigen Hotels, die sich 2022 endlich über ihren langersehnten Aufschwung seit Beginn der Coronapandemie freuen durften. Mit diesen guten Nachrichten und mit der Hoffnung, dass kommendes Jahr noch besser wird, möchten wir Ihnen mit dem neuen Gault&Millau-Hotelguide eine Auswahl der besten Betriebe präsentieren.

Bei der Entscheidung für das passende Hotel hegt jeder Gast seine eigenen Ansprüche und Vorstellungen. Unabhängig davon, wie lange der Aufenthalt dauert, sucht jede und jeder ein besonderes Flair und Ambiente, das auf die persönlichen Vorlieben zugeschnitten ist. Unser Guide soll für genau diese anspruchsvollen Hotelbesucherinnen und Hotelbesucher ein maßgeschneidertes Angebot bereithalten.

An dieser Stelle muss erwähnt werden, dass wir uns in der überaus glücklichen Lage befinden, eine Vielzahl an hochkarätigen Hotelbetrieben in Österreich zu haben. Gleichzeitig wird einem dadurch jedoch auch die Auswahl erschwert. Diverse Bewertungsplattformen und Suchmaschinen versprechen Abhilfe, lassen uns aber oft als Suchende zurück oder sorgen sogar für böse Überraschungen.

Anders als eine wahllose Aneinanderreihung von Betrieben, versteht sich unser Guide als zeitloser Hotelführer in haptischer Form, der das Beste aus Österreichs Hotellerie vorstellt.

452 Hotels sind es, die wir für Sie auf den nachfolgenden Seiten zusammengefasst haben – allesamt mit einzigartigen Angeboten und Ausrichtungen. Für einen besseren Überblick – und um Ihnen die Suche nach dem perfekten Hotel zu erleichtern – haben wir 19 Kategorien erstellt, die sich folgendermaßen gliedern:

Adults only, Aktiv, Am Wasser, Chalets, City, Design, Familie, Geheimtipps, Golf, Halbpension, Hund, Luxus, Medical-Kur, Natur, Romantisch, Schlosshotels/Burgen, Seminar, Ski-in & Ski-out, Wellness

Mit größter Sorgfalt haben wir nicht nur versucht, damit die besten Hotels in einem Guide zu vereinen, sondern auch jedem Gast – mögen die Bedürfnisse noch so verschieden sein – das ideale Hotelerlebnis zu ermöglichen. Dabei werden Einzelpersonen gleichermaßen fündig wie Familien, Geschäftsreisende, Aktivurlauberinnen und -urlauber oder jene, die ganz einfach auf der Suche nach vollkommener Ruhe sind. Zudem freuen wir uns über Ihre Wünsche und Anregungen, die wir gerne in zukünftigen Guides berücksichtigen werden.

Wir hoffen, dass Sie bei unserer Auswahl das Passende finden, und wünschen Ihnen viel Freude sowie spannende, erholsame und vor allem besondere Aufenthalte in den vorgestellten Spitzenhotels.

Herzlichst

Martina und Karl Hohenlohe

Herausgeber Gault&Millau

© alle Fotos: Roswitha Schneider

Biohotel Schwanen

Hotel des Jahres 2023

Das Biohotel Schwanen im Bregenzerwald ist ein Glücksfall von einem Hotel.

Es liegt in Bizau, und man erreicht es, wenn man über den Arlberg in den Bregenzerwald fährt, etwa auf halber Strecke zwischen Arlbergpass und Bodensee.

Die Familie Moosbrugger, tief in der Region verwurzelt, hat 2009 das Hotel umgestaltet.

Das Haus besticht durch eine klare und reduzierte Ästhetik ebenso wie durch sein typisches Bregenzerwälder Erscheinungsbild.

Hermann Kaufmann, der Architekt, hat hier gemeinsam mit der Familie Moosbrugger ganze Arbeit geleistet. Trotz aller Modernität fügt sich das Schwanen organisch und vor allem harmonisch in seine Umgebung ein. Ein Gefühl, das sich vom ersten Moment an auch auf die Gäste überträgt. Antonia und Wolfgang Moosbrugger haben das Zepter im Hotel mittlerweile an ihren Sohn Emanuel übergeben, der nun das Biohotel in fünfter Generation führt.

Die Zimmer im Schwanen sind ein Traum. Solide Weißtannenwände, von Handwerkern gezimmert, das Parkett aus Eichenholz, eine klare Linienführung und der bewusste

Verzicht auf alles, was man nicht braucht. Und das ist in vielen Hotelzimmern sehr viel. „Reduce to the max" nennt Emanuel Moosbrugger dieses Konzept. So setzen die Zimmer beim Betreten einen Entschleunigungsprozess in Gang, der mit Geist und Seele das Gleiche macht: die Reduktion aufs Wesentliche. Am Herd stand lange Antonia Moosbrugger Seite an Seite mit Franziska Hiller. Gemeinsam prägten sie die Küche des Schwanen und den Begriff der „wilden Weiber" – mit dabei auch die Ideen der Mystikerin Hildegard von Bingen. Antonia hat die Regie in der Küche bereits an Franziska Hiller weitergegeben und zum „wilden Weib" kam noch ein „tougher Typ": Thorsten Probost, „Gault&Millau-Koch des Jahres 2008", heuerte heuer beim Schwanen an. Die Küchenlinie verspricht Leichtigkeit, filigranen Genuss und 100 Prozent Bio.

Biohotel Schwanen
6874 Bizau, Kirchdorf 77

© Alle Fotos: Jürgen Schmücking

Grafenast

Ambiente Award 2023

Die Wurzeln von Grafenast reichen weit in die Vergangenheit zurück. 1907 hat der „Toni" eine Rodelhütte am Pillberg gebaut.

Den Baugrund dafür hat er der Familie Goëss-Enzenberg abgekauft, den Grafen vom nahen Schloss Tratzberg. Der Rodeltoni ist der Urgroßvater von Peter Unterlechner, der heute den Betrieb führt.

Und natürlich hat sich in den letzten 115 Jahren einiges getan.

Grafenast ist keine Rodelhütte mehr, obwohl die ursprüngliche Stube erhalten wurde und heute noch den lebendigen Kern des Hauses darstellt.

Grafenast ist ein Refugium für all jene, die Ruhe suchen. Ein Ort, an dem Eltern ihren Kindern mehr zeigen können, als sie ahnen.

Vom Weg der Sinne mit seinen in die wilde Natur gestellten Skulpturen bis zu Pilzwanderungen, bei denen Essbares von Ungenießbarem unterschieden wird und danach die Pfannen geschwungen werden.

Die Sauna hat die Form einer Jurte und wurde spektakulär in die Baumkronen neben dem Hotel gebaut. Und der Blick von der Terrasse über das Inntal ist ein Grandiosum. Eine „Aste" ist übrigens so etwas wie eine Alm – nur nicht so weit oben.

Grafenast
6136 Pill, Pillbergstraße 205

Chesa Valisa

Entdeckung des Jahres 2023

Magdalena und David Kessler

Die Keimzelle des Chesa Valisa, das Stammhaus, ist ein halbes Jahrtausend alt. Das ist eine ziemliche Ansage, wenn es darum geht, auf Tradition zurückzublicken.

Mit den Geschwistern Magdalena und David Kessler hat mittlerweile die 14. Generation der Familie Kessler das Ruder des Betriebs im Kleinwalsertal übernommen.

Ein Hotel mit derart weit zurückreichender Geschichte jetzt als „Entdeckung des Jahres" zu präsentieren, da ist der leise Vorwurf, ein bisschen was verschlafen zu haben, nicht gänzlich ungerechtfertigt. Akzeptiert. Wir waren aber so begeistert vom Chesa Valisa, dass wir den Hinweis zwar hören, uns aber trotzdem für die Auszeichnung entschieden haben. Einfach, weil es ein wunderschöner, kraftvoller und mit viel Liebe und Empathie geführter Familienbetrieb ist, in dem man sich vom ersten Moment an wohlfühlt.

Der Kern wurde bewahrt, und auch wenn rundherum wunderschöne und moderne Gebäude mit klarer Linie und viel Holz für die Gäste errichtet wurden, ist das Stammhaus selbst immer noch das klassische holzgestrickte Walserhaus (und das wird es auch bleiben). Ein alpines Paradies für Genießer, Wanderer, Biker und andere Bergsportler.

Chesa Valisa
6992 Hirschegg/Kleinwalsertal, Gerbeweg 18

Hotelgeflüster

Wir präsentieren die spannendsten Neuigkeiten aus der Hotelwelt. Hier finden Sie einen Überblick der baldigen und neu zu erwartenden Hotelprojekte.
Wir versuchen natürlich, so aktuell wie möglich zu berichten. Doch der Redaktionsschluss verhindert, manche spannenden Projekte in voller Ausführung zu berücksichtigen.

© Gregor Hofbauer

◂ Galántha Eisenstadt

Esterhazypl. 3, 7000 Eisenstadt

Dass Eisenstadt definitiv eine Reise wert ist, liegt nicht nur an den vielen Sonnenstunden und der traditionsreichen Musikgeschichte, auf die die Haydnstadt zurückblickt. Mit dem Hotel Galántha hat sich vis-à-vis vom Schloss Esterházy ein Hotel aufgetan, das sowohl für Touristen als auch für Einheimische eine Bereicherung bringt. Highlights sind neben den 120 Zimmern im mondänen Stil das Restaurant mit Showküche und einem Indoorgrill sowie die Rooftop-Bar, die einen einzigartigen Blick über die Stadt eröffnet.

▴ Falkensteiner Hotel Montafon

Latschaustraße 45, 6774 Tschagguns

Im Dezember 2022 eröffnete ein Familienhotel inmitten der Montafoner Alpenlandschaft, das neben einer beeindruckenden Architektur über eine großzügige Außenanlage verfügt. Das 5-Sterne-Haus aus der Falkensteiner Familie folgt einem zukunftsweisenden Konzept mit Fokus auf Regionalität und Nachhaltigkeit. Für Genussmomente sorgen die hoteleigenen Restaurants mit moderner sowie traditioneller Küche. Die günstige Lage direkt am Erlebnisberg Golm ermöglicht darüber hinaus im Sommer wie im Winter unzählige Freizeitaktivitäten.

The Resort Scheiblhofer ▸

Resortplatz 1, 7163 Andau

Mit The Resort hat das Weingut Scheiblhofer sein Portfolio um ein hochkarätiges Wein-Wellness-Hotel erweitert. Nahe des Andauer Guts im Bezirk Neusiedl am See wurde das 4-Sterne-Superior-Resort Anfang 2022 errichtet: Es ist mit 118 Zimmern, einem hoteleigenen Restaurant sowie einem 4.000 Quadratmeter großen Spa-Bereich ausgestattet. Dabei sollen Weinliebhaber ebenso wie Familien angesprochen werden. Wie das Weingut selbst, möchte auch das Hotel Nachhaltigkeitsgedanken entsprechen und zudem einen Mehrwert für die Region bieten.

© O11 Boutique Hotel Vienna

◂ The Amauris Vienna

Kärntner Ring 8, 1010 Wien

Prachtvoll und anmutend – so versteht sich das neue Hotel Amauris Vienna, ehemals The Ring Hotel, an der Ringstraße. Im Stil des 19. Jahrhunderts und in zeitgenössischer Eleganz gehalten, hat sich das Luxus-Boutiquehotel die reiche Kultur Wiens als Vorbild genommen. Die Gäste werden hier nach ereignisreichen Tagen in der Hauptstadt dazu eingeladen, in den hoteleigenen Restaurants und dem Spa-Bereich auf höchstem Niveau zu entspannen, bevor es in die luxuriös eingerichteten Zimmer und Suiten geht.

▴ O11 Boutique Hotel

Opernring 11, 1010 Wien

Im Herzen der Wiener Innenstadt gelegen und nur wenige Gehminuten von der Staatsoper entfernt, befindet sich das O11 Boutique Hotel. Mit seinen 49 Zimmern, die allesamt individuell eingerichtet sind, verbindet das Hotel historischen Charme mit modernen Akzenten. Ein besonderes Highlight bildet das Fine-Dining-Restaurant Hayakan, das unter der Leitung von Spitzenkoch Kevin Micheli steht und über einen Chef's Table verfügt. Darüber hinaus hält das Haus mit dem hoteleigenen Club auch Passendes für Nachtschwärmer bereit.

tele
saintstephens | Foto: Monika Saulich
WENN WIR UNSERE RESSOURCEN WEITERHIN SO VERSCHWENDEN, HABEN WIR BALD ALLE EIN PROBLEM!
Leo Hillinger
BIO-Winzer, Puls4-Investor, Business Angel und Klimaaktivist

Herausgeber	Karl Hohenlohe, Mag. Martina Hohenlohe
Chefredakteurin	Mag. Martina Hohenlohe
Produktionsleitung	Paul Golger, *paul.golger@gaultmillau.at*
Mitarbeiter der Redaktion	Kathrin Biffl, BA, *kathrin.biffl@gaultmillau.at*
	Derya Metzler, BA, derya.metzler@gaultmillau.at
	Astrid Panowetz, BA, *astrid.panowetz@gaultmillau.at*
Technische Umsetzung	i-security, 1050 Wien
	Blacksheep Productions
Lektorat	Das Textatelier, Mag. Sandra Bak, *office@das-textatelier.at*
Landkarten	ARGE KARTO, Mag. Herwig Moser,
	3152 St. Georgen, *arge.karto@aon.at*
Leserservice Österreich	*Leserservice@gaultmillau.at*
	Gault&Millau, Strohgasse 21a, A-1030 Wien,
	Tel.: +43(0)1/7124384-25,
Internet	www.gaultmillau.at
Vertrieb A	Mohr-Morawa, Wien,
	Tel.: +43(0)1/680140
Vertrieb D/CH	Libri GmbH, Friedensallee 273, 22763 Hamburg,
	Tel.: +49 (0)40 85 39 80, *Libri@libri.de*
Leitung Marketing & Sales	Josef Jungmann, *josef.jungmann@gaultmillau.at*
Marketing & Sales	Sebastian Bock, BA, *sebastian.bock@gaultmillau.at*
	Oliver Gattringer, MA, *oliver.gattringer@gaultmillau.at*
	Stefanie Haring, BA, *stefanie.haring@gaultmillau.at*
	Jennifer Rahberger, B.Ed., *jennifer.rahberger@gaultmillau.at*
Layout & Satz	Sophie Wurnig, BA, *sophie.wurnig@gaultmillau.at*
Herstellung	Druck Styria GmbH & Co KG, A-8042 Graz,
	www.styriaprintgroup.com
Verlag	KMH Media-Consulting GesmbH,
	Strohgasse 21A, A-1030 Wien,
	Tel: +43/(0)1/7124384-29

ISBN 978-3-9505094-4-1

© Shutterstock – Mr Doomits

Kapitel

Adults Only – 24
Aktiv – 34
Am Wasser – 50
Chalets – 68
City – 84
Design – 98
Familie – 114
Geheimtipps – 128
Golf – 154
Halbpension – 164
Hunde – 174
Luxus – 182
Medical Kur – 200
Natur – 206
Romantisch – 230
Schlösser – 238
Seminar – 246
Ski in Ski out – 258
Wellness – 268

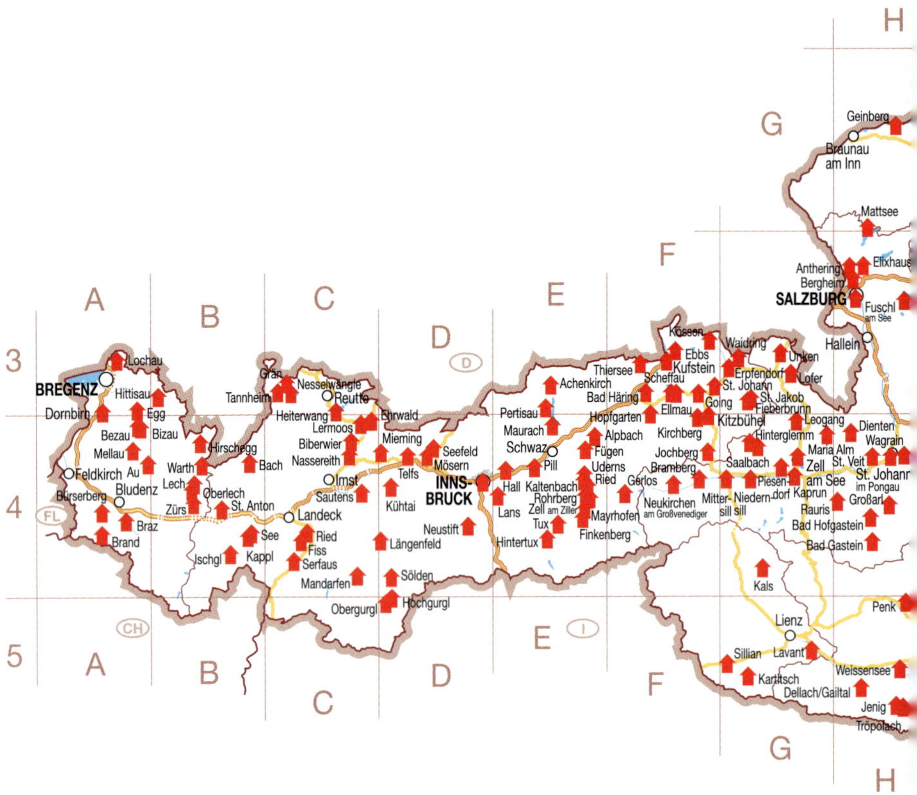
A
B
C
D
E
F
G
H
3
4
5
FL
CH
D
I
BREGENZ
Lochau
Hittisau
Dornbirn
Egg
Bezau
Bizau
Mellau
Au
Feldkirch
Bludenz
Bürserberg
Braz
Brand
Hirschegg
Warth
Lech
Oberlech
Zürs
St. Anton
Ischgl
Kappl
See
Landeck
Ried
Fiss
Serfaus
Bach
Grän
Tannheim
Nesselwängle
Reutte
Heiterwang
Lermoos
Ehrwald
Biberwier
Nassereith
Mieming
Imst
Sautens
Telfs
Kühtai
Seefeld
Mösern
INNS-
BRUCK
Neustift
Längenfeld
Sölden
Mandarfen
Obergurgl
Hochgurgl
Achenkirch
Pertisau
Maurach
Schwaz
Pill
Hall
Lans
Kaltenbach
Rohrberg
Zell am Ziller
Tux
Hintertux
Mayrhofen
Finkenberg
Thiersee
Bad Häring
Hopfgarten
Alpbach
Fügen
Uderns
Ried
Gerlos
Kössen
Ebbs
Kufstein
Scheffau
Ellmau
Kirchberg
Jochberg
Bramberg
Neukirchen
am Großvenediger
Going
St. Johann
Kitzbühel
Waidring
Erpfendorf
St. Jakob
Fieberbrunn
Unken
Lofer
Hinterglemm
Saalbach
Mitter-
sill
Niedern-
sill
Piesen-
dorf
Leogang
Zell
am See
Kaprun
Rauris
Bad Hofgastein
Bad Gastein
Maria Alm
Dienten
Wagrain
St. Veit
St. Johann
im Pongau
Großarl
Kals
Lienz
Sillian
Lavant
Kartitsch
Dellach/Gailtal
Weissensee
Jenig
Tröpolach
Penk
Geinberg
Braunau
am Inn
Mattsee
Anthering
Bergheim
Elixhausen
SALZBURG
Fuschl
am See
Hallein

LANDKARTE

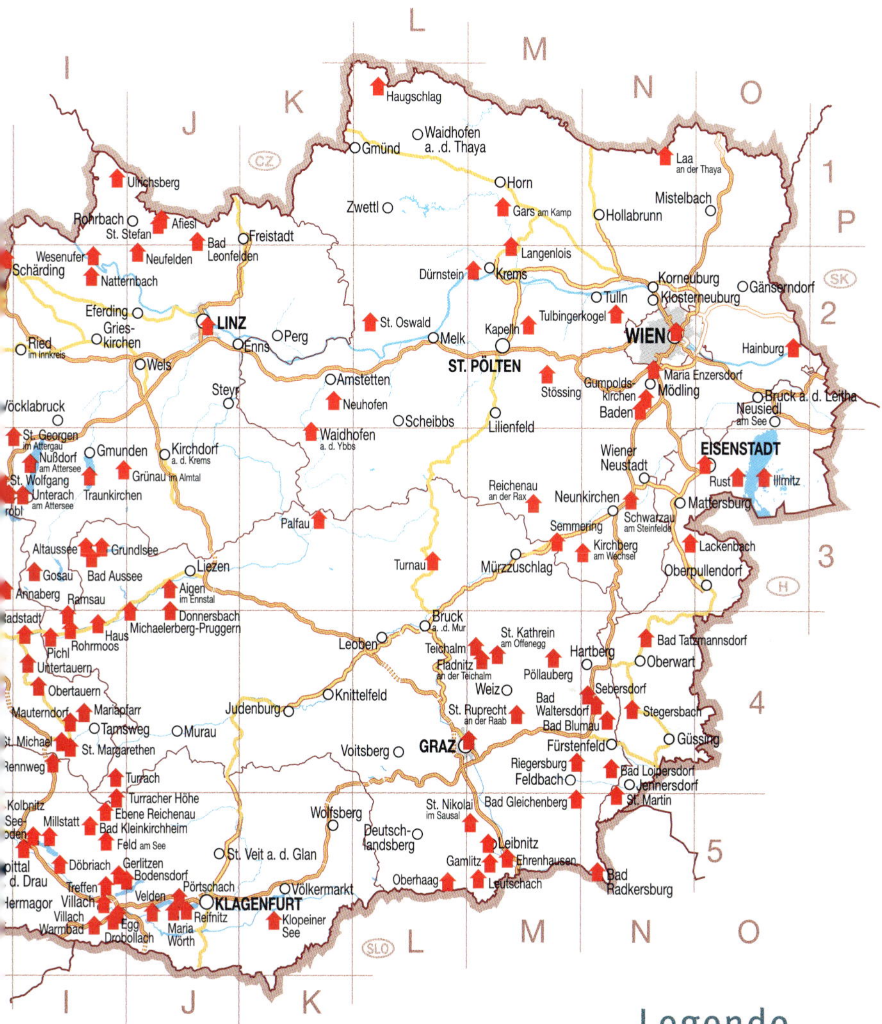

Legende

○ Orte allgemein

Hotels

HOTELS

ADULTS
ONLY

Die besten Adults Only-Hotels

Die besten Adults Only-Hotels, die ungestörte Zweisamkeit, Ruhe und Entspannung bieten und dabei ideal auf die Bedürfnisse Erwachsener ausgerichtet sind.

Am Holand
Au im Bregenzerwald

Aviva
St. Stefan am Walde

Burgi's Living
Lech am Arlberg

Falkensteiner Balance Resort
Stegersbach

Falkensteiner Hotel & Spa
Bad Leonfelden

FourElements
Palfau

Geniesserhotel Unterlechner
St. Jakob in Haus

Goldstück
Saalbach/Hinterglemm

Haldensee
Nesselwängle

Juffing Hotel & Spa
Thiersee

Kronthaler
Achenkirch

Mühle Resort 1900
Obergurgl

Reiters Reserve Supreme Hotel
Bad Tatzmannsdorf

Seewirt
Mattsee

Spa Resort Styria
Bad Waltersdorf

Stein
Salzburg

Winzer
St. Georgen im Attergau

Achenkirch

TIROL E3

Das Kronthaler

6215 Achenkirch, Am Waldweg 105 a
www.daskronthaler.com
welcome@daskronthaler.com
Tel.: 05246 6389

Zahlreiche Erlebnisse erwarten den Gast im Adults-only-Hotel Kronthaler – es besticht allein schon durch seine zauberhafte Lage direkt an der Skipiste und dem Blick über die Naturparkgemeinde Achenkirch. Nach sportlichen Aktivitäten wie Yoga, Stand-up-Paddling, geführten Klettertouren oder einer Fahrt im ausgeliehenen Porsche 911 Carrera Cabriolet belohnt man sich in der natur[e]. spa.BOXX. Für das richtige Styling sorgt der hauseigene Salon Haarmanufaktur. Im Alpine Lifestyle Hotel liegt auch ein großer Fokus auf urbaner Kunst und Kultur, so füllen verschiedene Künstler mit ihren Werken das Haus.

Au im Bregenzerwald

VORARLBERG B4

Am Holand

6883 Au im Bregenzerwald, Holand 24
www.amholand.at
info@amholand.at
Tel.: 05515 2932

Tage der Freude, des Glücks und des Genießens – das ermöglicht Familie Simma ihren Gästen seit Generationen in ihrem kleinen, aber feinen Hotel Am Holand. Die Verbindung aus Tradition und Moderne gelingt hier ausgezeichnet. So wurde das alte Stammhaus im Winter 2021 renoviert und erstrahlt nun in neuem Glanz: Neue Panorama-Zimmer sind dazugekommen und man kann in der neuen Bar einen Blick in die Frontküche werfen. Wunderbar ist die Bio-Zirbensauna mit Blick auf die Kanisfluh, getoppt wird dies nur noch vom sechsgängigen Gourmetmenü, bei dem vor allem Qualität und Regionalität im Mittelpunkt stehen.

Bad Leonfelden

OBERÖSTERREICH K1

Falkensteiner Hotel & Spa Bad Leonfelden

4190 Bad Leonfelden, Wallseerstraße 10
www.falkensteiner.com/hotel-spa-bad-leonfelden
reservations.badleonfelden@falkensteiner.com
Tel.: 07213 20687911

Inmitten der idyllischen Mühlviertler Hügellandschaft findet man mit dem Falkensteiner Hotel & Spa Bad Leonfelden den perfekten Ort, um sich eine Auszeit vom Alltag zu nehmen. Durch die Adults-only-Policy (ab 14 Jahren) kommt man hier bestens zur Ruhe. Der geliebte vierbeinige beste Freund darf einen jedoch begleiten und wird genauso herzlich vom engagierten Team begrüßt wie man selbst. Während der Hund auf dem gemütlichen Zimmer bleibt, genießt man die Annehmlichkeiten des Acquapura Spa. Besonders ist das neue Genuss-Inklusiv-Arrangement, bei welchem man den ganzen Tag mit Köstlichkeiten verwöhnt wird.

Bad Tatzmannsdorf BURGENLAND N4

Reiters Reserve Supreme Hotel

7431 Bad Tatzmannsdorf, Am Golfplatz 1
www.reiters-hotels.com
info@reiters-reserve.at
Tel.: 03353 8841-0

Das Reiters Reserve Supreme Hotel hat für jeden Geschmack etwas zu bieten: Hier finden Erwachsene ab 16 Jahren Entspannung genauso wie Aktivität. Der 8.200 m² große Thermalspa mit neun Pools lädt zum Relaxen ein, ein umfassendes Aktivprogramm sorgt für Abwechslung. Tierliebende werden vom angeschlossenen Lipizzanerhof begeistert sein, Modebewusste können sich in der Bellezza Boutique neu einkleiden. In mehreren Restaurants werden die Gäste verwöhnt, das Highlight stellt jedoch das Abendmenü aus der Top-Küche von 3-Hauben-Koch Helmuth Gangl dar, welches auch vegan zubereitet wird.

Bad Waltersdorf STEIERMARK N4

Spa Resort Styria

8271 Bad Waltersdorf, Buchgreithweg 351
www.sparesortstyria.com
reservation@sparesortstyria.com
Tel.: 03333 31065

Im Spa Resort Styria dreht sich alles um das steirische Lebensgefühl. Gelegen in Bad Waltersdorf inmitten der sanften Hügellandschaft, werden die Gäste mit einem Relax-, Sport- und Healthprogramm sowie der steirischen Gastfreundschaft verwöhnt. Im Mittelpunkt steht vor allem die Ruhe, welcher man sich hier beim luxuriösen Adults-only-Thermenurlaub sicher sein kann. Der Gold Spa erstreckt sich über 2.500 m² und verfügt über mehrere Pools sowie eine weitläufige Saunalandschaft. Auch für ein abwechslungsreiches Aktivprogramm (unter anderem Aerobic, Nordic Walking und Wirbelsäulengymnastik) und höchstqualitative Gaumenfreuden ist gesorgt.

Burgi's Living

6764 Lech am Arlberg, Zug 759
www.burgis-lech.at
info@burgis-lech.at
Tel.: 0664 927 1763

Modern, chic und ohne überflüssigen Kitsch gestaltet – das kleine Adults-only-Hotel in Zug bei Lech am Arlberg bietet einen gemütlichen Rückzugsort für all jene, die sich eine relaxte Auszeit gönnen möchten. Das Haus ist der perfekte Ausgangsort zum Skifahren – man ist innerhalb weniger Schwünge beim Lift. Am besten stärkt man sich davor beim ausgiebigen regionalen Frühstück. Nach einem sportlichen Tag gönnt man sich einen Gang in die Sauna und einen erfrischenden Drink aus der Trust Bar, welche auf einem Selbstbedienungskonzept basiert. Erwähnenswert: LGBTIQ+- und hundefreundlich.

Mattsee SALZBURG H3

Seewirt Mattsee

Kuschelhotel & Spa am See

5163 Mattsee, Seestraße 4
www.seewirt-mattsee.at
kuscheln@seewirt-mattsee.at
Tel.: 6217 5271

Zu jeder Jahreszeit verspricht das Adults-only-Hotel Seewirt Mattsee einen herrlichen Urlaub in trauter Zweisamkeit. Die idyllische Lage am Wasser lädt zu romantischen Spaziergängen ein, auch die sonstige Umgebung hat einiges zu bieten: Das freundliche Personal ist gerne bei der Organisation von Erlebnissen wie Kutschen- und Ballonfahrten oder Paar-Fotoshootings behilflich. Highlights im Hotel sind die kuscheligen Zimmer und die Spa-Suiten mit eigener Sauna, der Wellnessbereich Himmelreich und das mit einer Haube prämierte Restaurant „Lustreich“, in welchem man aphrodisierende Menüs genießt.

Nesselwängle TIROL C3

Haldensee

6672 Nesselwängle, Haller 27
www.haldensee-hotel.com
info@haldensee-hotel.com
Tel.: 05675 20727

In einzigartiger Lage im Tannheimer Hochtal, direkt am Ufer des Haldensees, findet man hier den optimalen Ort für ein umfassendes Natur-, Genuss- und Wellnesserlebnis. In den gemütlichen Zimmern spürt man die Natur – jedes verfügt über eine Loggia oder eine Terrasse mit sagenhaftem Ausblick. Dank des umfassenden Aktiv- und Vitalprogramms und dem Wellnessbereich mit

Infinity-Freibad, Bio-Sauna und vielem mehr findet hier jeder Gast die passende Art der Entspannung. Auch das Essen ist ein Erlebnis: Mit frischen Zutaten von ausgewählten Lieferanten kreiert das Küchenteam abwechslungsreiche Menüs und Themenbuffets.

Obergurgl

TIROL D5

Mühle Resort 1900

6456 Obergurgl,
Gurgler Straße 87

www.muehle-resort.at
info@muehle-resort.at

Tel.: 05256 6767

Fernab von Hektik und Lärm findet man mit dem Mühle Resort der Familie Gstrein-Nösig einen wunderbaren Rückzugsort. Auf 1.900 Metern können Gäste ab 14 Jahren entspannen und die atemberaubende Aussicht auf die Ötztaler Alpen genießen. Im Spa-Bereich erholt man sich auf zwei Etagen. Die gelebte Gastlichkeit garantiert in Kombination mit dem liebevoll designten Interieur ein einmaliges Wohlfühlerlebnis. Dazu trägt auch die sogenannte AlpenCOOLinarik bei: Um sich optimal auf den Genuss zu konzentrieren, werden die Gäste gebeten, das Essen handyfrei zu sich zu nehmen. Eine schöne Art der Entschleunigung!

FourElements

Living by Berger

8923 Palfau,
Palfau 3

www.fourelements.world
office@fourelements.world

Tel.: 0676 898 509106

Die meisten Chalets beeindrucken mit einer Top-Lage – so spektakulär wie bei den Adults-only-Häusern von FourElements – Living by Berger ist sie meist aber nicht. Die Häuser Erde, Feuer und Wasser liegen hoch über der Salza, teilweise über der Schlucht schwebend. Sie verzaubern mit elegantem Design und herrlichem Ausblick. Für nicht ganz schwindelfreie Gäste bietet sich das luxuriöse Haus Eisvogel an, welches sogar über einen Naturpool verfügt. In jedem Haus finden sich eine Sauna und ein Hot Tub. Kulinarisch versorgt man sich entweder selbst oder lässt sich vom Privatkoch ein köstliches Dinner zaubern.

Saalbach/Hinterglemm SALZBURG G4

Goldstück

5753 Saalbach/Hinterglemm,
Obertaxingweg 534

www.goldstueck-saalbach.at
info@goldstueck-saalbach.at

Tel.: 0664 130 8582

In diesem kleinen, aber feinen Adults-only-Hotel geht es vor allem um das Erschaffen von Glücksmomenten für die Gäste. Dies ist eine sehr individuelle Angelegenheit, allerdings kann man sicher sein, dass im Goldstück das Passende gefunden wird – dafür sorgen die herzlichen Gastgeber. Hier findet man diverse Rückzugsorte, sei es die Bibliothek mit Kamin, welche auch als Kino dient, der traumhafte Infinitypool oder die idyllische Liegewiese. Ein Highlight ist die Hausbar mit herrlichen Signature Drinks, wunderbar auch das Frühstück (hier Frühglück genannt) und das All-you-can-eat-Abendessen.

Salzburg SALZBURG H3

Stein

5020 Salzburg,
Giselakai 3-5

www.hotelstein.at
info@hotelstein.at

Tel.: 0662 8743460

Im Luxushotel in Salzburg vereinen sich Design, Kunst und Lifestyle. Edle Stoffe, hochwertige Materialien und manchmal sogar kunstvoll verzierte Decken verbergen sich in den Zimmern. Für atemberaubende Aussichten sorgt die Rooftop-Terrasse mit Blick über die Dächer der Mozartstadt. Ebenso erstklassig ist das kulinarische Angebot von Andreas Senn.

St. Georgen im Attergau — OBERÖSTERREICH I3

Winzer

Wellness & Kuscheln

4880 St. Georgen im Attergau, Kogl 66
www.hotel-winzer.at
info@hotel-winzer.at
Tel.: 07667 6387

Das Hotel Winzer am malerischen Attersee verspricht die idealen Rahmenbedingungen für einen ungestörten Kuschelurlaub. Im romantischen Adults-only-Hotel nächtigt man in edlen Zimmern und Suiten, welche teilweise über Wasserbetten, eigene Whirlpools und Kamine verfügen. Im größten Hotel-Spa des Salzkammerguts findet man in drei Bereichen auf 5.000 m² verschiedene Pools, Saunen und Entspannungsoasen, außerdem können Paaranwendungen gebucht werden. Mit der Dreiviertel-Verwöhnpension wird man kulinarisch verwöhnt, Höhepunkt des Tages ist das 5-Gänge-Dinner, welches man an liebevoll dekorierten Tischen einnimmt.

St. Jakob In Haus — TIROL G3

Geniesserhotel Unterlechner

6392 St. Jakob In Haus, Reith 23
www.unterlechner.com
anfrage@unterlechner.com
Tel.: 05354 88291
0664 225 5291

Im Boutiquehotel Unterlechner steht hochwertiger Service im Mittelpunkt: Da maximal 44 erwachsene Gäste Platz finden, ist eine höchst individuelle Behandlung möglich und man fühlt sich auf Anhieb wohl. Klein, aber oho! Das Hotel beeindruckt mit seiner stilvollen Ausstattung, zu welcher unter anderem ein Naturbad, Saunen sowie ein Private Spa mit Bergblick gehören. Ein besonderer Fokus liegt allerdings auf der Kulinarik – im bodenständigen 2-Hauben-Restaurant Esskultur wird Slow Food zelebriert. Das bedeutet ehrlichen Hochgenuss sowie beste Bio-Produkte aus der Region und teilweise aus dem eigenen Garten.

Aviva

4170 St. Stefan am Walde, Höhenweg 1
www.hotel-aviva.at
info@hotel-aviva.at
Tel.: 07216 37600

Im AVIVA dreht sich alles um unvergessliche Urlaubsmomente und neue Freundschaften – im Mittelpunkt steht ein außergewöhnliches Konzept: Es ist Europas erstes Hotel für Singles und Alleinreisende. Neue Leute lernt man hier überall kennen: sei es beim sportlichen Aktivprogramm, in der hoteleigenen Disco, bei einem Bier aus der eigenen Brauerei, beim Wellnessen im großen Spa oder auf der atemberaubenden Dachterrasse. Bei verschiedenen Events kommen die Leute zusammen, ebenso beim feinen 6-Gänge-Menü. So ergibt sich das besondere AVIVA-Feeling im Böhmerwald mit herrlichem Ausblick auf die Alpen.

Stegersbach BURGENLAND O4

Falkensteiner Balance Resort Stegersbach

7551 Stegersbach, Panoramaweg 1
www.falkensteiner.com/balance-resort-stegersbach
reservations.balanceresort@falkensteiner.com
Tel.: 03326 55155

Purer Genuss, neue Körpererfahrung und nachhaltige Tiefenentspannung: Das verspricht das besondere Lifestyle- und MedSPA-Konzept. Hier können sich Gäste ab 14 Jahren ganz auf ihr Wohlbefinden konzentrieren, sei es im luxuriösen Acquapura Spa oder bei ärztlich begleiteten Gesundheitsprogrammen. Exquisite Kulinarik spielt hier eine große Rolle – es wird ausschließlich mit besten Produkten gearbeitet, welche teilweise aus dem eigenen Permakultur-Garten stammen. Eine individuelle Betreuung und die Berücksichtigung besonderer Ernährungswünsche verstehen sich von selbst.

Thiersee TIROL F3

Juffing Hotel & Spa

6335 Thiersee, Hinterthiersee 79
www.juffing.at
info@juffing.at
Tel.: 05376 55850

Mit dem Juffing Hotel & Spa in Hinterthiersee in der Nähe von Kufstein entdeckt man einen Glücksort in den Bergen. Der familiengeführte Betrieb hat sich auf die Erholungswünsche von Erwachsenen ab 16 Jahren spezialisiert und bietet in der großzügigen Spa-Landschaft alles, was das Herz begehrt: Von Saunen, Dampfbädern, Hotelgarten, Fitnessstudio, Heilmassagen und kosmetischen Anwendungen bis hin zu Yoga- und Meditationsangeboten. Für viele gehört zur Entspannung das Lesen – hier darf man sich über eine umfassende Bücherauswahl und gemütliche Leseecken freuen. Wunderbar ist auch die kreative und gesunde Küche.

AKTIV

Die besten Aktivhotels

Die besten Aktivhotels, die gemeinsam mit ihrer Lage eine große Vielfalt an sportlichen Aktivitäten und abwechslungsreichen Programmpunkten mit Bewegung bieten.

Adler Inn
Hintertux

Alpenhof
Tux

Alpinhotel Berghaus
Tux

Alpinhotel Pacheiner
Gerlitzen

Alpinresort Schillerkopf
Bürserberg

Bär
Ellmau

Bären
Mellau

Berghof
Ramsau am Dachstein

die berge
Sölden

Eder
Maria Alm

Gartenhotel Crystal
Fügen

Gassner
Neukirchen am Großvenediger

Hasenauer
Hinterglemm

Hohe Salve Sportresort
Hopfgarten im Brixental

KOSIS
Fügen

Lärchenhof
Erpfendorf

Minglers Sportalm
Kirchberg in Tirol

Moserhof
Gumpoldskirchen

Moserhof
Seeboden

Nidum Casual Luxury Hotel
Mösern bei Seefeld

Sonnhof European Ayurveda
Thiersee

Sporthotel Lorünser
Zürs am Arlberg

Sporthotel St. Anton
St. Anton am Arlberg

Sportresidenz Zillertal
Uderns

Tauern Spa Zell am See – Kaprun
Kaprun

Valavier Aktivresort
Brand

Wildspitze
Mandarfen im Pitztal

Zugspitz Resort
Ehrwald

Zwölferhaus
Hinterglemm

Brand VORARLBERG A4

Valavier Aktivresort

6708 Brand, Mühledörfle 25 · www.valavier.at · servus@valavier.at · Tel.: 05559 217

Zahlreiche Naturwunder umgeben das Hotel, darunter der direkt am Haus vorbeifließende, idyllische Fluß Alvier. Am besten entdeckt man die Bergwelt bei Wanderungen (eine Bergbahn befindet sich in unmittelbarer Nähe) oder mit E-Bikes, die sich Gäste hier kostenlos ausborgen können. Auch Yoga-Retreats und Indoor-Work-outs versprechen Aktivität, oder man bringt den Körper und Geist im Spa-Bereich in Balance. Kulinarisch werden die Gäste beispielsweise mit Live-Cooking, in der Greisslerei oder in der Konditorei verwöhnt.

Bürserberg VORARLBERG A4

Alpinresort Schillerkopf

6707 Bürserberg, Tschengla 1 · www.schillerkopf.at · info@schillerkopf.at · Tel.: 05552 63104

Erholsamer Urlaub auf wortwörtlich höchstem Niveau: Das familiengeführte Alpinresort Schillerkopf befindet sich auf dem sonnigen Hochplateau Tschengla, von welchem der beeindruckende Ausblick auf das Brandnertal stetiger Begleiter ist – sei es in der gemütlichen Lounge, im Wellnessgarten mit Naturbadeteich oder in den stilvoll gestalteten, antiallergenen Panoramazimmern. Zahlreiche Naturaktivitäten erwarten die Gäste: von geführten Wanderungen und Bike-Touren bis hin zu Yoga-, Gymnastik- und Aerobic-Kursen im Garten. Die gesunde, nachhaltige Naturküche rundet das Erlebnis ab.

Ehrwald TIROL C4

Zugspitz Resort

6632 Ehrwald, Obermoos 1A · www.zugspitz-resort.at · welcome@zugspitz-resort.at · Tel.: 05673 2309

Das Zugspitz Resort ist das ideale Ziel für Familien mit Kindern. Vor allem die riesigen Indoorspiele- und Wasserwelten mit verschiedenen Wasserrutschen, das Kino und die Kinderbetreuung zaubern den Kleinsten ein Lächeln ins Gesicht. Es gibt spezielle Familiensuiten mit modernem Komfort und alpenländischem Design, Highlight sind die Rooftop-Rooms. Außerdem gibt es Appartements und einen 5-Sterne-Campingplatz für ein besonders naturverbundenes Urlaubserlebnis, jedoch mit allen Annehmlichkeiten des Hotels. Wunderbar sind die Themenbuffets mit Front-Cooking und der Loungebereich mit Zugspitzblick.

ZUGSPITZ
Resort
★★★★S
EHRWALD | TIROL

Der Bär

6352 Ellmau,
Kirchbichl 9

www.hotelbaer.com
info@hotelbaer.com

Tel.: 05358 2395

Das Hotel Der Bär in Ellmau am Wilden Kaiser bietet für jegliche Bedürfnisse etwas: ob geführte Wanderungen zur hauseigenen Alm mit zünftiger Jause, E-Bike-Touren, ein Work-out im Fitnessraum oder einfach abschalten im traumhaften Wellnessbereich mit dem neuen Badehaus und der Saunalandschaft. Eine Besonderheit gibt es außerdem für Golfer: Nur 700 Meter entfernt vom Hotel liegt der Golfclub Wilder Kaiser. Auf dem 27-Loch-Platz spielen Hotelgäste mit 30 Prozent Greenfee-Ermäßigung! Auch kulinarisch befindet man sich hier in besten Händen, schließlich ist das Restaurant mit zwei Hauben ausgezeichnet.

Der Lärchenhof

6383 Erpfendorf, www.laerchenhof-tirol.at Tel.: 05352 81380
Lärchenweg 11 info@laerchenhof-tirol.at

In Erpendorf in den Kitzbüheler Alpen befindet sich mit dem Hotel Der Lärchenhof eine Top-Adresse für Sportbegeisterte das ganze Jahr über. Ob Skifahren im Winter oder Golfen, wenn es wärmer wird – hier kann man sich auspowern. Besonders die Golfinfrastruktur hat es in sich: Direkt am Hotelgelände liegt ein 9-Loch-Platz, ebenso wie ein 6-Loch-Übungsplatz. Nur 15 Kilometer entfernt befindet sich der 18-Loch-Platz Kössen. Außerdem findet man im hauseigenen Pro-Shop das beste Equipment für die anschließende Runde. Der 5.000 m² große Wellnessbereich und das 6-Gänge-Abendmenü runden den Aufenthalt im 5-Sterne-Hotel ab.

Gartenhotel Crystal

6263 Fügen, www.gartenhotel-crystal.at Tel.: 05288 62425
Hochfügener Straße 63 info@gartenhotel-crystal.at 0664 851 8773

In Fügen, mit traumhaftem Blick ins Zillertal, liegt das Gartenhotel Crystal, in dem man Behaglichkeit, Ruhe und Gemütlichkeit findet. Das Hotel verfügt über ein Gartenparadies auf 4.440 m² mit Wellness im Grünen. Nur drei Kilometer entfernt liegt der Golfclub Zillertal/Uderns. Darüber hinaus werden den Gästen zahlreiche Golfvorteile geboten. Nachhaltigkeit spielt hier eine große Rolle: Das Hotel arbeitet klimaneutral und achtet streng auf Regionalität wie Saisonalität. So wird der Küche des Hauses durch hausgemachte Sirupe, Essige, Öle, Chutneys und Marmeladen die persönliche und lokale Note verliehen.

KOSIS

Sports Lifestyle Hotel

6263 Fügen, www.hotel-kosis.at Tel.: 05288 62266
Dorfplatz 2 info@hotel-kosis.at

Ob zum Wandern, Biken, Golfen und Bogenschießen im Sommer, zum Skifahren, Langlaufen und Skaten im Winter oder einfach nur zum Relaxen – das Lifestylehotel Kosis im Herzen von Fügen ist der perfekte Ort für alle Kings und Queens (so nennt das Hotel seine Gäste liebevoll). Neben dem umfassenden Aktivprogramm begeistert vor allem der Spa mit seiner modernen Saunalandschaft, Dampfbad und eleganten Ruheräumen – teilweise befinden sich diese im über 500 Jahre alten „Hacklturm". Im KOSIS Wine and Dine trifft Tiroler Tradition auf die weite Welt – und beide verschmelzen zu Gaumenfreuden.

Alpinhotel Pacheiner

9520 Gerlitzen, Pölling 20
www.pacheiner.at
info@pacheiner.at
Tel.: 04248 2888

In fantastischer Lage auf der Gerlitzen auf 1.900 Metern Seehöhe verspricht das Alpinhotel Pacheiner Entspannung auf höchstem Niveau. Das gelingt bestens im exklusiven Gipfel-Spa, beispielsweise im Infinitypool mit traumhaftem Blick auf die Kärntner Bergkulisse. Beeindruckende Beobachtungen kann man auch in der hoteleigenen Sternwarte machen – hier befindet sich eines der größten öffentlich zugänglichen Teleskope in Österreich. Ein unvergleichliches Erlebnis für Groß und Klein und ein Highlight für Astrofotografen! Auch kulinarisch hat das Pacheiner einiges zu bieten, so gibt es zum Beispiel Themenabende.

Gumpoldskirchen NIEDERÖSTERREICH N2

Moserhof

Hotel Landhaus

2352 Gumpoldskirchen, Wiener Straße 53
www.landhaus-moserhof.eu
reception@landhaus-moserhof.at
Tel.: 02252 256650

Im Adults-only-Hotel Landhaus Moserhof, gelegen im romantischen Renaissance-Ort Gumpoldskirchen bei Wien, trifft ein denkmalgeschütztes Gebäude aus dem Jahr 1437 auf Design und Country-Lifestyle. Es verfügt über zahlreiche Annehmlichkeiten für sowohl Urlaubsgäste als auch Businessreisende. Dazu gehören der Wellnessbereich mit Sauna, die hübsche Gartenanlage mit NIRO-Außenpool sowie die top ausgestatteten Seminarräume. Man tagt in der Weinlounge (bis zu 45 Personen), der Alten Presse (bis zu 12 Personen) und der Seefels-Suite (bis zu sechs Personen). Auch das passende Rahmenprogramm wird organisiert.

Hinterglemm SALZBURG G4

Das Zwölferhaus Ⓝ

5754 Hinterglemm, Zwölferkogelweg 137
www.daszwoelferhaus.at
info@daszwoelferhaus.at
Tel.: 06541 6317

In bester Lage direkt neben der Zwölferkogelbahn finden sportliche Gäste mit dem kleinen Boutiquehotel Das Zwölferhaus ihr ideales Urlaubszuhause in Saalbach-Hinterglemm. Zentrale Werte des Hauses sind Regionalität, Nachhaltigkeit und Qualität – dies spiegelt sich unter anderem in der Verwöhnpension wider. Nach einer Wanderung oder einer Biketour relaxt es sich herrlich bei Skywellness im Dachgeschoss. Highlights hier sind die Panoramasauna und die Dachterrasse mit offenem Feuer. Für erholsamen Schlaf sorgen die eleganten Zimmer: Hier freut man sich über Details wie eine Yogamatte und Bluetoothanlage.

Hasenauer Ⓝ

5754 Hinterglemm, Schwarzacherweg 157 | www.hasenauer.at | hotel@hasenauer.at | Tel.: 06541 6332

Im Hotel Hasenauer fühlt man sich von Beginn an wohl. Dafür sorgen Familie Hasenauer und ihr Team, welche ihre Gäste mit herzlicher Gastfreundschaft und entspanntem Service erwarten. Nach allerlei sportlichen Aktivitäten in der Umgebung von Saalbach-Hinterglemm ist die Rooftop-Relax-Area der perfekte Ort, um sich zu regenerieren. Hier finden Gäste ab 16 Jahren unter anderem in der Panorama-Saunawelt oder im Whirlpool zur Ruhe, für Familien bieten sich ein separater Bereich mit Infrarotkabine und die neue Spielewelt an. Den Tag runden die kulinarischen Genüsse aus heimischen Produkten im Rahmen der Verwöhnpension ab.

Hintertux TIROL E4

Das Adler Inn

Tyrol Mountain Resort

6294 Hintertux, Madseit 690 | www.adlerinn.com | info@adlerinn.com | Tel.: 05287 8500777

Gastfreundschaft, Leidenschaft und Herzblut – dies ist das Erfolgsgeheimnis der Familie Stock. Mit dem Adler Inn hat sie einen außergewöhnlichen, exklusiven Ort geschaffen. Der perfekte Urlaub im Zillertal nahe des Hintertuxer Gletschers beginnt hier schon beim Check-in im Erlebnis-Atrium. Zahlreiche Aktivitäten wie Sonnenaufgangswanderungen, E-Bike-Touren und Kinovorführungen im Adler Cinema werden geboten, der Mountain Spa verspricht Entspannung. Genial sind auch die Gourmetpension Plus mit lauter selbst gemachten Köstlichkeiten und die Franzi Bar, wo man jeden Freitag in die 1920er zurückreist.

Hopfgarten im Brixental TIROL F3

Das Hohe Salve Sportresort

6361 Hopfgarten im Brixental, Meierhofgasse 26
www.hohesalve.at
welcome@hohesalve.at
Tel.: 05335 2420

Bewegung ist im Sportresort Das Hohe Salve, gelegen im idyllischen vorderen Brixental, ein elementarer Bestandteil. Dies wird durch zahlreiche Bergaktivitäten, aber auch durch das Fitness- und Wohlfühlprogramm im „Move & Relax"-Bereich garantiert. Wichtig ist ein ausgewogenes Verhältnis von Bewegung, Regeneration und Ernährung. Der gesunde, nachhaltige Lebensstil steht im Mittelpunkt – das spiegelt sich auch in der köstlichen, gesunden Küche wider. Das Hotel hat einiges zu bieten: von bioelektrischer Impedanzanalyse und Leistungsdiagnostik über Massagen und Kosmetikanwendungen bis hin zum E-Auto-Verleih.

Kaprun SALZBURG G4

Tauern Spa Zell am See – Kaprun

5710 Kaprun, Tauern Spa Platz 1
www.tauernspakaprun.com
office@tauernspakaprun.com
Tel.: 06547 20400

Inmitten des Nationalparks Hohe Tauern befindet sich mit dem Tauern Spa Zell am See – Kaprun eine wahre Wellnessoase. Über sage und schreibe 20.000 m² erstreckt sich der größte Hotel-Panorama-Spa Österreichs. 12 Pools, zehn Saunen und Dampfbäder sowie ein eigener Kinderbereich sorgen dafür, dass hier wirklich jeder genau das Richtige findet. Auch individuelle Behandlungen, gerne auch für Kinder und Männer, werden angeboten. Während der Lockdowns war man nicht untätig: So wurden die neue Erlebnissauna Bergkristall, ein neuer Panoramapool sowie neue Natur- und Gartenzimmer geschaffen.

Kirchberg In Tirol TIROL F4

Minglers Sportalm

6365 Kirchberg in Tirol, Brandseitweg 26
www.hotel-sportalm.at
info@hotel-sportalm.at
Tel.: 05357 2778

In Minglers Sportalm fühlen sich Gäste jeden Alters wohl – hier wird die perfekte Kombination aus kinderfreundlichem Aktivurlaub, Wellness und herausragender Kulinarik geboten. Nach einem sportlichen Tag in den Kitzbühler Alpen kommt man im Alpin-Spa optimal zur Ruhe, etwa im Infinity-Indoorpool, in der Panorama-Außensauna oder im Loungebereich auf der Dachterrasse. Ausgezeichnet mit drei Hauben, verwöhnt Bernhard Hochkogler die Gäste mit feinster Kulinarik in entspannter Wohlfühlatmosphäre. Ein einzigartiges Erlebnis ist das Gondeldinner für zwei – ideal für besondere Anlässe und als Überraschung.

Mandarfen im Pitztal TIROL C4

Wildspitze

6481 Mandarfen im Pitztal, Mandarfen 46
www.hotel-wildspitze.com
info@verwoehnhotels.at
Tel.: 05413 86207

Gastfreundschaft, Erholung und einmalige Momente – dies ist seit über 60 Jahren das Motto der Familie Stobl-Melmer. Sie haben mit dem Hotel Wildspitze einen Ort voller Ruhe inmitten der unberührten Natur zwischen Riflsee und Pitztaler Gletscher geschaffen. Hier erkundet man selbstständig die Umgebung, nimmt am Aktivprogramm teil oder relaxt im eleganten Gletscherspa auf zwei Etagen und genießt das Bergpanorama vom Infinitypool. Nachhaltigkeit wird großgeschrieben, so werden bewusst regionale und saisonale Speisen serviert. In der WildSpitzBar lässt man gemütlich den Tag ausklingen.

Maria Alm SALZBURG H4

Eder

5761 Maria Alm, Am Dorfplatz 5
www.hoteleder.com
info@ederhotels.com
Tel.: 06584 7738

Urlaub im Hotel Eder bedeutet eine grandiose Zeit am Hochkönig, im Sommer wie im Winter. Hier wird es garantiert nicht langweilig: Atemberaubende Erlebnisse wie Paragliding, Kräuter-Workshops, Trailrunning und Yoga auf dem Berg werden hier angeboten. Dazwischen schwitzt man im Fitnessbereich oder in einer der fünf Saunen, des Abends nimmt man einen Sundowner auf der Dachterrasse mit Blick auf Maria Alm ein. Kulinarisch lässt man sich mit traditionellen Pinzgauer Gerichten und selbst gebackenem Brot verwöhnen. Unbedingt probieren: Freitags gibt es frisches Sushi und herrliches BBQ.

Bären

6881 Mellau, Platz 66
www.baerenmellau.at
hotel@baerenmellau.at
Tel.: 05518 2207

Das charaktervolle, von modernem Design und natürlichen Materialien geprägte Boutiquehotel Bären ist der perfekte Ausgangsort für verschiedenste Erlebnisse im Bregenzerwald. Besonders Yoga-Liebende fühlen sich hier wohl und können direkt im Hotel Klassen besuchen. Danach entspannt man in der Sauna oder im Panorama-Relaxroom. In den drei Lokalen des Hauses bleiben keine Wünsche offen: Im Café Deli gibt es Superfrühstück und ganztags Slow Flood, in der Pizzeria Sandro genehmigt man sich abends italienische Köstlichkeiten und des nachts schaut man in der Bar s'Bärle auf einen Drink vorbei.

Mösern bei Seefeld TIROL D4

Nidum Casual Luxury Hotel

6100 Mösern bei Seefeld, Am Wiesenhang 1
www.nidum-hotel.com
info@nidum-hotel.com
Tel.: 05212 203000

Im Nidum Casual Luxury Hotel verbringt man einen entspannten, legeren Urlaub, ohne auf die exklusive Ausstattung zu verzichten – oder wie Inhaber Maximilian Pinzger sagt: „Höchste Qualität, ohne dabei steif zu sein." Zu der ausgelassenen Stimmung gehört ein gewisser Party-Faktor: Auf der sonnigen Apero Terrace und in der Champagner Bar stößt man nach einem aufregenden Tag in der bergigen Umgebung an. Der großzügige Wellnessbereich sorgt für Entspannung, drei Restaurantbereiche erfreuen Feinschmecker mit Spezialitäten. Achtung: Es gilt ein striktes Krawattenverbot im ganzen Hotel.

Neukirchen am Großvenediger SALZBURG F4

Gassner

Wander- und Wellnesshotel

5741 Neukirchen am Großvenediger, Hadergasse 167
www.hotel-gassner.at
info@hotel-gassner.at
Tel.: 06565 6232
0664 532 6580

Das Wander- und Wellnesshotel Gassner ist das ideale Refugium für Naturliebhaber und genussaffine Menschen – ein toller Ort für Familien, ebenso wie für Singles. Gelegen in Neukirchen am Großvenediger auf 883 Metern

Seehöhe, nächtigt man in individuell und natürlich eingerichteten Zimmern und Suiten. Hier findet jeder Gast garantiert seinen Lieblingsplatz – sei es im urigen Bauernhaus, im luxuriösen Baumhaus oder im großzügigen Crystal- und GartenSpa. Zahlreiche Aktivitäten erwarten die Gäste, beispielsweise Yoga, geführte Wanderungen oder sogar Modell- und Hangfliegen im Antlitz der Hohen Tauern.

Ramsau am Dachstein — STEIERMARK J4

Berghof

8972 Ramsau am Dachstein, Ramsau 192
www.hotel-berghof.at
office@hotel-berghof.at
Tel.: 03687 81480

Das Hotel Berghof findet sich in der imposanten Kulisse des Dachsteins und ist im Sommer wie im Winter der ideale Ausgangsort für zahlreiche Bergerlebnisse wie zum Beispiel Wandern, Klettern, Skifahren oder Langlaufen. Danach entspannt man sich wunderbar im Wellnessbereich mit Hallenbad, fünf Saunen, Wintergarten, Naturteich, Kneippbecken und Fitnessraum. Hier ist man bei Genießern zu Gast: Dies merkt man schon beim Frühstück, setzt sich beim Mittagsbuffet fort und findet den krönenden Abschluss beim 5-Gänge-Gourmetmenü am Abend. Ein herrlicher Urlaub für die ganze Familie (inklusive Hund).

St. Anton am Arlberg — TIROL B4

Sporthotel St. Anton

6580 St. Anton am Arlberg, Dorfstraße 48
www.sporthotel-st-anton.at
office@sporthotel-st-anton.at
Tel.: 05446 3111

In zentraler Lage direkt in der Fußgängerzone von St. Anton erwartet einen gelebte Tiroler Gastfreundschaft. Das gemütliche Sporthotel ist der ideale Ausgangsort für Aktivitäten wie Langlaufen, Rodeln, Wandern, Klettern und Biken, hat aber auch für Kulturliebende etwas zu bieten: In der hauseigenen Galerie werden die Werke von internationalen wie regionalen Kunstschaffenden präsentiert. Im kleinen, aber feinen Wellnessbereich entspannt man sich, bevor man ein Dinner im Steakrestaurant oder einen Drink an der Hotelbar bei Pianomusik einnimmt. Bonus: Hunde sind herzlich willkommen.

Seeboden

KÄRNTEN I5

Moserhof

9871 Seeboden, Hauptstraße 48 | www.moserhof.com | hotel@moserhof.com | Tel.: 04762 81400 | 0676 942 1014

Im glutamatfreien Hotel Moserhof am Millstätter See wird großer Fokus auf die Herkunft der verwendeten Lebensmittel gelegt. Das beginnt beim Frühstück mit hausgemachten Kuchen und Frühstückskipferl und zieht sich durch die Karte des À-la-carte-Restaurants mo.wi durch, wo Wild aus heimischen Wäldern und Fische aus dem Millstätter See die Hauptrolle spielen. Zur Entspannung bietet sich der Adults-only-Sichtspa an, von dem aus man sowohl die traumhafte Bergkulisse als auch den idyllischen See bewundern kann. Wer dann noch sportlichen Ausgleich sucht, ist im von Technogym ausgestatteten Fitnessraum genau richtig.

Sölden

TIROL D4

die berge

6450 Sölden, Gemeindestraße 2 | www.dieberge.at | info@dieberge.at | Tel.: 05254 2062

Im Herzen von Sölden und mit optimaler Anbindung an die Bergwelt liegt das Hotel „die berge". Es ist die perfekte Adresse für leidenschaftliche Bergsportler – die Inhaber Karoline und Christian Pult begeistern sich selbst für Ski, Mountainbike und Co und wissen somit genauestens um die Bedürfnisse der Gäste Bescheid. So startet man mit einem kräftigenden Frühstück aus hochwertigen Produkten aus der Region in den actionreichen Tag, den man beispielsweise beim Kletterkurs verbringt. Danach lädt man seine Batterien im SkySPA wieder auf, während man die traumhafte Aussicht genießt.

Thiersee

TIROL F3

Sonnhof European Ayurveda

6335 Thiersee, Hinterthiersee 16 | www.sonnhof-ayurveda.at | info@sonnhof-ayurveda.at | Tel.: 05376 5502

Um eine Reise zu sich selbst anzutreten, muss man gar nicht weit wegfahren. Im Sonnhof European Ayurveda wird die fernöstliche Heillehre an den europäischen Lebenswandel angepasst und so findet man auf dem energiegeladenen Hochplateau des Thierseetals Harmonie, Gesundheit und Klarheit. Verschiedene Ayurveda-Kuren und Behandlungen werden angeboten, eine große Rolle spielen hierbei Yoga und Meditation sowie die Ernährung: Jeder Gast erhält einen individuell ausgearbeiteten Speiseplan, bei dem frische, biologische Lebensmittel (zum Großteil aus eigenem Anbau) im Zentrum stehen.

Tux TIROL E4

Alpinhotel Berghaus

6293 Tux, Madseit 711 | www.hotel-berghaus.at | info@hotel-berghaus.at | Tel.: 05287 87364

Das Urlaubsvergnügen im Alpinhotel Berghaus baut auf drei Säulen auf: Bergerlebnis, Genuss und Wellness. Für das Bergerlebnis sorgt der beeindruckende Hintertuxer Gletscher mit Skivergnügen das ganze Jahr über und geführten Wanderungen im Sommer. Für den Genuss zeigt sich ein exquisites 5-Gänge-Abendmenü verantwortlich. Und die Wellnessbedürfnisse werden auf 1.500 m² befriedigt. Mit dem neuen Panoramahallenbad, der Außenblocksauna, den Erlebnisduschen und dem Naturschwimmteich bleiben in dieser Hinsicht keinerlei Wünsche offen. Außerdem unbedingt erwähnenswert: die Gastfreundschaft, mit der einem hier begegnet wird.

Alpenhof

6293 Tux,
Hintertux 750

www.alpenhof.at
info@alpenhof.at

Tel.: 05287 8550

Nur eine Minute vom Ganzjahresskigebiet Hintertuxer Gletscher entfernt, ist der Alpenhof der ideale Ausgangspunkt für Wintersportler und Bergliebhaber. Das Feingefühl des Teams für die Gäste, gemütliche Zimmer und ein großzügiger Wellnessbereich auf 2.800 m² mit unter anderem einem Panorama-Außenwhirlpool, Familiendampfbad und Laconium garantieren ein perfektes Urlaubserlebnis. Immer dabei: das atemberaubende Alpenpanorama. Ein Highlight im Hotel ist die mit drei Hauben prämierte Alpenhof-Genießerstube, in welcher Maximilian Stock die Gäste mit raffinierten kulinarischen Kunstwerken verwöhnt.

Uderns TIROL E4

Sportresidenz Zillertal

6271 Uderns, Golfstraße 1
www.sportresidenz.at
info@sportresidenz.at
Tel.: 05288 63000

Mit seiner zentralen Lage zwischen den zwei Skigebieten Hochzillertal-Hochfügen und Spieljoch, direkt am Meisterschaftsplatz des Golfclubs Zillertal-Uderns, ist dieses Hotel der ideale Ort für sportliche Gäste. Auf Aktivität folgt Entspannung – das gelingt vortrefflich im über 1.000 m² großen Spa-Bereich, dessen Highlight der ganzjährig beheizte Infinitypool ist. Für kulinarische Genüsse sorgt Willi Tillian in der haubenprämierten Genusswerkstatt, beispielsweise beim fantasievollen 6-Gänge-Abendmenü. Im gesamten, stilvoll gestalteten Haus herrscht eine absolute Wohlfühlatmosphäre.

Zürs am Arlberg VORARLBERG B4

Sporthotel Lorünser

6763 Zürs am Arlberg, Nr. 112
www.loruenser.at
hotel@loruenser.at
Tel.: 05583 22540

Im Sporthotel Lorünser wird Skifahren als Lifestyle gesehen – seit Jahrzehnten ist es eine zweite Heimat für skibegeisterte Gäste geworden, die jedes Jahr wiederkommen und die familiäre Atmosphäre sowie den luxuriösen Komfort des Hauses zu schätzen wissen. Auf Kinder wartet ein eigenes Spielzimmer, das Schwimmbad und die Whirlpools versprechen Entspannung für die ganze Familie. Gerne organisiert das Hotel auch eine Kinderbetreuung – dies bietet sich speziell an, wenn die Eltern ungestört das herrliche 5-Gänge-Menü bei einem vom erfahrenen Sommelier ausgewählten Glas Wein genießen möchten.

© Valeriia Bugaiova on Unsplash

Die besten Hotels am Wasser

Die besten Hotels am Wasser, die neben Entspannung, Ruhe und Ausblick auch zahlreiche Freizeitaktivitäten bieten.

Aichinger
Nußdorf am Attersee

Bellevue
Zell am See

Brennseehof
Feld am See

Cortisen am See
St. Wolfgang

Dr. Jilly
Pörtschach

Enzian
Weissensee

Europa
Velden am Wörthersee

Fischer am See
Heiterwang

Genießerhotel Die Forelle
Weissensee

Grand Hotel Zell am See
Zell am See

Hilton Vienna Danube Waterfront
Wien

Hotel Im Weissen Rössl
St. Wolfgang

Jägerwirt
Turrach

Karnerhof
Villach-Drobollach am Faaker See

Katamaran
Rust

Kollers
Seeboden

Landhaus zu Appesbach
St. Wolfgang

Linde
Maria Wörth

Parks
Velden am Wörthersee

Post am See
Traunkirchen

Seefischer
Döbriach

Seegasthof Stadler
Unterach am Attersee

Seehotel Grundlsee
Grundlsee

Strandhotel am Weissensee
Weissensee

Strandhotel Sille
Reifnitz

Villa Postillion am See
Millstatt am See

Wellnessresort Amerika-Holzer am See
Klopeiner See

Werzer's Hotel Resort Pörtschach
Pörtschach

Seefischer

9873 Döbriach, Fischerweg 1 | www.seefischer.at | hotel@seefischer.at | Tel.: 04246 77120

Zahlreiche Neuheiten erwarten die Gäste im direkt am Ufer des Millstätter Sees gelegenen Hotel Seefischer. Beispielsweise das gemütliche Sonnendeck mit herrlichem Panoramablick, eine neue Fassade und die E-Bike Rental Station „iBike-Box“. Auch das Seefischer Restaurant erstrahlt in neuem Glanz und begeistert mit einem neuen Show-Cooking-Bereich und stilvoller Innenausstattung. Was bleibt, ist natürlich die Herzlichkeit, mit der man hier empfangen wird, sowie bestehende Highlights wie der Romantikstrand oder die einzigartige Seesauna im Spa. Ein historisch gewachsenes Haus mit Atmosphäre und Stil.

Feld am See KÄRNTEN I5

Brennseehof

Familien-Sportresort

9544 Feld am See, Seestraße 19 | www.brennseehof.com | hotel@brennseehof.com | Tel.: 04246 2495

Urlaub, Sport, Wasserspaß und See-Wellness kombinieren? Das ist möglich im Hotel Brennseehof! Zehn Sportarten können hier erlernt werden, darunter Tennis, Biken und Wassersportarten. Auch das Vital- und Aktivitätenprogramm mit Yoga, Pilates und Co ist ein Highlight für Sportliche, wunderbar ebenfalls die Kinderbetreuung. Der See-Wellnessbereich lädt Groß und Klein zum Entspannen ein, das neue Saunahaus mit Panoramablick und Badeseelagune ist jedoch den Erwachsenen vorbehalten. Man nächtigt in gemütlichen, familiengerechten Zimmern und Appartements in verschiedenen Größen mit traumhaftem Blick auf den See.

Grundlsee STEIERMARK I3

Seehotel Grundlsee

8993 Grundlsee, Mosern 22 | www.seehotelgrundlsee.at | willkommen@seehotel-grundlsee.at | Tel.: 03622 860444

Im Seehotel Grundlsee trifft Ausseer Tradition auf puristisches Design und einen Hauch Luxus – hier wird man von Gastgeberin Michaela Reiter und ihrem engagierten Team mit Herzlichkeit empfangen. Von den meisten der 16 hübschen Zimmer hat man einen traumhaften Blick auf den See und die atemberaubende Bergwelt. Das Hotel ist der ideale Ausgangsort für die Erkundung der Gegend, aber auch selbst ein Platz des puren Genießens, sei es auf der Liegewiese oder im Restaurant Seeplatz'l mit malerischer Terrasse. Hier werden traditionelle Gerichte modern interpretiert, es gibt auch Veganes.

Heiterwang — TIROL C4

Fischer am See

6611 Heiterwang,
Fischer am See 1

www.fischeramsee.at
hotel@fischeramsee.at

Tel.: 05674 5116

Die Toplage des Hotels Fischer am Heiterwanger See ermöglicht den Gästen einen entspannten, von ruhigen Momenten geprägten Urlaub. Die Philosophie hier lautet „neue Einfachheit", womit ein besonderer Fokus auf das innere Wohlbefinden gesetzt wird. Man wählt zwischen der modernen Zimmerkategorie „Klarheit" und der alpenländisch gestalteten „Nestwärme". Ein besonderer Wohlfühlort ist die Vitalitätswelt mit Saunen und einem Panorama-Ruheraum. Zum Genuss gehört im energieeffizienten Hotel natürlich das Essen: Mit Aussicht auf den See werden einfache klassische Gerichte auf höchstem Niveau serviert.

Wellnessresort Amerika-Holzer am See

9122 Klopeiner See,
Am See XI/4

www.amerika-holzer.at
hotel@amerika-holzer.at

Tel.: 04239 2212

Das Boutiquehotel-Resort Amerika Holzer hat seinen Gästen viele Höhepunkte zu bieten – einer davon ist der herrliche Strand am Klopeiner See. Dort relaxt man wunderbar, genauso wie in der Seesauna oder in den klassisch bis modern gestalteten Zimmern. Für Aktivität sorgt das umfassende Fitnessprogramm, der Fahrradverleih sowie der Tennis- und Croquetplatz. Auch der Spaß für die Jüngeren kommt nicht zu kurz: Es gibt ein Jugendprogramm und einen Miniclub. Kulinarisch wird man hier mit regionalen und mediterranen Spezialitäten verwöhnt. Außerdem gibt es regelmäßig Themenbuffets, Barbecue, Piano- und Tanzabende.

Maria Wörth KÄRNTEN K5

Linde

9082 Maria Wörth,
Lindenplatz 3

www.hotellinde.at
info@h-linde.at

Tel.: 04273 2278

Fantastisch gelegen auf der Halbinsel von Maria Wörth, erwartet das familiär geführte Hotel Linde seine Gäste. Hier nächtigt man entweder in den stilvollen Zimmern, in den See-Appartements oder in den eigenen Linde-Villas. Ein breites Aktivprogramm, verschiedene Wassersportaktivitäten und der E-Bike-Verleih sorgen für Unterhaltung, auch für Kinder gibt es ein Programm. In der schicken Linde Seebar mit eigener Marina genießt man Sushi und köstliche Sundowner, im À-la-carte-Restaurant gibt es gehobene österreichische Küche. Ein Highlight des Hotels ist die Panoramasauna mit Blick auf den See.

Villa Postillion am See

9872 Millstatt am See, Kaiser-Franz-Josefstraße 106
www.villa-postillion.at
info@villa-postillion.at
Tel.: 04766 2552

Eingebettet in die Nockberge auf einem Logenplatz am Millstätter See erwartet die charmante Villa Postillion Gäste, die Zeitlosigkeit und die Geschichte des Hauses wertschätzen. Hier lässt man die Seele baumeln – sei es am 100 Meter langen Uferstrand, auf den großzügigen Balkonen, im Spa-Bereich, am neuen Klangufersteg oder bei den „soul.sport-Momenten". Dazu gehört ein umfassendes Programm mit zum Beispiel Yoga, SUP, Naturkosmetikkursen oder Trommelworkshops. Man nächtigt hier in klassisch gestalteten Zimmern oder im Biwak unter den Sternen. Die Küche ist regional – es gibt sogar eine eigene Netzfischerei.

Nußdorf am Attersee OBERÖSTERREICH I3

Aichinger

Boutique Hotel

4865 Nußdorf am Attersee, Am Anger 1
www.hotel-aichinger.at
office@hotel-aichinger.at
Tel.: 07666 8007

Im Boutiquehotel Aichinger, einer der ältesten Gastwirtschaftsbetriebe am Attersee, trifft Tradition gekonnt auf Moderne. Seit jeher steht vor allem der Genuss im Mittelpunkt. Im 2-Hauben-Restaurant Das Bräu werden Köstlichkeiten mit regionalen Zutaten nach überlieferten Rezepten zubereitet, im Das Achterdeck genießt man sommerliche Gerichte, feine Drinks und gechillte Beats mit Blick auf den Attersee, in der Mayer Winebar verkostet man edle Tropfen, in der Ami Bar wird gefeiert. Entspannte Momente verbringt man am Strand, am Pool oder im kleinen, aber feinen Wellnessbereich.

Seehotel Dr. Jilly

9210 Pörtschach, Alfredweg 5-7 | www.hotel-jilly.at | seehotel@jilly.at | Tel.: 04272 2258

Genuss, Erlebnis und Lifestyle treffen im Seehotel Dr. Jilly am türkisblauen Wörthersee aufeinander. Jedes der 35 individuell und modern gestalteten Zimmer verfügt über einen traumhaften Ausblick auf das Wasser – top! Man startet mit einer Yoga- oder Pilates-Einheit auf dem Steg in den Tag und verbringt danach den Tag gemütlich am See und im Spa-Bereich oder sucht Aktivität bei den Jilly-Urlaubserlebnissen. Dazu gehören zum Beispiel Kasnudelworkshops, Gin-Tastings oder private Bootstouren. Abends nimmt man regionale Gourmetwahlmenüs zu sich oder reserviert einen Tisch im Seerestaurant Jilly Beach.

Werzer's Hotel Resort Pörtschach

9210 Pörtschach, Werzerpromenade 8 | www.resort.werzers.at | resort@werzers.at | Tel.: 04272 2231

Das Werzer's Hotel Resort in Pörtschach beeindruckte schon vor dem Umbau mit seiner wunderbaren Lage mit großem Privatstrand am Wörthersee, der Top-Ausstattung und herzlicher Gastfreundschaft. Nun darf man sich auf weitere Highlights freuen, zum Beispiel den neuen, stylishen Eingangsbereich, die einladend-moderne Lobby sowie die neu gestaltete Bar und das Panorama-Seerestaurant. Neu im Spa befindet sich eine Kältekammer. Familien fühlen sich dank des Kinderlands mit eigener Kinderküche, Turnsaal und Betreuung besonders wohl. Unterhaltung für die Erwachsenen bietet außerdem das umfassende Aktivprogramm.

Reifnitz KÄRNTEN J5

Strandhotel Sille

9081 Reifnitz, Wörthersee-Süduferstraße 108 | www.strandhotel-sille.com | reservierung@hotel-sille.com | Tel.: 04273 2237

Das Strandhotel Sille ist der ideale Ausgangsort für zahlreiche Aktivitäten rund um den Wörthersee, beispielsweise Wander- und Radtouren, aber auch Wassersport oder eine Rundfahrt auf dem See (die Anlegestelle der Wörtherseeschifffahrt liegt direkt beim Hotel). Den Tag lässt es sich aber auch wunderbar am eigenen Strand, im Fitnessbereich oder in den stilvollen Zimmern und Suiten mit traumhaftem Ausblick verbringen. Im Restaurant mit Seeterrasse wird gehobene Kärntner sowie internationale Küche serviert, besonders die Fischgerichte sind sehr empfehlenswert. Den Abend lässt man in der Bar bei einem Drink ausklingen.

Rust — BURGENLAND 03

Katamaran

7071 Rust,
Am Hafen 1

www.hotel-katamaran.at
office@hotel-katamaran.at

Tel.: 02685 24680

Das Hotel Katamaran liegt nahe der Altstadt von Rust am Schilfgürtel des Neusiedler Sees und ist im modernen Stil einer Jacht gehalten. Von den gemütlichen Zimmern mit Balkon genießt man den Blick auf den Hafen. Dieses Hotel ist der ideale Ort für ein paar erholsame Tage im Burgenland und bietet sich besonders gut als Ausgangspunkt für herrliche Radtouren an. Unbedingt sollte man dem dazugehörigen, wenige Gehminuten entfernten Seerestaurant Katamaran einen Besuch abstatten – hier speist man direkt am Wasser auf der Seeterrasse. Bei Sonnenuntergang ist die Stimmung besonders schön.

Cortisen am See

5360 St. Wolfgang, Markt 15
www.cortisen.at
hotel@cortisen.at
Tel.: 06138 23760

Kreativ, bunt, weit ab vom Mainstream – und außerdem eine echte Wohlfühloase direkt am Ufer des Wolfgangsees: Das ist das Cortisen. Gäste ab 12 Jahren werden hier herzlich begrüßt und fühlen sich in den individuell gestalteten Doppelzimmern sowie Design- und Loftsuiten wohl. Eine absolute Besonderheit ist das geniale 6-Gänge-Frühstück direkt am See – so startet man perfekt in den Tag! Entspannung findet man in der Relax Area und in der Bibliothek, Aktivere können eine Motorbootfahrt wagen oder eine Harley Davidson mieten. Den Abend lässt man in der Cigarlounge oder der Billardlounge ausklingen.

Hotel Im Weissen Rössl

5360 St. Wolfgang,
Markt 74

www.weissesroessl.at
welcome@weissesroessl.at

Tel.: 06138 23060

An einem der schönsten Seen Österreichs, dem Wolfgangsee, findet man das historische Hotel Im Weissen Rössl. Hier verbringt man ganzjährig romantische Stunden. Jedes Zimmer und jede Suite sind individuell gestaltet – elegant sind sie aber alle. Außerdem gibt es top ausgestattete Ferienwohnungen für noch mehr Privatsphäre. Zu einem Pärchenurlaub gehört selbstverständlich Wellness dazu: Auf drei Ebenen erstreckt sich der „Spa im See“, dessen Highlight der schwimmende Whirlpool ist. Das kulinarische Angebot des legeren Seerestaurants und des eleganten 3-Hauben-Restaurants Poll's Kaiserterrasse begeistert.

Landhaus zu Appesbach

5360 St. Wolfgang, Au 18
www.landhauszuappesbach.at
willkommen@landhauszuappesbach.at
Tel.: 06138 2209

Ein stilvolles, von Efeu und wildem Wein umranktes englisches Herrenhaus, umgeben von einer prächtigen Parkanlage und mit Panoramablick auf den zauberhaften Wolfgangsee – das ist das Landhaus zu Appesbach. Hier nimmt man eine Auszeit vom hektischen Alltag und nächtigt in 20 romantisch eingerichteten Zimmern und Suiten. Seinen Urlaubstag verbringt man bei Aktivitäten rund um den See, oder man verweilt einfach im charaktervollen Haus, auf der Terrasse oder an der Strandbar. Des Abends nimmt man ein mehrgängiges Abendessen im Restaurant zu sich, welches aus Zutaten aus der Region zubereitet wird.

Seeboden

KÄRNTEN I5

Kollers

9871 Seeboden, Seepromenade 2-4
www.kollers.at
info@kollers.at
Tel.: 04762 82000

Urlaub im Hotel Kollers am Ufer des Millstätter Sees ist zu jeder Jahreszeit ein Erlebnis. Und schwimmen im See ist hier durch den ganzjährig beheizten Schwimmbereich im Spa am See sogar möglich, wenn es kälter ist. Großer Wert wird auf frische, regionale Kulinarik gelegt: Die sechsgängigen Abendmenüs (auch in veganer Variante) bilden einen wunderbaren Abschluss eines erlebnisreichen Tages. Außergewöhnlich sind die Dinner for two auf einer Palmeninsel inmitten des Sees. Außer in den gemütlichen Zimmern und Suiten kann man im dazugehörigen Alm-Chalet oder im Ferienhaus am See nächtigen.

Post am See

4801 Traunkirchen, Ortsplatz 5
www.hotel-post-traunkirchen.at
post@traunseehotels.at
Tel.: 07617 2307

Nach der Renovierung im Jahr 2020 gilt im Hotel Post am See das Motto „Tradition trifft Moderne“ umso mehr. So erwarten die Gäste luftige, helle Zimmer mit offenen Bädern, welche geprägt von grünem Marmor sind. Das Highlight: der traumhafte Seeblick. Wunderbar ist der exklusive Badeplatz direkt auf der Halbinsel von Traunkirchen. Hier könnte man den ganzen Tag verbringen, würde es nicht noch weitaus mehr zu erleben geben, zum Beispiel Aktivitäten aus dem Wochenprogramm wie Yoga, Fahrradtouren (man kann sich gratis Mountainbikes ausleihen) oder Wanderungen. Die hauseigene Greisslerei sollte man auch besuchen.

Seehotel Jägerwirt

8864 Turrach, Jägerwirtsiedlung 63
www.seehotel-jaegerwirt.at
urlaub@seehotel-jaegerwirt.at
Tel.: 04275 8257

Das Seehotel Jägerwirt ist mit seiner zauberhaften Lage am Turracher See auf 1.763 Metern Seehöhe ein einzigartiger Ort zu jeder Jahreszeit. Besonders Familien mit Kindern fühlen sich hier wohl: Im Kitz Club kümmert man sich liebevoll um die Kleinsten und bietet von einer Hüpfburg, Kletterwand, Bällebad bis zu einer Riesenrutsche über zwei Etagen alles, was das Kinderherz begehrt. Für die Erwachsenen ist besonders die Kulinarik spannend: Serviert werden Naturprodukte aus der Region und sogar Wild aus der Eigenjagd. An der Cocktailbar verbringt man gemütliche Abende bei wöchentlicher Livemusik.

Seegasthof Stadler

4866 Unterach am Attersee, Stockwinkel 1/3
www.seegasthof-stadler.at
info@seegasthof-stadler.at
Tel.: 076 65 83 46
0664 147 3133

Mit dem Seegasthof Stadler findet man eingebettet in die malerischen Berge des Salzkammerguts einen ruhigen Rückzugsort in exklusiver Alleinlage am Attersee. Man relaxt auf dem Badesteg, am Privatstrand, bei einer Bootsfahrt oder im neu renovierten Alpin Spa. Außerdem gibt es nach den Umbauarbeiten neue Doppelzimmer, Juniorsuiten und Familienzimmer mit Balkon und direktem Seeblick. Köstliche Spezialitäten genießt man auf der Sonnenterrasse und im Seerestaurant mit Wintergarten. Dieses Hotel ist ideal für einen Familienurlaub – es gibt viel Spielraum und in den Sommermonaten sogar eine Kinderbetreuung.

Velden am Wörthersee KÄRNTEN J5

Parks Ⓝ

9220 Velden am Wörthersee, Seecorso 68
www.parks-velden.at
office@parks-velden.at
Tel.: 042 74 22 98

Fern vom Alltag und direkt am türkisblauen Wörthersee liegt das Hotel Parks Velden. Getreu dem Motto ‚simply good times“, wird einem ein unvergesslicher und sorgenfreier Urlaub in Kärnten bereitet. Neben den gemütlichen Zimmern, einer geschmackvollen Hotelbar und dem neu eröffneten Wirtshaus Zmayer lädt der benachbarte Club Sol Beach Velden ein, den Alltag hinter sich zu lassen und sich den kulinarischen Raffinessen hinzugeben. Gestärkt am reichhaltigen Frühstücksbuffet des Hotels, geht es zum Wasserspaß im und am Wörthersee oder tiefenentspannt in den Wellnessbereich mit Seeblick.

Seehotel Europa

9220 Velden am Wörthersee, Wrannpark 1-3 | www.seehotel-europa.at | seehotel.europa@wrann.at | Tel.: 04274 2770

Das idyllische Seehotel Europa liegt direkt am Ufer der Veldener Bucht und steht für das legendäre Wörthersee-Feeling. Hier verbringt man eine erholsame Zeit – man regeneriert sich beim Relaxen am hauseigenen Badestrand oder beim Schwitzen in der Seesauna und findet Aktivierung beim Wasserskifahren, Schwimmen, SUP oder Yoga mit Blick über die Bucht. Außerdem kann man hier Minigolf im Hotelpark spielen, eine Runde Tischtennis einlegen oder sich ein Fahrrad ausborgen. Ein absoluter Genuss ist die hervorragende Alpen-Adria-Küche im zauberhaften Ambiente des Seerestaurants Portofino.

Villach-Drobollach am Faaker See — KÄRNTEN I5

Karnerhof

Genießerhotel

9580 Villach-Drobollach am Faaker See, Karnerhofweg 10 | www.karnerhof.com | hotel@karnerhof.com | Tel.: 04254 2188

Im großzügigen Hotel Karnerhof am Faaker See findet man gelebte Gastfreundschaft, welche den Urlaub zu einem besonderen Erlebnis für die ganze Familie macht. Es gibt ein umfassendes Angebot an Aktivitäten im Wasser (zum Beispiel Seeüberquerungen, Ruderbootsverleih) und an Land (etwa Gymnastik, Yoga, Tischtennis, Fahrradverleih). Wunderbar sind auch der Kinderclub und der Spa, neue Highlights sind der Außen-Infinitypool und ein neues Whirlbecken. Kulinarik wird ebenfalls großgeschrieben: Die Küche ist fantasievoll, heimatverbunden und weltoffen, außerdem ausgezeichnet mit 15 Gault&Millau-Punkten.

Weissensee — KÄRNTEN H5

Genießerhotel Die Forelle

9762 Weissensee, Techendorf 80 | www.forellemueller.at | info@dieforelle.at | Tel.: 04713 2356, 0676 706 5501

Direkt am Ufer des türkisen Weissensees liegt das Genießerhotel Die Forelle. Und genießen kann man hier wahrlich viel: die Sonne am hoteleigenen Badestrand, Tauchen, Baden und Fischen im See oder im Winter das Eislaufen. Außerdem gibt es ein eigenes Programm mit Ausflügen, Verkostungen,

Kutschfahrten und vielen mehr. Man entspannt in den modernen Designzimmern und im Wellnessbereich, beispielsweise in der Panoramasauna. 4-Hauben-Koch und Gastgeber Hannes Müller bietet seinen Gästen eine kulinarische Reise durch das Weissenseetal – dabei lautet das Motto: Berg. See. Küche.

Seehotel Enzian

9762 Weissensee, Neusach 32 | www.seehotelenzian.at | office@seehotelenzian.at | Tel.: 04713 22 21

Im Seehotel Enzian kommt man womöglich vom Alltag gestresst an, verlässt es aber garantiert erholt. Dafür sorgt einerseits die zauberhafte Lage im heilklimatischen Kurort am Weissensee, andererseits das herzliche Team und die vielen Annehmlichkeiten des Hotels. Dazu gehören zum Beispiel der wunderbare Spa im Bootshaus mit seiner beeindruckenden See-Sauna und die komfortablen Zimmer. Mit Blick auf den See genießt man hier das köstliche Frühstück und das 5-Gänge-Abendessen, großer Fokus liegt hierbei auf den regionalen und natürlichen Zutaten. Den Abend lässt man bei einem Drink in der Almbar ausklingen.

Strandhotel am Weissensee

9762 Weissensee, Neusach 18 | www.strandhotel-weissensee.at | info@strandhotel-weissensee.at | Tel.: 04713 2219

Im wunderbaren Strandhotel am Weissensee steht Kulinarik im Mittelpunkt: Es ist das erste vegetarisch-vegane Genusshotel in Österreich und hat so einiges zu bieten! Mit Raffinesse werden beste Zutaten aus der Region kombiniert. Vorbildhaft wird gezeigt, wie facettenreich und köstlich die pflanzliche Küche ist. Aber nicht nur dies ist ein Grund, hier seinen Urlaub zu verbringen. Der traumhafte See-Spa verspricht Entspannung pur und mit zahlreichen Aktivitäten wie Eisbaden, Yoga und Meditation findet man zu sich selbst. Immer dabei: die Ruhe des Sees, welche man besonders auf der Dachterrasse spürt.

Wien

WIEN N2

Hilton Vienna Danube Waterfront

1020 Wien, Handelskai 269 | www3.hilton.com | info.viennadanube@hilton.com | Tel.: 01 72777 | 0664 857 2248

Das moderne Hilton Vienna Danube Waterfront ist ideal für Geschäfts- wie Privatreisende geeignet, die Wien als „Die Stadt an der Donau" erleben möchten. Der Blick auf den Fluss ist bezaubernd, besonders wenn man diesen vom Pool oder von der Restaurantterrasse aus genießt. Mit seinen 13 top ausgestatteten Meetingräumen ist dieses Hotel auch der perfekte Austragungsort für Tagungen und Events. Zudem besticht es durch die Gehdistanz zur Messe Wien, zum Stadion und zum Prater. Nach einem anstrengenden Tag findet man in der Sauna oder im Whirlpool zur Ruhe, Sportliche können sich im Fitnesscenter auspowern.

Zell am See

SALZBURG G4

Grand Hotel Zell am See

5700 Zell am See, Esplanade 4-6 | www.grandhotel-zellamsee.at | info@grandhotel-zellamsee.at | Tel.: 06542 7880

Im Grand Hotel Zell am See vermischt sich kaiserliches Flair mit alpiner Gemütlichkeit – und das in allerbester Lage auf einer privaten Halbinsel direkt am idyllischen Zeller See. Man wohnt in liebevoll eingerichteten Zimmern und Suiten, exklusiven Seeresidenzen oder Wellness-Deluxe-Zimmern. Wunderbar sind die zwei Spa-Bereiche: der exklusive GrandSpa mit traumhaftem Panorama und der familienfreundliche Classic-Spa. Man speist im Restaurant Kaisersaal, im Belvedere oder in zwei heimeligen Stuben. Abends wählt man aus drei verschiedenen Menüfolgen: „Klassische Küche", „Health Cuisine" oder „Vegetarisch".

Seehotel Bellevue

5700 Zell am See,
Seeuferstraße 41

www.seehotel-bellevue.at
info@seehotel-bellevue.at

Tel.: 06542 21828

Alte Gemäuer treffen auf modernes Interieur – dies ist das Cross-over-Prinzip des Seehotels Bellevue. Hier nächtigt man in märchenhaften Zimmern, Suiten und den Bellevue Residence Apartments und darf sich auf zahlreiche Besonderheiten freuen. Dazu gehören der Wellness- und Spa-Bereich „Laissez Faire", der Badestrand auf der Sonnenseite des Zeller Sees und das kulinarische Angebot in den Restaurants „Seensucht" und der Seeterrasse „See la Vie". Nicht entgehen lassen sollte man sich einen kühlen Drink im Beachclub Vue. Das Hotel ist zudem eine Toplocation für Hochzeiten, Workshops und Feiern.

© Annie Spratt on Unsplash

Die besten Chalets

Die besten Chalets, mit exklusiven Räumlichkeiten und außergewöhnlichem Service-Angebot, die dabei Komfort, Luxus und Privatsphäre vereinen.

1551
Lech am Arlberg

1597
Lech am Arlberg

Almdorf Reiteralm
Pichl bei Schladming

Alpegg Chalets
Waidring

Anno Dazumal
Tux

Artemis
St. Anton am Arlberg

Benglerwald
Bach/Lechtal

Bergdorf Riesner
Donnersbach

Bischoferalm
Alpbach

Bühlhof Penthouse
Lech am Arlberg

Country Suites
Mariapfarr

Feriendorf Holzleb'n
Großarl

Golden Hill Country Chalets & Suites
St. Nikolai im Sausal

Grand Flüh
Nesselwängle

Hollmann am Berg
Ebene Reichenau

INNs HOLZ
Ulrichsberg

Kauz Design Chalets
St. Michael im Lungau

Landgut Moserhof
Penk/Mölltal

LaPosch
Biberwier

Lehenriedl
Wagrain

Luxuschalet Schmiedalm
Saalbach/Hinterglemm

Luxuslodge Zeit zum Leben
Annaberg

Mimi
Oberlech

N
Oberlech

Naturdorf Oberkühnreit
Neukirchen am Großvenediger

Plauderei
Niedernsill

Priesteregg Premium Eco Resort
Leogang

Pures Leben Stadl Wuggitz
Oberhaag

Senhoog
Leogang

Sporer Alm
Rohrberg/Zillertal

The Arula Chalets
Lech am Arlberg

Chalet Bischoferalm

6236 Alpbach, Außerbischofen 131
www.luxuschalet-tirol.at
info@luxuschalet-tirol.at
Tel.: 0676 502 69 45

Für viele sind Privatsphäre und Exklusivität die Hauptgründe, einen Urlaub im Chalet zu verbringen. Das Chalet Bischoferalm wird genau diesen Ansprüchen mit seiner abgeschiedenen Lage hoch über dem Alpbachtal und seiner luxuriösen Ausstattung gerecht. Bis zu 20 Personen finden hier Platz (Gäste ab 16 Jahren sind herzlich willkommen). Ein Highlight des Hauses ist der Bio-Vital-Spa mit einem traumhaften Panorama-Whirlpool. Wer sich nicht selbst versorgen möchte, der kann einen Privatkoch oder einen Catering-Service in Anspruch nehmen. Auch für Hochzeiten bietet das Haus einen eleganten Rahmen.

Annaberg SALZBURG H3

Luxuslodge Zeit zum Leben

5524 Annaberg, Steuer 88
www.luxuslodge.at
info@luxuslodge.at
Tel.: 0664 423 2662

Ein Urlaub in den drei Chalets der Luxuslodge Zeit zum Leben beginnt schon herrlich mit einem Begrüßungssekt, mit dem man auf fabelhafte Tage anstoßen kann. Zwei der Häuser bieten für bis zu zehn Personen Platz, das dritte für bis zu vier. Was sie gemeinsam haben? Den traumhaften Blick auf das Dachsteinmassiv, die luxuriöse Ausstattung mit unter anderem einer Feuerstelle und einem Badezuber sowie eine charmante Atmosphäre. Für Kulinarikliebhaber bietet sich der Gourmeturlaub an, bei welchem ein privates Fondue sowie ein Menü im nahe gelegenen Haubenrestaurant Winterstellgut inkludiert sind.

Bach/Lechtal TIROL

Benglerwald

Berg Chaletdorf

6653 Bach/Lechtal, Benglerwald 69
www.benglerwald.at
info@benglerwald.at
Tel.: 05634 20178

Auf einem der hübschesten Plätze des Lechtals, auf dem Sonnenplateau Benglerwald, findet sich das gleichnamige Hotel in Panorama-Alleinlage. Man nächtigt in insgesamt neun eleganten Chalets, die Platz für zwei bis fünf

Personen bieten. Jedes Haus ist mit viel Liebe zum Detail gestaltet und verfügt über einen eigenen Private Spa mit Wellnessdusche, Panorama-Badewanne und Edelstahl-Hot-Pot. Entspannung findet man auch am idyllischen, neu angelegten Bergsee mit Yogaplattform. Mit dem eigenen High-End-Grill bereitet man allerlei Köstliches selbst zu – die Zutaten und Rezepte werden bis vor die Tür geliefert.

Biberwier TIROL

LaPosch

Dein Bergaway

6633 Biberwier, Schmitte 12 | www.laposch.at | info@laposch.at | Tel.: 05673 21021

In traumhafter Lage in den Tiroler Bergen liegt das Chalet-Resort LaPosch. Die Adults-only-Policy (Gäste ab 15 Jahren sind herzlich willkommen) unterstützt zusätzlich die fantastische Ruhe, die man hier verspüren kann. Direkt an der luxuriösen Urlaubshütte vorbei fließt ein malerisches Bächlein, welches zum Träumen einlädt. Die 16 Chalets sind individuell gestaltet und vermitteln eine Wohlfühlatmosphäre. Zur Erfrischung steht ein Naturbadesee mit Karibikflair zur Verfügung. Ob bei einem deftigen Jausenbrettl oder einem eleganten Menü, am besten lässt sich der Tag mit kulinarischen Freuden beenden!

Donnersbach STEIERMARK

Bergdorf Riesner

8953 Donnersbach, Donnersbachwald 236 | ww.landschuetzer.at | office@bergdorf-riesner.at | Tel.: 06380 40050

Das Bergdorf Riesner bietet einen traumhaften Ausgangspunkt für die Erkundung der steirischen Bergwelt. Besonders die nahe gelegene Riesneralm lädt im Winter zum Skifahren und im Sommer zum Wandern und Radfahren ein. Die Chalets selbst bieten bis zu acht Personen und auch dem Vierbeiner Platz. Im Winter sind ein Bergdorffrühstück sowie ein kleiner Mittagssnack im Restaurant im Preis inkludiert. Abends bietet die bestens ausgestattete Küche die Möglichkeit, selbst zu kochen und anschließend am Kachelofen entspannte Stunden zu verbringen. Man kann aber auch bequem im Restaurant sein Abendessen bestellen.

Ebene Reichenau KÄRNTEN I5

Hollmann am Berg

9565 Ebene Reichenau, Turracher Höhe 163-166
www.crazyhollmann.com
hello@crazyhollmann.com
Tel.: 05 777 83 00

#crazyforyou: Das ist das Motto des Gastgebers Robert Hollmann, für den das Wohlbefinden seiner Gäste im Mittelpunkt steht. In den drei charmanten und charaktervollen Chalets geht dies aber eigentlich fast von selbst. Auf der Turracher Höhe, inmitten der Natur, finden sich die ungewöhnlich schlanken und dafür hoch gebauten Hütten aus massivem Fichtenholz und versprechen eine entspannte Zeit abseits des Trubels. Wunderbar ist diese Location auch für Feste, Business Meetings und andere Veranstaltungen für bis zu 30 Personen, denn man kann die gemütliche Scheune, die in Gehweite liegt, dazubuchen.

Großarl SALZBURG H4

Feriendorf Holzleb'n

5611 Großarl, Unterbergstraße 1
www.holzlebn.at
feriendorf@holzlebn.at
Tel.: 06414 2130
0664 889 27517

Acht exklusive Chalets und ein Haupthaus mit Ferienwohnungen erwarten die Gäste im Feriendorf Holzleb'n. Hier sind all jene gut aufgehoben, die einen Familienurlaub mit Bauernhof-Feeling und Wellnesskomfort kombinieren möchten. So verfügen die Chalets etwa alle über eine eigene Sauna und eine Außenbadewanne – außerdem gibt es noch einen separaten Wellnessbereich. Zudem freuen sich die Kinder über zahlreiche Highlights wie zum Beispiel den Streichelzoo und Ponyreiten. Entweder versorgt man sich in den Chalets selbst oder man nimmt das Catering-Angebot in Anspruch – frisches Gebäck zum Frühstück bekommt man auf jeden Fall geliefert.

Bühlhof Penthouse

6764 Lech am Arlberg, Strass 328
www.buehlhof.com
office@buehlhof.com
Tel.: 05583 2859
0660 225 2303

Wer im winterlichen Trubel von Lech am Arlberg sehen und gesehen werden will, sich aber dennoch einen privaten und luxuriösen Rückzugsraum wünscht, der ist im Bühlhof Penthouse richtig. Sechs De-luxe-Schlafzimmer beherbergen bis zu 12 Gäste auf höchstem Niveau. Direkt an der Piste gelegen, hat man sogar einen eigenen Liftzugang. Außerdem kann man hier im privaten Spa-Bereich in der Sauna abschalten oder im Fitnessraum Energie abbauen. Auf Anfrage werden die Gäste gerne mit einem reichhaltigen Frühstück oder mit exklusiver Halbpension verwöhnt. Der offene Kamin lädt zum geselligen Beisammensein am Abend ein!

Chalet 1551

6764 Lech am Arlberg, Oberlech 747
www.chalet1551.com
info@chalet1551.com
Tel.: 0676 643 4060

Ein Aufenthalt im Chalet 1551 ist ein wahrlich unvergessliches Erlebnis. Dafür verantwortlich zeigt sich das höchst professionelle Team, welches sich um die Gäste kümmert. Darunter sind zum Beispiel ein eigener Butler und ein Privatkoch, der kulinarische Kunstwerke auf den Tisch zaubert. Bis zu 12 Gäste kommen in den Genuss und finden in fünf exklusiven Zimmern ihren perfekten Rückzugsort. Auf den 600 m² des Hauses erwarten einen außerdem ein Wellnessbereich mit Saunen, Jacuzzi, Indoorpool und Co, ein gemütliches Wohnzimmer mit offenem Kamin, ein stilvolles Schallplattenzimmer und vieles mehr.

Chalet 1597

6764 Lech am Arlberg, Stubenbach 29
www.brambleski.com
info@brambleski.com
Tel.: 0041027 776 21 64

In Lech gibt es eine grandiose Auswahl an luxuriösen Chalets – wohl eines der schönsten ist das Chalet 1597. Im geschichtsträchtigen Haus aus dem Jahre 1597 (daher der Name) finden historische Elemente mit modernem Luxus zusammen. Auf drei Stockwerken wird den zwölf Gästen einiges geboten. Die Spa-Area lädt zum Relaxen nach einem Skitag ein, ein eigenes Kino sorgt für Unterhaltung. Möchte man das Chalet ohne Service mieten, bietet sich die Küche für ausgedehnte Kochsessions an. Das Ergebnis nimmt man im eleganten Speisezimmer mit Kamin zu sich. Ein Highlight ist der beeindruckende Weinkeller.

The Arula Chalets

6764 Lech am Arlberg, Oberlech 706
www.arulachalets.com
office@arulachalets.com
Tel.: 0664 140 7074

Ski-in & Ski-out vom Feinsten: Die zwei Arula Chalets erwarten ihre Gäste in bester Lage direkt an der Piste und bieten jeglichen Luxus, den man sich für einen traumhaften Skiurlaub nur wünschen kann. Das großzügige Chalet 1 bietet auf bis zu 1.800 m² 22 Gästen Platz, im Chalet 2 verbringen bis zu acht Personen auf 800 m² herrliche Tage. Jedes der Häuser verfügt über elegante Schlafzimmer, einen Spa-Bereich, Party-Zimmer, einen Weinkeller sowie ein eigenes Kino. Damit kein Wunsch offenbleibt, ist ein Butler 24/7 für die Gäste verfügbar; zum Service gehören außerdem ein Privatkoch und ein Chauffeur.

Leogang

SALZBURG G4

Priesteregg Premium Eco Resort

Ambiente Award 2021

5771 Leogang, Sonnberg 22
www.priesteregg.at
bergdorf@priesteregg.at
Tel.: 06583 82550

Achtsamkeit und Ruhe – dies sind Werte, die im stressigen Alltag leider viel zu oft untergehen. Beim Urlaub im Priesteregg Premium Eco Resort, welches herrlich an den Leoganger Steinbergen inmitten schönster Natur gelegen ist, kann man sich jedoch darauf rückbesinnen. Aus sechs verschiedenen Kategorien mit 16 Chalets und zwei Villen findet man bestimmt seinen individuellen Wohlfühlort. Das Priestereggbad hat mit seinem Naturbecken, Lounge-Bereich, Infinitypool, Terrasse, Zirbenholzsauna dafür aber auch großes Potenzial. Das Beste: das innovative, nachhaltige Energiesystem. So geht Urlaub mit gutem Gewissen!

Senhoog

5771 Leogang, Sonnberg 124
www.senhoog.com
info@senhoog.com
Tel.: +49 4651 886 59 04

In den zwei Chalets „Gipfelkreuzliebe" (2–6 Personen) und „Bergwärtsgeist" (2–5 Personen) am Senhoog, dem Sonnenhügel, finden die Vorteile des eigenständigen und privaten Chalet-Urlaubs mit Hotelkomfort zusammen. Die Gastgeber sehen sich selbst als Wunscherfüller und organisieren alles Mögliche für ihre Gäste – sei es Kinderbetreuung, einen Privatkoch, eine Yogastunde, eine Massage oder etwas Außergewöhnlicheres. Die Umgebung lockt mit zahlreichen Aktivitäten, jedoch könnte man auch den ganzen Tag im eleganten Private Spa mit Sauna, Sonnengarten, Infinitypool und Panorama-Ruheraum verbringen.

Country Suites Ⓝ

5571 Mariapfarr, Bruckdorf 636 | www.landschuetzer.at/de/country-suites-mariapfarr | info@countrysuites.com | Tel.: 0676 447 6070

In traumhafter Lage in Mariapfarr im Salzburger Land befinden sich die eleganten Country Suites, wo die Privatsphäre eines Chalets mit dem Service eines Nobelhotels zusammenfindet. Man nächtigt in zwei luxuriösen Suiten, welche sich in einem alten, umgebauten Stallgebäude befinden. Besonderer Wert wurde darauf gelegt, die ländliche Idylle des Gebäudes beizubehalten. Die beiden Unterkünfte verfügen jeweils über eine Sauna, einen Whirlpool und Relaxduschen. Auch eine voll ausgestattete Küche steht den Gästen zur Verfügung. Der Skibus hält direkt vor dem Haus und der Loipeneinstieg ist auch nicht weit.

Chalet Grand Flüh

6672 Nesselwängle, Nesselwängle 146 | www.chalet-grand-flueh.at | info@chalet-grand-flueh.at | Tel.: 0676 673 5787

Drei aus Altholz gebaute Häuser machen das Chalet-Grand-Flüh-Ensemble im idyllischen Tannheimer Tal aus. Hier wird alpine Ursprünglichkeit mit purem Luxus kombiniert. Das Tiny-Chalet eignet sich perfekt für Pärchen, die eine romantische Zeit verbringen möchten. Im Kuschel-Chalet finden zwei bis vier Personen Platz – Highlights hier sind der Hot-Pool im Garten und die finnische Blocksauna mit Panoramablick auf die Rote Flüh. Das größte Haus ist das Wohlfühl-Chalet, in welchem zwei bis sechs Personen nächtigen können. Hier freut man sich besonders auf den eigenen Spa-Bereich mit Panorama-Ruheraum mit Schwebeliegen.

Naturdorf Oberkühnreit

5741 Neukirchen am Großvenediger, Marktberg 143
www.naturdorf-neukirchen.at
info@naturdorf.at
Tel.: 0664 104 5615

Hoch über dem Salzachtal, in traumhafter Lage am Bergrücken des Wildkogels, liegt das Naturdorf Oberkühnreit. Familiär geführt, verfügt es über acht Chalets für bis zu acht Personen, ein Romantikchalet für zwei bis vier Personen und ein Penthouse im Wald. Auch Kinder und Hunde sind hier gern gesehene Gäste! Besonderes Highlight ist die Lage als Ski-in-&-Ski-out-Betrieb im Winter. Abgesehen von der Erkundung der umliegenden Berge kann man im Naturdorf Oberkühnreit auch einiges lernen, so werden etwa Reitstunden und Jodelkurse angeboten! Um den Kopf freizubekommen, bietet sich ein Besuch der herrlich duftenden Zirbensauna an.

Niedernsill SALZBURG

Chalet Plauderei

5722 Niedernsill, Sonnberg 9
www.plauderei.at
info@plauderei.at
Tel.: 0049163 7844813

Nicht umsonst trägt dieses Chalet den Namen „Plauderei“: Zahlreiche Wohlfühlorte wie die Terrassen, Balkone oder der Kamin im gemütlichen Wohnzimmer laden zu ausgedehnten Gesprächen mit den Liebsten ein. Denn das ist ja das wahre Glück im Urlaub: Zeit füreinander! Im luxuriösen Chalet gibt es viel zu erleben: Im Wellnessbereich lässt man die Seele baumeln, das Stüberl mit Smart-TV, Spielkonsolen und Gesellschaftsspielen sorgt für Unterhaltung. Besonders wohlfühlen werden sich hier Hobbyköche, denn das Zubereiten von Speisen macht in der beeindruckenden Küche oder in der Grillhütte einfach Spaß.

Oberhaag STEIERMARK

Pures Leben Stadl Wuggitz

8455 Oberhaag, Altenbach 79
www.puresleben.at
info@puresleben.at
Tel.: 0664 215 5044

Wer auf der Suche nach einem exklusiven Refugium für zwei Personen in der schönen Steiermark ist, der wird mit dem Stadl Wuggitz fündig. Hier trifft modernes Design und luxuriöse Ausstattung auf ein 200 Jahre altes, liebevoll revitalisiertes Gebäude. Gemütliche Orte, an denen man Entspannung findet, gibt es hier zur Genüge. Etwa der Wohnbereich mit offenem Kamin, der beheizte Pool oder die Panoramasauna. Ein Tipp für alle, die sich nicht selbst versorgen wollen: die Genusspension, bei welcher Frühstück, Abendessen, alkoholfreie Getränke und Hausweine inkludiert sind. Zubuchbar sind auch Massagen.

Oberlech VORARLBERG

Chalet Mimi

6764 Oberlech, Oberlech 141
www.chaletmimi.com
office@chaletmimi.com
Tel.: 0664 140 7074

Bis zu 14 Gäste finden mit dem Chalet Mimi ein luxuriöses, temporäres Zuhause in ruhiger Umgebung. Die Einrichtung besticht durch minimalistischen Stil, regionale Materialien und handgemachte Details. Im Spa-Bereich lässt man die Seele baumeln – etwa in der Sauna, dem 14 Meter langen Indoorpool oder im Spa-Kino. Tipp: im Rooftop-Jacuzzi mit einem Drink auf den Urlaub anstoßen. Besonders erwähnenswert ist der außergewöhnliche Service, der hier geboten wird. Ein 24/7-Butler-Service, ein Privatkoch, ein Chauffeur und das Housekeeping-Team sorgen zu jedem Zeitpunkt für das Wohlergehen der Gäste.

Chalet N

6764 Oberlech, Oberlech 50 | www.chalet-n.com | office@chalet-n.com | Tel.: 05583 37900

Die herrliche Natur des Arlbergs hat schon einige verzaubert! Im Chalet N kann man diese in vollen Zügen genießen – und wird währenddessen mit jeglichem erdenklichem Luxus verwöhnt. Mit dem Chauffeurservice gelangt man zum Urlaubsdomizil, an welchem man vom persönlichen Butler in Empfang genommen wird. Dieser liest einem jeden Wunsch von den Lippen ab und organisiert beispielsweise ein vom Privatkoch zubereitetes Menü. Perfekten Schlaf findet man in den exklusiven Suiten, so ist man fit für den aktiven Tag am Berg. Danach entspannt es sich wunderbar im Spa- und Wellnessbereich oder im Kino.

Penk/Mölltal

KÄRNTEN G5

Landgut Moserhof

9816 Penk/Mölltal, Moos 1 | www.landgut-moserhof.at | info@landgut-moserhof.at | Tel.: 04783 2300 | 0664 454 265

Auf dem Landgut Moserhof genießt man die umliegende Bergwelt des Nationalparks Hohe Tauern und wohnt entweder in einem der verschiedenen Häuser im urigen Chaletdorf oder man zieht sich in eines am Berg auf einer Höhe von 1.600 Meter zurück. Entspannung verspricht das Wellnessangebot im Badehäusl, für Unterhaltung sorgen die Reitanlage und der Bio-Bauernhof. Wasserliebhaber freuen sich auf den Bergwasser-Badeteich und den Wildwasserstrand an der Möll. Man startet mit einem köstlichen Frühstück im Gutshaus oder einem Frühstückskorb im Chalet in den Tag. Dreimal die Woche gibt es ein herrliches Landgut-Dinner.

Pichl bei Schladming

STEIERMARK I4

Almdorf Reiteralm

8973 Pichl bei Schladming, Preunegg 66 | www.almdorf-reiteralm.at | info@almdorf-reiteralm.at | Tel.: 06454 72440

Chalet-Genuss für (fast) jede erdenkliche Gruppengröße erwartet die Gäste im Almdorf Reiteralm. Hier, unweit von Schladming, gibt es Häuser in verschiedenen Kategorien, um jede Gruppe ideal beherbergen zu können. Ob in den gemütlichen Kuschel-Chalets für zwei bis vier Personen oder in der Komfortalmhütte Dachstein für 18 Personen: Urlaubsfreuden sind immer garantiert! Von hier aus lassen sich die steirischen Berge sowohl im Sommer als auch im Winter perfekt erkunden. Auch ein kleiner, aber feiner Wellnessbereich und ein Naturschwimmteich, der aus der eigenen Quelle gespeist wird, stehen zur Verfügung.

Rohrberg/Zillertal — TIROL G4

Sporer Alm Ⓝ

6280 Rohrberg/Zillertal, Rohrberg 107 — www.sporer-alm.com — Tel.: 0664 144 2020

Das kleine, aber feine Chalet-Dorf Sporer Alm im Zillertal besteht aus nur vier hübschen Hütten. Durch diese überschaubare Größe wird der Privatsphäre und der Ruhe ein besonderer Stellenwert gegeben. Zwei bis zehn Personen finden in den zweistöckigen Häusern Platz. Aus ausgewählten Holzelementen und dennoch mit moderner, luxuriöser Ausstattung versehen, ist dies das ideale Feriendomizil für alle, die Bergurlaub mit modernen Annehmlichkeiten kombinieren möchten. Auch eine Sauna sowie ein Whirlpool stehen den Gästen hier zur Verfügung – und auf Wunsch wird man mit einem regionalen Frühstück verwöhnt.

Saalbach/Hinterglemm — SALZBURG G4

Luxuschalet Schmiedalm

5754 Saalbach/Hinterglemm, Schwarzacherweg 40 — www.unterschwarzach.at, info@unterschwarzach.at — Tel.: 06541 6633

Bis zu zehn Personen finden im Luxuschalet Schmiedalm ihr perfektes Hideaway. Wenige Autominuten vom belebten Saalbach-Hinterglemm liegt das Haus inmitten der ruhigen Natur und direkt an der Piste. Man startet in den Skitag mit einem köstlichen Frühstück mit Produkten aus der Landwirtschaft der Gastgeberfamilie Hasenauer. Nachdem man am Nachmittag sein Equipment im eigenen Skikeller abgelegt hat, tankt man im privaten Wellness- und Spa-Bereich seine Kräfte wieder auf. Die Zeit hier kann man individuell gestalten: Entweder man bleibt für sich oder greift auf das Top-Service-Angebot zurück.

St. Anton am Arlberg · TIROL B4

Chalet Artemis

6580 St. Anton am Arlberg, Nassereinerstraße 84
www.chaletartemis.com
info@chaletartemis.com
Tel.: 004407497 62 80 64

Das Chalet Artemis bietet mit seinen sechs großzügigen Schlafzimmern bis zu 12 Personen ein unvergessliches Urlaubserlebnis am Arlberg. Besonders der persönliche Service steht hier im Mittelpunkt. Vom Chauffeur, der einen etwa zur Piste bringt und wieder abholt, über den Privatkoch, der moderne alpine Speisen auf den Tisch zaubert, bis hin zur Organisation jeglicher Erlebnisse sowie zur professionellen Kinderbetreuung – hier bleibt kein Wunsch unerfüllt. Für besondere Entspannung sorgt der fantastische private Wellnessbereich. Den Tag lässt man am besten bei einem Drink von der Bar ausklingen.

St. Michael im Lungau · SALZBURG I4

Kauz Design Chalets

5582 St. Michael im Lungau, Katschberg 654
www.kauz-katschberg.at
hello@kauz-katschberg.at
Tel.: 04734 83888
0676 845 115286

Luxusurlaub auf hohem Niveau – gleich im doppelten Sinne: Auf einer Passhöhe mit herrlichem Ausblick auf Kärnten und das Aineck erwarten die zwei Kauz Design Chalets ihre Gäste mit genialer Ausstattung und stilvollem Interior. In einem Haus nächtigen bis zu acht Personen, im anderen bis zu 14. Beide Chalets überzeugen durch die Einrichtung, bei welcher ein großer Fokus auf heimischen Materialien liegt, sowie mit einem eigenen Spa-Bereich mit Zedernholz-Sauna und einem wunderschönen, je rund 200 m² großen Garten. So findet hier jeder Gast seinen persönlichen Wohlfühlplatz, an dem man nach einem Skitag entspannt.

St. Nikolai im Sausal · STEIERMARK N5

Golden Hill Country Chalets & Suites

8505 St. Nikolai im Sausal, Steinfuchsweg 2/Waldschach
www.golden-hill.at
welcome@golden-hill.at
Tel.: 0664 132 7915

Die Golden Hill Country Chalets & Suites sind die absolute Leidenschaft der Gastgeber Barbara und Andreas Reinisch. Dies zeigt sich in der Liebe zum Detail und der herzlichen Betreuung. Die Chalets bieten Privatsphäre und jeglichen erdenklichen Luxus. Vor allem das Panorama-Loft für zwei begeistert und verfügt seit Kurzem über einen neuen Infinitypool. Hier findet ein jeder seinen persönlichen Lieblingsplatz, sei es der Private Spa im Chalet, der Naturschwimmteich oder die Champagner-Lounge. Wer einen Heiratsantrag plant, kann hier seit Neuestem perfekt zusammengestellte Packages buchen.

Tux TIROL E4

Anno Dazumal

6293 Tux, Lanersbach 456 b | www.annodazumal.at | info@annodazumal.at | Tel.: 05287 877830

Auf 1.300 Meter Seehöhe, im zauberhaften Tuxertal, erwartet das Berghüttendörfl Anno Dazumal seine Gäste. Hier nächtigt man entweder in edlen, zweistöckigen Chalets oder in etwas kleineren Almhütten. Zwei bis sechs Personen finden in jedem Haus Platz. In der Alpenvital-Badehütte lässt man sich verwöhnen und entspannt in der Sauna oder im Whirlpool. Die Dorfgaststätte Ratschkathl ist der Treffpunkt schlechthin: Dort genießt man in der gemütlichen Stube, auf der neuen beheizten Veranda und in der Außenbar Bierspezialitäten und Tiroler Köstlichkeiten. Jeden Donnerstag verwandelt sich die Stube in einen sehenswerten Bauernmarkt.

Ulrichsberg OBERÖSTERREICH I1

INNs HOLZ

Chaletdorf

4161 Ulrichsberg, Schöneben 10 | www.innsholz.at | info@innsholz.at | Tel.: 07288 70600

Auf einer Lichtung im Böhmerwald erwartet das INNs Holz Hotel und Chaletdorf seine Gäste und verspricht Wellness, Entspannung und Sport inmitten der Natur. Im Vitalhotel herrscht eine entspannte Atmosphäre, die 45 Zimmer sind geprägt von natürlichen Materialien und modernem Alpin-Stil. Ein Highlight ist der Naturspa (ab 16 Jahren), in welchem eine Saunawelt, Whirlpools und verschiedene Behandlungen zum Relaxen einladen. Wunderbar ist das Badehaus mit Seesauna am INNs HOLZ See. Die Umgebung lockt mit verschiedenen Ausflugszielen, aber auch im Hotel findet man mit dem Aktivprogramm Unterhaltung.

Lehenriedl

5602 Wagrain,
Lehenriedl 15

www.lehenriedl.at
info@lehenriedl.at

Tel.: 06413 8462

Die drei Chalets des Lehenriedl bieten einen angenehmen Rückzugsort während des Urlaubs in Wagrain. Für zwei bis sechs Personen ausgelegt, wurde besonderer Wert auf die Verwendung von Naturmaterialien gelegt. So wohnt man hier im Einklang mit der Natur! Besonders im Sommer kann man aufgrund der Lage auf einem Sonnenplateau die Vitamin-D-Speicher auffüllen. Morgens wird ein reichhaltiges Frühstück genossen, ehe man den Tag aktiv in den Bergen der Umgebung oder entspannt am eigenen Naturschwimmteich verbringt. Um die Seele baumeln zu lassen, geht man am besten in die Salzstein-Sauna.

Waidring TIROL G3

Alpegg Chalets

6384 Waidring,
Alpegg 13

www.alpegg.com
info@alpegg.com

Tel.: 0650 587 5872

Eine Almhütte mit Weitblick gemeinsam mit Freunden mieten und einen unvergesslichen Urlaub erleben, das hört sich doch traumhaft an! In liebevoller Detailarbeit haben Roland und Cornelia Defrancesco mit ihren Chalets, welche mit ausgewählten Naturmaterialien eingerichtet sein, einen alpinen Rückzugsort im Casual-Luxury-Stil geschaffen. Ein besonderes Juwel ist die ursprüngliche Talsenalm, welche erst seit 2021 über Strom verfügt. Zur Abkühlung im Sommer lädt das natürliche Biotop und zum Relaxen die Sauna ein. Den Nachmittag verbringt man am besten im Garten beim Grillen über der Feuerschale.

© Paul Pastourmatzis

CITY
©Jacek Dylag

Die besten City Hotels

Die besten Stadthotels mit hohem Komfort in zentraler und urbaner Lage.

25hours Hotel
Wien

aDLERS Lifestyle-Hotel
Innsbruck

Andaz
Wien

Boutiquehotel Stadthalle
Wien

Daniel
Wien

Das Innsbruck
Innsbruck

Forstinger
Schärding

Goldgasse
Salzburg

Grand Ferdinand
Wien

grätzl hotel Meidlinger Markt
Wien

Hotel & Villa AUERSPERG
Salzburg

Hyperion
Salzburg

Josefine
Wien

Kärntnerhof
Wien

Kontor
Hall in Tirol

Krone 1512
Salzburg

Le Méridien Wien
Wien

Lendhotel
Graz

magdas Hotel
Wien

Max Brown 7th District
Wien

Palais 26
Villach

pentahotel
Wien

Ruby Lissi
Wien

SO/VIENNA
Wien

Spiess & Spiess
Wien

STAGE 12 – Hotel by Penz
Innsbruck

Superbude
Wien

The Student Hotel
Wien

Vienna House Martinspark
Dornbirn

Wiesler
Graz

Zeitgeist
Wien

Zoku
Wien

Vienna House Martinspark Dornbirn

6850 Dornbirn, Mozartstraße 2
www.viennahouse.com
info.martinspark-dornbirn@viennahouse.com
Tel.: 05572 3760

Das Architekturhotel mit knapp 100 lichtdurchfluteten Zimmern punktet mit seiner zentralen Lage im Zentrum Dornbirns. Ein Fahrradverleih im Haus ermöglicht auch längere Erkundungstouren. Kostenloses Highspeed WLAN sowie großzügige Veranstaltungsflächen bieten Möglichkeiten für Konferenzen und Events.

Graz

STEIERMARK L4

Lendhotel

8020 Graz, Grüne Gasse 2
www.lendhotel.at
office@lendhotel.at
Tel.: 0316 717000

Das zentral gelegene Lendhotel in Graz ist hip, jung und kunstbegeistert. Mit einem Kunstwerk über jedem Bett und jeder Menge weiteren in den Gängen offenbart sich hier beinahe ein Schlechtwetterprogramm für Regenscheue. Auch das Frühstück kann sich sehen lassen. Mit frischen Zutaten vom Markt nebenan startet man gut gelaunt und gesättigt in den Tag.

Wiesler

8020 Graz, Grieskai 4-8
www.hotelwiesler.com
info@hotelwiesler.com
Tel.: 0316 70660

Regnerische, kalte Tage verbringt man in Graz gerne in der frei stehenden Badewanne, auf dem gemütlichen Chesterfield-Sessel mit einem Buch oder bei einem ausgiebigen Frühstück im Salon Marie. Dort lässt es sich auch am Abend gut aushalten. Als Besonderheit des Hauses gilt das Cordon bleu de luxe – ein gefülltes Kalbsschnitzel mit Brie und Prosciutto, dazu ein Spiegelei. Danach folgt ein Cocktail an der Bar, bevor man zu einem gemütlichen Spaziergang durch die Grazer Innenstadt aufbricht.

Kontor

Boutiquehotel

6060 Hall in Tirol, Unterer Stadtplatz 7a
www.hotel-kontor.at
info@hotel-kontor.at
Tel.: 05223 23801

Ein ehemaliges Handelshaus wurde liebevoll von Ursula und Marek revitalisiert – und spiegelt nun verschiedene Epochen wie Gotik oder Barock in den jeweiligen Zimmern und im Frühstückssaal mit wunderschöner Stuckdecke aus dem 18. Jahrhundert wider. Das einzigartige Flair setzt sich in der Haller Altstadt fort, die nur wenige Gehminuten entfernt ist.

Innsbruck TIROL D4

aDLERS Lifestyle-Hotel Innsbruck

6020 Innsbruck, Brunecker Straße 1
www.adlers-innsbruck.com
office@deradler.com
Tel.: 0512 563100

Egal, ob im gemütlich-modernen Zimmer, im Bademantel im Spa-Bereich oder mit einem Cocktail in der Hand in der Rooftop-Bar: Von überall genießt man den weiten Blick über die Innsbrucker Innenstadt und darüber hinaus auch das Bergpanorama. Eine 360-Grad-Weitsicht erfährt man auch im gleichnamigen Restaurant, wo jeder Tisch einen Platz mit Aussicht garantiert. Die internationale Speiseauswahl lässt keine Wünsche offen.

Das Innsbruck

MICE-Location Boutique Convention

6020 Innsbruck, Innrain 3
www.hotelinnsbruck.com
office@hotelinnsbruck.com
Tel.: 0512 598 68 93

Nur wenige Gehminuten vom Goldenen Dachl entfernt und direkt an der Innbrücke empfängt das Hotel Das Innsbruck seine Gäste direkt im Zentrum der schönen Alpenhauptstadt. Das moderne, alpine Flair zieht sich durch und bietet sowohl in den Zimmern als auch in den High-Class-Meeting- und Seminarräumen eine stetige Wohlfühlatmosphäre. Außergewöhnlich: die konzentrationsfördernden Zirbenlüfter in den Räumlichkeiten. Der Wellnessbereich ist der größte aller Stadthotels in Innsbruck – hier regeneriert man bestimmt! Für das gemeinsame Team-Work-out nach dem Seminar liegen schon Nordic-Walking-Stöcke bereit.

STAGE 12 – Hotel by Penz

6020 Innsbruck,
Maria-Theresien-Straße 12

www.stage12.at
office@stage12.at

Tel.: 0512 312312

Mit der Familie, als Paar oder alleine: Im STAGE12 sind alle herzlich willkommen. Perfekte Lage in der Innsbrucker Innenstadt, dazu gibt es einen eigenen Fitness- und Saunabereich. Abgerundet wird der Aufenthalt von einem Besuch in der Bar. Chili, Trüffel und Basilikum sind nur einige wenige Zutaten, die die saisonalen Drinks abrunden.

Salzburg

SALZBURG H3

Goldgasse

5020 Salzburg,
Goldgasse 10

www.hotelgoldgasse.at
info@hotelgoldgasse.at

Tel.: 0662 845622

In der Salzburger Goldgasse befindet sich ein typisch österreichischer Gasthof, der die Gäste mit seinem gemütlichen Ambiente und dem unvergleichlich köstlichen Geruch von frischem Backhendl mit Erdäpfelsalat und Salzburger Nockerl anlockt. Nicht ganz so rustikal, dafür sehr künstlerisch sind die Zimmer des darüberliegenden Hotels gestaltet: Sie zeigen an so manch einer Wand ein Schaubild der Salzburger Festspiele.

Hotel & Villa AUERSPERG

5020 Salzburg,
Auerspergstraße 61

www.auersperg.at
info@auersperg.at

Tel.: 0662 889440

Bereits in dritter Generation wird das charmante Hideaway inmitten des urbanen Andräviertels in Salzburg geführt. Yogastunden, Massagen und ein Spaziergang im wunderschönen Garten steigern das Wohlbefinden der Gäste. Besonderes Highlight ist das Bio-Frühstück mit zahlreichen veganen und glutenfreien Optionen.

Hyperion Salzburg Ⓝ

5020 Salzburg, Rainerstrasse 4
www.h-hotels.com
info@h-hotels.com
Tel.: 0043 662 2342140

Im Herzen der Salzburger Neustadt eröffnete vor Kurzem das Hyperion Salzburg. Im Gebäudekomplex des Palais Faber beherbergt es 115 luxuriöse Zimmer und Suiten, die einem die perfekt-gemütliche Unterkunft bieten. Sie sind in eleganten Grautönen gehalten und verfügen unter anderem über eine Regenwalddusche und eine Fußbodenheizung. Wer zum Abendessen nicht mehr das Haus verlassen will, für den werden im Restaurant Gaumenfreud internationale Köstlichkeiten, gepaart mit erlesenen Weinen, serviert. Zum Tagesausklang in der Mozartstadt bietet sich ein Cocktail in der elegant gestalteten Bar an.

Krone 1512

5020 Salzburg, Linzer Gasse 48
www.krone1512.at
hotel@krone1512.at
Tel.: 0662 872300

Auf der Suche nach einem Hotel für einen Städtetrip nach Salzburg empfiehlt sich das in der Fußgängerzone gelegene Hotel. Begrüßt wird man von den beiden Hoteliers aus Leidenschaft, Andreas Felleis und Patrick Knittelfelder. Das elegant-moderne Design der Zimmer lädt gemeinsam mit einem rund um die Uhr kostenfreien Angebot an Kaffee und Tee zum Verweilen ein.

Schärding

OBERÖSTERREICH H2

Forstinger Ⓝ

4780 Schärding, Unterer Stadtplatz 3
www.hotel-forstinger.at
info@hotel-forstinger.at
Tel.: 07712 23020

In der hübschen Barockstadt Schärding finden sowohl Geschäftsreisende als auch Urlauber mit dem Hotel Forstinger ihre perfekte Unterkunft. Es beeindruckt mit einer Kombination aus moderner Ausstattung, familiärem Service sowie einem brillierenden kulinarischen Angebot. Unter anderem genießt man hier die Köstlichkeiten von Lukas Kienbauer in seinen drei Restaurants: Gourmets kommen im 3-Hauben-Restaurant Lukas auf ihre Kosten, für Fleischliebhaber bietet sich das Erlebnisrestaurant Lukas Steak an, das Lukas Izakaya lässt die Herzen von Sushi- und Cocktail-Aficionados höherschlagen.

Palais 26

9500 Villach, Hauptplatz 26
www.palais26.at
office@palais26.at
Tel.: 04242 26101

In der Villacher Altstadt treffen Style und Tradition aufeinander. Vereint werden diese in den Zimmern und Suiten des Palais 26. Ein wenig lässiger geht es im Restaurant Charles zu, jedoch keineswegs weniger exquisit. Die Chill-out-Area im Innenhof mit Urban Gardening lädt zum Frühstück ebenso ein wie zum Business Lunch oder Dinner.

Wien WIEN N2

25hours Hotel

beim MuseumsQuartier

1070 Wien, Lerchenfelder Straße 1–3
www.25hours-hotels.com/hotels/wien
wien@25hours-hotels.com
Tel.: 01 521510

Das 25hours Hotel ist genauso bunt und lebendig wie Wien. Knallige Tapeten und bunte Mosaike sowie Vintage-Mobiliar zeichnen die 183 unterschiedlichen Zimmer und 34 Suiten aus, die mit einem einzigartigen Charme überzeugen. Ein besonderes Highlight ist der Dachboden. Das große Wohnzimmer wird nachmittags gern als Arbeitsplatz genutzt und verwandelt sich zu späterer Stunde zum gemütlichen Afterwork-Hotspot. Schöne Aussicht und gute Cocktails sind garantiert.

Andaz

Vienna am Belvedere

1100 Wien, Arsenalstraße 10
www.hyatt.com
vienna@andaz.com
Tel.: 01 20577441234

Bodentiefe Fenster bieten einen atemberaubenden Blick über das Schloss Belvedere sowie die Hauptstadt und sorgen für natürliches Licht in den 303 urban gestalteten Gästezimmern. Kreative Seelen fühlen sich im Haus besonders wohl, denn hier gibt es zahlreiche Kunstwerke zu bestaunen. Weitere Pluspunkte: Fitnesscenter und Spa, Zimmerservice und Ladestationen für Elektrofahrzeuge.

AURORA
A true local experience
for inspired cosmopolitans
ANDAZ
VIENNA
AM BELVEDERE

Boutiquehotel Stadthalle

1150 Wien, Hackengasse 20 | www.hotelstadthalle.at | office@hotelstadthalle.at | Tel.: 01 982 42 72

Ein nachhaltiges Zeichen inmitten von Wien. Das Stadthotel beweist, dass zufriedene Gäste und Umweltschutz miteinander vereinbart werden können. Photovoltaikanlagen erzeugen den Strom und die Bienen auf dem Dach den hauseigenen Honig, der im gemütlichen Garten bei einem reichhaltigen Frühstück genossen werden kann. Besonders hervorzuheben ist das vielfältige Angebot für Veganer.

Daniel Wien

Hotel des Jahres 2013

1030 Wien, Landstraßer Gürtel 5 | www.hoteldaniel.com | hellovienna@hoteldaniel.com | Tel.: 01 901310

Schiff ahoi am Wiener Hauptbahnhof. Im Daniel stranden naturverbundene Städteliebhaber genauso wie das Segelboot auf dem Dach. Wien ist grün, das Daniel ist noch grüner. Blumen, Farne und Moos zieren die Lobby. Der grüne Faden setzt sich im Garten fort: Hier wachsen Kräuter und allerlei Gemüse. Nun wird auch das Dach bepflanzt; bald wächst dort das hauseigene Obst. Auf dem Frühstückstisch findet man den Honig der eigenen Bienen.

Die Josefine Ⓝ

1060 Wien, Esterházygasse 33 | www.hoteljosefine.at | bonjour@hoteljosefine.at | Tel.: 01 58 870

Im Glanz der Goldenen Zwanziger erwartet das Hotel Die Josefine in Wien seine Gäste. In einem traumhaft gestalteten Gründerzeithaus laden die 49 glamourösen Zimmer zu einer Zeitreise ein. Doch auf modernen Luxus wie Boxspringbetten, vegane Pflegeprodukte von Votory oder einen Flatscreen-TV muss man hier nicht verzichten. Richtig authentisch macht das 20er-Jahre-Flair die über 3.000 Exemplare umfassende Schallplattensammlung. Legendär bei Urlaubsgästen und Wienern gleichermaßen ist der Barfly's Club, in dem man sich bei den besten Cocktailkreationen der Stadt wie The Great Gatsby fühlen kann.

Grand Ferdinand

1010 Wien, Schubertring 10-12 | www.grandferdinand.com | welcome@grandferdinand.com | Tel.: 01 91 880

Im Grand Ferdinand schläft man stets kaiserlich. Kronleuchter, Mahagoniholz und besten Komfort erfährt man nicht nur in der Grande Suite, sondern auch im Schlafsaal, der an eine Reise in der ersten Klasse des Orient-Express erinnert. Der gelungene Wienbesuch wird im Gastgarten des Restaurants – mit Blick auf die Ringstraße und einem Wiener Schnitzel auf dem Teller – abgerundet.

grätzl hotel Meidlinger Markt

1120 Wien,
Reschgasse 4

www.graetzlhotel.at
hello@urbanauts.at

Tel.: 01 208 39 04

Das ehemalige Arbeiterviertel blüht immer mehr auf und lockt besonders junge Menschen mit seinem einzigartigen Flair an. Die Wirtshaus- und Klubkultur sind im 12. Wiener Gemeindebezirk ebenso bekannt wie der Meidlinger Markt selbst. Das bunt gemischte Soziotop an Kulturen spiegelt sich in dem vielseitigen Angebot wider. Inmitten des Geschehens genießt man den Aufenthalt in schlicht-modernen Zimmern, die dennoch keine Wünsche offenlassen.

Kärntnerhof

1010 Wien,
Grashofgasse 4

www.karntnerhof.com
info@karntnerhof.com

Tel.: 01 512 19 23

Englische Tapeten, italienische Stoffe und originale Eichenparkettböden tragen zum Jugendstil-Charme bei und versprühen Ruhe und Gelassenheit. Vom regen Treiben des Wiener Großstadttrubels ist auch am Frühstücksbuffet mit zahlreichen regionalen Produkten nichts zu bemerken. Begünstigt wird dies durch die einzigartig zentrale Lage in einer ruhigen Seitengasse, die nur wenige Gehminuten vom Stephansdom entfernt liegt.

Le Méridien Wien

1010 Wien, Robert-Stolz-Platz 1
www.lemeridienvienna.com
info@lemeridien.com
Tel.: 01 588900

Das Designhotel überzeugt mit einer faszinierenden Symbiose aus Alt und Neu, ebenso wie mit kräftigen Farbakzenten. Dazu kommt die hervorragende Lage direkt an der Wiener Ringstraße. Das reichhaltige Frühstück genießt man im Sala Terrena oder gemütlich auf dem Zimmer mit Blick auf die Wiener Staatsoper.

magdas Hotel

1030 Wien, Ungargasse 38
www.magdas-hotel.at
info@magdas-hotel.at
Tel.: 01 7200288

Offenheit und Menschlichkeit erfährt man im zentral gelegenen Magdas Hotel. Im Mittelpunkt stehen die Menschen und ihre Geschichten. So treffen nicht nur verschiedene Nationalitäten der Besucher, sondern auch der Mitarbeiter aufeinander. Neben den herzlichen Gastgebern vermittelt auch das gemütliche Design eine angenehme Wohnzimmeratmosphäre. Hier fühlt man sich einfach rundum wohl.

Max Brown 7th District

Hotel des Jahres 2021

1070 Wien, Schottenfeldgasse 74
www.maxbrownhotels.com
reservations.7d@maxbrownhotels.com
Tel.: 01 3761070

Auf der Suche nach einer Herberge für Touristen ist man hier an der falschen Adresse, denn die zentrale Lage im Herzen des Wiener Kreativbezirks Neubau gilt als beliebtes Wohnviertel für junge Locals. So fühlt man sich auch als Bewohner des Max Brown. Die Zimmer versprühen eine gemütliche Wohnzimmeratmosphäre. Im hoteleigenen Kino fühlt man sich nie wie im falschen Film.

pentahotel Wien

1050 Wien, Margaretenstraße 92
www.pentahotels.com
info.vienna@pentahotels.com
Tel.: 01 54686100

Der Check-in an der Bar macht bereits Lust auf mehr. Sie gilt als zentraler Hotspot, wo gemeinsam Billard gespielt, ein Buch gelesen, Pizza gegessen oder ein Drink genossen wird. Wem hier zu viel Tumult ist, kann auch ganz einfach über die App einchecken, direkt auf das chic-gemütliche Zimmer „flüchten“ und sich in den großen Betten von der Reise erholen.

Ruby Lissi

1010 Wien, Laurenzerberg 2 | www.ruby-hotels.com info@ruby-hotels.com | Tel.: 01 20555180

Benannt nach der österreichischen Ikone Kaiserin Elisabeth, liegt das Hotel im ersten Wiener Gemeindebezirk zwischen Schwedenplatz und Stephansdom. Sehenswürdigkeiten, diverse Geschäfte sowie zahlreiche Restaurants und Cafés sind somit zu Fuß erreichbar. Helle, schlicht designte Zimmer gelten als Gegenpol zu der restlichen Einrichtung, welche von den Reisen der Kaiserin inspiriert wurde. Hier taucht man in das Zeitalter von Eisenbahnwaggons, Dampfschiffen und Heißluftballons ein.

SO/VIENNA

1020 Wien, Praterstraße 1 | www.so-vienna.com sovienna@so-hotels.com | Tel.: 01 906160

Am höchsten Punkt des 18-stöckigen Gebäudes erwartet die Gäste des Hauses ein wahrer kulinarischer Höhepunkt: Das LOFT Restaurant. Es gilt als Hotspot für innovative Küche. Begleitet von außergewöhnlichen Tropfen aus dem Weinkeller genießt man das Menü mit einem atemberaubenden Ausblick über die Dächer Wiens und die von Pipilotti Rist gestaltete Lichtdecke, die farbenfroh das Restaurant erleuchtet. Farbakzente findet man in den schlicht gestalteten Zimmern hingegen nur vereinzelt vor.

Spiess & Spiess

1030 Wien, Hainburger Straße 19 | www.spiess-vienna.at hotel@spiess-vienna.at | Tel.: 01 7148505

Vier Sterne, großzügige Zimmer sowie ein reichhaltiges Frühstücksbuffet sorgen für die perfekte Grundlage eines gelungenen Wien-Kurzurlaubs. Dazu kommen die zentrumsnahe Lage und ein Saunabereich zum Entspannen nach einer langen Erkundungstour durch die Hauptstadt.

Superbude Wien

1020 Wien, Perspektivstraße 8 | www.superbude.com prater@superbude.com | Tel.: 01 9043439

Superlage, Superzimmer, Superbude! Stundenlanges Sightseeing und zahlreiche Museumsbesuche sind langweilig. Stattdessen lebt man hier wie ein Local: erkundet die Gegend, trifft neue Leute bei einem Absacker auf dem Dach und hört dabei gute Musik.

The Student Hotel Vienna

1020 Wien, Nordbahnstraße 47
www.thestudenthotel.com
reservations.vienna@thestudenthotel.com
Tel.: 072 088 25 56

Als Student braucht man nicht viel. Ein gemütliches Bett, einen Schreibtisch und viel gute Laune bietet das Studentenhotel in Prater-Nähe. Gekocht wird wie im WG-Style in der Gemeinschaftsküche. Weitere Pluspunkte: ein Gratis-Fitnessbereich, kostenloses Bike-Sharing und ein Waschsalon.

Zeitgeist Vienna

1100 Wien, Sonnwendgasse 15
www.zeitgeist-vienna.com
welcome@zeitgeist-vienna.com
Tel.: 01 90 265

Helle, modern gestaltete Zimmer warten auf die Gäste des Hotels Zeitgeist in Wien. Wer mit dem Zug anreist, freut sich besonders über die gewählte Unterkunft, denn sie liegt unmittelbar neben dem Hauptbahnhof. Damit verspricht sie eine einfache An- und Abreise und ist der perfekte Ausgangspunkt für einen gelungenen Städtetrip.

Zoku Vienna

1020 Wien, Perspektivstraße 6
www.livezoku.com
hellovienna@livezoku.com
Tel.: 0720 987 101

Auf der Suche nach einem zweiten Zuhause ist man hier an der richtigen Adresse, denn in der komfortablen Homebase mit optimaler Raumnutzung fühlt man sich pudelwohl. Offen und ehrlich geht es im Living-Kitchen-Rooftop-Restaurant zu, mit herrlichem Blick über die Dächer Wiens. Co-Working-Spaces und private WorkLofts ermöglichen auch Geschäftsreisenden einen angenehmen und produktiven Aufenthalt.

© Spacejoy on Unsplash

Die besten Design Hotels

Die besten Designhotels, die innovative Ästhetik, einzigartige Architektur und exklusive Einrichtung vereinen.

Am Domplatz
Linz an der Donau

Arthotel Blaue Gans
Salzburg

ARX Boutiquehotel
Rohrmoos – Schladming

Augarten Art Hotel
Graz

BAR10ZIMMER
Dornbirn

Biberkopf
Warth

Boutique Hotel im Auracher Löchl
Kufstein

Boutique Hotel Wachtelhof
Maria Alm

Bürgerhaus TiMiMoo
Rust

dasMAX
Seefeld

ElisabethHotel
Mayrhofen

Franz Ferdinand
Jenig

Haus Hirt Hotel & Spa
Bad Gastein

Jaz in the City Vienna
Wien

Kleines Hotel Kärnten
Egg/Faaker See

Knappenhof
Reichenau an der Rax

Krone
Hittisau

Lamée
Wien

Loisium
Langenlois

Mari Pop
Ried im Zillertal

MOOONS
Wien

Motto
Wien

Mühlenhof Rooms Boutique bed & breakfast
Langenlois

NALA individuellhotel
Innsbruck

Post
St. Johann in Tirol

Saint Shermin – Bed, Breakfast & Champagne
Wien

Schani Salon
Wien

Schlossberghotel
Graz

Seehotel das Traunsee
Traunkirchen

Sepp
Maria Alm

Spinnerei Designhotel
Linz an der Donau

The Guest House
Wien

The Mozart Hotel
Salzburg

Tyrol
Wien

Ullrhaus
St. Anton am Arlberg

VAYA Fieberbrunn fine living resort
Fieberbrunn

Villa Ivy
Salzburg

Wiesergut
Hinterglemm

Zhero Hotel
Kappl

Zillertalerhof
Mayrhofen

Bad Gastein

SALZBURG H4

Haus Hirt Hotel & Spa

Hotel des Jahres 2019

5640 Bad Gastein, Kaiserhofstraße 14 | www.haus-hirt.com | info@haus-hirt.com | Tel.: 06434 27970

Inmitten des Bad Gasteiner Bergpanoramas hat sich das Haus Hirt eingefunden und harmoniert sowohl bei Eis und Schnee als auch an warmen Sommertagen hervorragend mit der wildromantischen Natur. Das 4-Sterne-Haus begrüßt Genusssuchende, Sportbegeisterte, Familienmenschen sowie Entspannungsliebende zu gleichen Teilen und zieht mit seinem einzigartigen Charme alle in seinen Bann.

Dornbirn

VORARLBERG A3

BAR10ZIMMER

6850 Dornbirn, Marktstraße 73 | www.bar10zimmer.at | welcome@bar10zimmer.at | Tel.: 05572 890999

Ein historisches Haus im Zentrum Dornbirns entzückt mit zehn hochwertig ausgestatteten Zimmern. Boxspringbetten und federweiche Bettwäsche bescheren den Gästen des kleinen Stadthotels süße Träume. In nächster Nähe befinden sich die Stadtmitte sowie zahlreiche Ausgangspunkte für Wanderungen und Biketouren.

Egg/Faaker See

KÄRNTEN I5

Kleines Hotel Kärnten

9580 Egg/Faaker See, Egger Seepromenade 8 | www.kleineshotel.at | genuss@kleineshotel.at | Tel.: 04254 2375

Eine wahre Kostbarkeit ist das Kleine Hotel Kärnten. Doch man muss mit seiner Reservierung schnell sein – es bietet nur 32 Gästen Platz. Diese werden dafür vom Feinsten verwöhnt: unter anderem mit individuell gestalteten Zimmern, einem Mittagessen unter den alten Apfelbäumen mit Blick auf den Faaker See, einem verführerischen Nachmittagskuchen und einem fünfgängigen Abendmenü mit österreichischer Weinbegleitung. Traumhaft im Schilf gelegen, lädt der hoteleigene Badesteg im Sommer zum Schwimmvergnügen ein. Zum Abschalten und Krafttanken für den nächsten Tag bietet sich besonders die Sauna an.

VAYA Fieberbrunn fine living resort

6391 Fieberbrunn, Brunnau 30 — www.vaya-fieberbrunn.at — info@vaya-fieberbrunn.at — Tel.: 05354 20802

Umsäumt von der imposanten Kitzbüheler Bergwelt versprüht das VAYA Resort in den Sommermonaten mediterranes Flair. Ausgedehnte Wanderrouten und Mountainbike-Trails sowie tiefblaue Bergseen warten auf die Gäste. Residiert wird in Zimmern, Apartments, Chalets oder dem Penthouse im modernen Alpenstil mit Panoramablick.

Graz STEIERMARK L4

Augarten Art Hotel

8010 Graz, Schönaugasse 53 — www.augartenhotel.at — office@augartenhotel.at — Tel.: 0316 20800

Kunstliebhaber aufgepasst: Einzigartige Gemälde, Fotografien sowie Designerstücke findet man im sonst eher schlicht designten Augarten Art Hotel. Neben einer Sonnenterrasse mit exklusivem Blick über die Grazer Dächer, einem Indoorpool und Fitnessbereich sowie einer Sauna, lässt das 4-Sterne-Haus keine Wünsche offen. Die Tiefgarage ist ein weiterer Pluspunkt.

Schlossberghotel

8010 Graz, Kaiser-Franz-Josefs-Kai 30 — www.schlossberg-hotel.at — office@schlossberghof.at — Tel.: 0316 80700

Farbenfrohe Kunstwerke, kostbare Antiquitäten und rustikale Holzbalken verleihen den sonst eher schlichten Zimmern des Kunsthotels Schlossberghotel in Graz eine ganz persönliche Note. Während so mancher Gast die Gemälde bestaunt, beobachtet man im 100 m² großen Penthouse das rege Treiben in der Grazer Altstadt und erhascht ebenfalls einen Blick auf die vorbeifließende Mur. Auf den einzigartigen Ausblick muss hier niemand verzichten, denn auch beim Frühstück auf der Dachterrasse genießt man den Blick auf die Dächerlandschaft des UNESCO-Weltkulturerbes Graz.

Wiesergut

5754 Hinterglemm, Wiesern 48
www.wiesergut.com
info@wiesergut.com
Tel.: 06541 6308

Auf der Suche nach dem perfekten Hideaway zwischen Natur, Gemütlichkeit und Moderne findet man in Hinterglemm die passende Adresse. Das Wiesergut bietet insgesamt 17 luxuriöse, lichtdurchflutete Suiten mit Terrasse oder eigenem Garten an. Der offene Kamin und eine frei stehende Badewanne versprechen besondere Urlaubsmomente.

Hittisau VORARLBERG B3

Krone

Hotel Gasthof

6952 Hittisau, Am Platz 185
www.krone-hittisau.at
gasthof@krone-hittisau.at
Tel.: 05513 6201

Im Hotel Gasthof Krone startet man nach einer Nacht in einem der gemütlichen 27 Gästezimmer mit formschönen Holzmöbeln mit einem herrlichen Frühstücksbuffet mit selbst gemachten Köstlichkeiten in den Tag. Ideale Voraussetzung für einen Meetingtag – die Seminarräume bieten Platz für bis zu 25 Personen, für größere Veranstaltungen wird von den Gastgebern gerne eine passende Location in der Gegend organisiert. In der Freizeit genießt man die traumhafte Natur, den Wellnessbereich und abends ein köstliches 4-Gänge-Menü aus der Haubenküche. Wunderbar sind auch die Musiksammlung und die Hausbibliothek.

Innsbruck TIROL D4

NALA individuellhotel

6020 Innsbruck, Müllerstraße 15
www.nala-hotel.at
info@nala-hotel.at
Tel.: 0512 584444

Aus einem in die Jahre gekommenen Haus aus den 50ern wurde eine grüne Oase inmitten der Innsbrucker Innenstadt. Kein Zimmer gleicht dem anderen, jedoch haben sie alle eines gemeinsam: Sie sind extravagant. Auf der Suche nach einem 0815-Aufenthalt ist man hier an der falschen Adresse, stattdessen verspricht das NALA Frühstück auf dem Zimmer und einen kleinen Park mit Springbrunnen.

Jenig KÄRNTEN H5

Franz Ferdinand

Mountain Resort Nassfeld

9631 Jenig, Tröpolach 152A
www.franz-ferdinand.at
reservation@franz-ferdinand.at
Tel.: 04285 71335

Nach einem reichhaltigen Frühstück geht es direkt auf die Skipiste. Das Franz Ferdinand hat sich die Poleposition neben der Talstation des Nassfelder Skigebiets gesichert und erfreut Wintersportler jeder Art. Genügend Platz für Schuhe, Ski und Boards bieten die komfortablen Zimmer mit extragroßem Vorraum – praktisch.

Kappl TIROL B4

Zhero Hotel

6555 Kappl, Wiese 687
www.zherohotelischgl.com
info@zherohotelgroup.com
Tel.: 05445 61200

Alpiner Luxus, Komfort und elegantes Design treffen im Zhero Hotel aufeinander. Das 5-Sterne-Haus punktet ebenfalls mit seiner Lage. Inmitten des Paznauntals stehen den Besuchern alle Türen offen. Skifahren, Wandern oder doch lieber einen Tag lang shoppen im benachbarten Ort Ischgl – hier ist alles möglich. Die Naturverbundenheit und der Wunsch nach Entspannung lassen sich im Zhero ebenfalls miteinander vereinbaren. Auf 750 m² sorgen Sauna, Dampfbad und diverse Behandlungen für das persönliche Wohlempfinden.

Kufstein TIROL F3

Boutique Hotel im Auracher Löchl

6330 Kufstein, Römerhofgasse 4
www.auracher-loechl.at
hallo@auracher-loechl.at
Tel.: 05372 62138

In dem familiär geführten Boutiquehotel in Kufstein begiebt man sich wortwörtlich auf eine kleine Weltreise. Die insgesamt 44 Zimmer versprechen einzigartiges Design von Kanada bis nach Indien. Auch das kulinarische Angebot begeistert. Als Spezialität des Hauses gilt das Steak in verschiedensten Garstufen und Größen. Die Grillmeister des Auracher Löchls beherrschen ihr Handwerk und servieren das Qualitätsfleisch mit hausgemachter Kräuterbutter und Tapas.

Loisium Langenlois

3550 Langenlois, Loisium Allee 2 | www.loisium.com | hotel.langenlois@loisium.com | Tel.: 02734 77100

Wein, so weit das Auge reicht! Eine Wohlfühloase mit umfassendem Wellnessangebot befindet sich inmitten der Kamptaler Weingärten. Sonne und Kraft tankt man auf der Liege im Halbschatten der Reben. Für ein wenig Abkühlung sorgen der Pool und der Schwimmteich sowie frische Grüne Veltliner. Das Restaurant Vineyard punktet mit Zutaten die größtmöglich aus dem nahen Umkreis kommen.

Mühlenhof Rooms Boutique bed & breakfast Ⓝ

Living Hospitality & Wine

3550 Langenlois, Gartenzeile 5 | www.muehlenhof-rooms.at | stay@muehlenhof-rooms.at | Tel.: 0676 770 9851

Fünf Zimmer und liebevolle Frühstücksboxen warten auf die Gäste des kleinen Bed & Breakfast. Fernseher gibt es keinen, dafür eine unschlagbare Aussicht und einen vollen Weinkühlschrank. Das Glas genehmigt man sich alleine in Kombination mit einem guten Buch oder doch lieber im Austausch mit anderen Besuchern.

Linz an der Donau OBERÖSTERREICH J2

Hotel am Domplatz

4020 Linz an der Donau, Domplatz 5 | www.hotelamdomplatz.at | info@hotelamdomplatz.at | Tel.: 0732 773000

Eine Ruheoase für Erwachsene, unmittelbar neben dem Linzer Mariendom. Besonders Geschäftsreisende fühlen sich hier wohl, denn die Zimmer versprechen viel natürliches Licht, kostenloses WLAN und einen Schreibtisch mit Blick auf die Stadt. Ein großzügiger Meetingbereich rundet das Gesamtkonzept ab.

Spinnerei Designhotel Linz

4030 Linz an der Donau, Wiener Straße 485 | www.spinnerei-designhotel.com | office@spinnerei-designhotel.com

Einst wurde in dem Haus Baumwolle gesponnen, nun beherbergt das Designhotel in Linz neugierige Städtetouristen, die auf der Suche nach einem bequemen Bett sind. Viel Schnickschnack braucht es nicht. Hier setzt man lieber auf ein ausgewogenes und reichhaltiges Frühstück mit Prosciutto und Lachs, Antipasti und diversen Eiergerichten.

spinnerei
designhotel®
linz

Boutique Hotel Wachtelhof

Hotel des Jahres 2016

5761 Maria Alm, Urslaustraße 7 | www.hotelwachtelhof.at | hotel@wachtelhof.net | Tel.: 06584 23888 | 0680 235 8814

Bergliebhaber, Abenteurer und Feinschmecker genießen im privaten Mountain-Hideaway Privatsphäre auf höchstem Niveau. 29 Chaletzimmer und -suiten im charmanten Design vereinen Tradition, Gemütlichkeit und einen Hauch von internationalem Chic.

Sepp

5761 Maria Alm, Urchen 8 | www.edersepp.com | info@edersepp.com | Tel.: 06584 7738

Eine Oase der Entspannung befindet sich auf dem Dach des Adults-only-Hotels. Nach dem Saunagang im umgebauten Oldtimer genießt man das Alpenpanorama im Infinitypool. Auch unter dem Dach gibt es viel zu erkunden: Vom kleinen Cozy-Zimmer mit einer Leinwand für gemütliche Filmabende über das Luxury-Zimmer mit frei stehender Badewanne bis zur Kulinarik lässt das Sepp keine Wünsche offen.

Mayrhofen

TIROL E4

ElisabethHotel

6290 Mayrhofen, Einfahrt Mitte 432 | www.elisabethhotel.com | info@elisabethhotel.com | Tel.: 05285 6767

Sommerfrische und Winterzauber versprüht das außergewöhnliche Wellnesshotel in Mayrhofen. Das Erwachsenenhotel bietet Raum für eine Auszeit und tiefenwirksame Tage der Entspannung in Begleitung kulinarischer Highlights. Hier stehen Showkochen und exklusive Weinverkostungen auf dem Plan.

Zillertalerhof
Alpine Hideaway
Hoteliers des Jahres 2021

6290 Mayrhofen, Am Marienbrunnen 341 · www.zillertalerhof.at · welcome@zillertalerhof.at · Tel.: 05285 62265

Urlaub ohne Kompromisse. Frühaufsteher treffen sich bereits beim morgendlichen Yoga auf der Sonnenterrasse, Langschläfer erst beim alpinen Kraftfrühstück mit Superfood-Corner, hausgemachten Marmeladen und frisch gepressten Säften. Crêpes, Omelett und Spiegelei bestellt man direkt beim Koch.

Reichenau an der Rax — NIEDERÖSTERREICH N3

Knappenhof

2651 Reichenau an der Rax, Kleinau 34 · www.knappenhof.at · reception@knappenhof.at · Tel.: 02666 53633

Am Fuße der Rax, inmitten idyllischer Wiesen, Wald und Berge, findet man mit dem Knappenhof ein echtes Juwel mit Geschichte. Hotelière Helena Ramsbacher und Gault&Millau-Koch des Jahres 2021 Max Stiegl haben der Villa neues Leben eingehaucht und das Hotel 2021 mit außergewöhnlichen Tapeten, eleganten Badezimmern und komfortabelsten Betten neu ausgestattet. Im Spa entspannt man in der Sauna oder im Dampfbad – der Bereich kann auch exklusiv als Private Spa gebucht werden. Dass die Küche hier absolutes Topniveau hat, versteht sich von selbst. Gekocht wird mit Zutaten wie Wild aus der Umgebung.

Ried im Zillertal — TIROL E4

Mari Pop
Entdeckung des Jahres 2021

6273 Ried im Zillertal, Großriedstraße 16 · www.maripop.at · hotel@maripop.at · Tel.: 05283 2250

Das Designhotel im Zillertal ist naturverbunden – und das nicht nur aufgrund der bodentiefen Fenster, die wunderschönes Panorama versprechen, sondern auf aufgrund der verwendeten Materialien. Helles Holz spendet Wärme und Geborgenheit und lässt die Gäste ankommen und aufatmen.

ARX Boutiquehotel

8971 Rohrmoos – Schladming, Rohrmoosstraße 91
www.das-arx.at
office@das-arx.at
Tel.: 03687 61493

Fast niemand kennt die Skiregion Schladming-Dachstein so gut wie Super-G-Olympiasiegerin Anna Veith. Ihre Leidenschaft für die Berge teilt sie gerne mit den Gästen bei einem Glas im Weinbistro. Nicht nur Sportbegeisterte, sondern auch Entspannungsuchende werden im kleinen, aber feinen Wellnessbereich fündig.

Rust BURGENLAND O3

Bürgerhaus TiMiMoo

7071 Rust, Hauptstraße 1
www.timimoo.at
office@timimoo.at
Tel.: 05686 6162

Im Herzen der Ruster Innenstadt befindet sich das wohl kleinste, aber auch feinste Hotel der Umgebung. Ein Aufenthalt in dem Art-Boutiquehotel fühlt sich beinahe wie ein Kurzurlaub im Süden Frankreichs an. Eine Fassade aus Steinen, rustikale Holzbalken, vergoldete Spiegel auf zart farbigen Wänden und Blumen, wohin das Auge blickt. Das Haus ist bereits ein Kunstwerk für sich, im Art TiMiMoo Workshop können jedoch auch die Gäste ihrer Kreativität freien Lauf lassen.

Salzburg SALZBURG H3

Arthotel Blaue Gans

5020 Salzburg, Getreidegasse 41-43
www.blauegans.at
office@blauegans.at
Tel.: 0662 842491

Als ältestes Gasthaus der Mozartstadt ist die Blaue Gans bereits seit 1350 mehr als eingebürgert und lockt mit gemütlicher Atmosphäre und gutem Essen. Noch nicht allzu lange gibt es das gleichnamige Hotel, welches sich in den oberen Stockwerken des historischen Hauses in der berühmten Salzburger Getreidegasse befindet. Das Design ist zeitlos und schlicht. Für den Extratouch sorgen 120 Kunstwerke.

The Mozart Hotel

5020 Salzburg, Franz-Josef-Straße 27
www.themozarthotel.com
stay@themozarthotel.com
Tel.: 0662 87 22 74

Charmant präsentiert sich das The Mozart Hotel in der Geburtsstadt des verstorbenen Komponisten. Hochwertige Stoffe und Materialien in dezenten Farben machen die 32 Zimmer sowie das Restaurant aus. Gemütlich flaniert man in nur wenigen Minuten zum Mirabellgarten sowie zur Salzach.

Villa Ivy

5081 Salzburg, Hellbrunnerstraße 73
www.villaivy.at
stay@villaivy.at
Tel.: 0662 872 274

Magische Sonnenuntergänge, versteckte Gärten und ein atemberaubendes Bergpanorama—die Villa Ivy ist praktisch ein Synonym für Alltagsflucht. Bei einer Tasse Tee im Garten genießt man die Ruhe am Stadtrand von Salzburg und blickt auf imposante Bergketten.

St. Anton am Arlberg

TIROL B4

Ullrhaus

6580 St. Anton am Arlberg, Alte Arlbergstraße 2
www.ullrhaus.at
info@ullrhaus.at
Tel.: 05446 35200
0650 346 2543

Das Ullrhaus ist benannt nach dem nordischen Gott des Skifahrens – und bietet laut den Gastgebern Franziska und Michael genau die Annehmlichkeiten, die einem solchen wichtig wären. Dazu gehört schon einmal die perfekte Lage in St. Anton zwischen Rendl- und Galzigbahn. Das Haus ist im skandinavischen Stil gehalten: schlicht und elegant, aber trotzdem gemütlich. Der Spa-Bereich begeistert mit Wärme, Wasser und täglich wechselnden Saunaaufgüssen. Unbedingt sollte man das Ullr Shared Dining probieren, bei welchem Köstlichkeiten mit nordischem und alpinem Einfluss in die Tischmitte serviert werden.

Post

Hotel & Wirtshaus

6380 St. Johann in Tirol, Speckbacherstraße 1
www.dashotelpost.at
office@dashotelpost.at
Tel.: 05352 636430

Das traditionsreiche Hotel Post liegt im Herzen von St. Johann – hier nächtigt man in modernen Zimmern und Appartements und verbringt Tagungen in entspanntem Ambiente. Die Räumlichkeiten sind bestens ausgestattet für jegliche Events. Das passende Rahmenprogramm und Teambuilding-Aktivitäten dürfen natürlich auch nicht fehlen! Sehr unterhaltsam und „zusammenschweißend" ist das neue „Escape the Hotel"- Spiel, bei welchem in Gruppen Rätsel gelöst werden. Nach einem ereignisreichen Tag entspannt man im Wellnessbereich und nimmt Tiroler Spezialitäten im mit einer Haube prämierten Wirtshaus zu sich.

Seefeld TIROL D4

dasMAX

Lifestylehotel

6100 Seefeld, Bahnhofplatz 613
www.dasmax.at
info@dasmax.at
Tel.: 05212 2383

Einfach unkompliziert verbringt man seinen Urlaub im Lifestylehotel in Seefeld. Dazu gibt es einen Wellnessbereich mit Sauna sowie eine gemütliche Chill-out-Area auf der Rooftop-Terrasse. Mit dem E-Scooter oder dem E-Auto erkundet man die unmittelbare Umgebung. Die Olympiaregion bietet zahlreiche Wanderwege und Touren für Anfänger und erfahrene Bergsteiger. Auf der Suche nach ein wenig Glück begibt man sich in das nahe gelegene Casino.

Traunkirchen OBERÖSTERREICH J3

Seehotel Das Traunsee

4801 Traunkirchen, Klosterplatz 4
www.dastraunsee.at
traunsee@traunseehotels.at
Tel.: 07617 2216

Der perfekte Urlaubstag im Seehotel Das Traunsee beginnt schon beim herrlichen Genießerfrühstück mit Seeblick. Danach schwimmt man eine Runde, wagt eine Wanderung oder entspannt sich im Spa. Besonders die Seesauna mit Panoramablick zum Traunstein ist einfach himmlisch! Im ganzen Haus herrscht eine absolute Wohlfühlatmosphäre, welche einerseits durch das edle Design, andererseits durch die freundlichen Mitarbeiter entsteht. Die Krönung einesc Aufenthalts ist bestimmt der Besuch im 4-Hauben-Restaurant Das Bootshaus, wo Lukas Nagl die ganze Region raffiniert und kreativ auf den Teller bringt.

Warth VORARLBERG B4

Biberkopf

6767 Warth,
Warth 28

www.biberkopf.at
office@biberkopf.at

Tel.: 05583 41800

Zu einem gelungenen Urlaub in den Bergen gehört die ideale Mischung aus Action und Entspannung. Diese findet man im Hotel Biberkopf in Warth am Arlberg, welches erst im Juni 2021 eröffnet hat. Hier trifft alpines Lebensgefühl auf urbanen Spirit – das bedeutet ein Design-Konzept mit Fokus auf Holz und harmonischen Farbkontrasten. Den atemberaubenden Rundumblick genießt man zum Beispiel von den Sitzbänken in den Panoramafenstern. Nach einem ereignisreichen Tag in den Bergen entspannt man sich im Spa und kostet moderne Kreationen im 2-Hauben-Restaurant Bibers. Die Köstlichkeiten gibt es auch zum Mitnehmen.

Wien WIEN N2

Das Tyrol

1060 Wien,
Mariahilfer Straße 15

www.das-tyrol.at
reception@das-tyrol.at

Tel.: 01 5875415

Historisch und gleichzeitig hip präsentiert sich das Boutiquehotel Das Tyrol im 6. Wiener Gemeindebezirk. Das MuseumsQuartier ist zwar nur einen Katzensprung entfernt, Kunst in jeglicher Form gibt es jedoch bereits in jedem Winkel des Hotels zu betrachten. Ein samtrotes Fauteuil, mit Blattgold verzierte Wandfliesen und prunkvolle Beleuchtung imponieren und bescheren den Gästen des Hauses einen majestätischen Aufenthalt, der auch durch den zuvorkommenden Service unterstrichen wird.

Jaz in the City Vienna

Ambiente Award 2022

1060 Wien, Windmühlgasse 28 — www.jaz-hotel.com/hotels/jaz-in-the-city-vienna — hi.vienna@jaz-hotel.com — Tel.: 01 253 006 10

Das Herz des Hotels klopft im Rhythmus der Hauptstadt und verspricht ein musikalisches Urlaubserlebnis. Die Cocktailkultur wird auf der Rooftopbar zelebriert – Weitblick über Wien und die Innenstadt natürlich inklusive. Bei Schlechtwetter wechselt man einfach in die Rhythms Bar. Lokale DJs und Artists legen dort auf.

Lamée

1010 Wien, Rotenturmstraße 15 — www.hotellamee.com — reception@hotellamee.com — Tel.: 01 532 22 40

Das Lamée besucht man nicht nur wegen seiner zentralen Lage und der schönen Zimmer, sondern vielmehr wegen der atemberaubenden Aussicht auf die Wiener Innenstadt. Mit einem Cocktail in der Hand beäugt man das Treiben in der Einkaufsstraße, während die Sonne hinter den barocken Fassaden verschwindet.

MOOONS

1040 Wien, Wiedner Gürtel 16 — www.mooons.com — welcome@mooons.com — Tel.: 01 96 226

Einen tollen Blick über die Stadt erhascht man auf der Rooftopbar. Ein wenig gemütlicher und intimer kann man das rege Treiben auch von der Fensterbank aus beobachten. Das Wiener Hotel überzeugt ebenfalls auf kulinarischer Ebene. Die hausgemachten Gnocchi befördern die Gäste auf Wolke sieben.

Motto Ⓝ

Boutique Hotel

1060 Wien, Mariahilfer Straße 71A, Eingang: Schadekgasse 20 — www.hotelmotto.at — hello@hotelmotto.at — Tel.: 01 581 45 00

Wien oder doch Paris? Die Zimmer versprühen französisches Flair mit liebevollen Details. Das hoteleigene Restaurant Chez Bernard überzeugt mit Feelgood-Food. Vom lässigen Ambiente des Restaurants geht es noch mal steil bergauf. Die grüne Oase der Dachterrasse eröffnet neue Perspektiven auf die Stadt – mit einem Drink in der Hand, der Aussicht auf eine atemberaubende Dächerlandschaft und Weinberge in der Ferne.

Saint Shermin – Bed, Breakfast & Champagne

1040 Wien,
Rilkeplatz 7

www.shermin.at
hotel@shermin.at

Tel.: 01 58661830

„Es gibt immer einen Grund, die Korken knallen zu lassen!" Hinter den renovierten Mauern eines Wiener Stilhauses aus dem Jahr 1893 zelebriert man das Edelgetränk aus Frankreich. Für einen guten Start in den Tag sorgt ein ausgiebiges Frühstücksbuffet. Knuspriges Brot, Schinken- und Käsespezialitäten sowie frisches Obst, Marmeladen und Köstlichkeiten wie Quiches und Eiergerichte werden angeboten. Und dazu gibt es natürlich noch ein Gläschen Champagner.

Schani Salon

1070 Wien,
Mariahilfer Straße 58

www.hotelschani.com/salon-wien
reception-salon@hotelschani.com

Tel.: 01 5240970

Wagner, Schiele oder Klimt: In den 24 Themenzimmern des kleinen Boutiquehotels wird die Wiener Jugendstil-Geschichte erzählt. Nachhaltigkeit, Co-Working-Space und Smarthome sind Begrifflichkeiten, die das Schani ebenfalls auszeichnen. Nicht zu vergessen ist die einzigartige Lage in der Fußgängerzone von Wiens größter Shoppingmeile.

The Guest House

1010 Wien,
Führichgasse 10

www.theguesthouse.at
office@theguesthouse.at

Tel.: 01 5121320

Stadtliebhaber schweben hier auf Wolke sieben, während sie das rege Treiben rund um die Wiener Staatsoper von der gemütlichen Sitznische vor dem großzügigen Lounge-Fenster betrachten. Französisches Flair erwartet die Gäste in der hauseigenen Brasserie & Bakery. Der Geruch von Croissants, Egg Benedict und frisch gemahlenem Kaffee lockt nicht nur die Hotelgäste, sondern auch Einheimische an.

FAMILIE
© Johnny Cohen

Die besten Familien Hotels

Die besten Familienhotels, die Spiel, Spaß und Erholung für die gesamte Familie versprechen.

Almhof Family Resort & Spa
Gerlos

amiamo
Zell am See

Cristallo
Radstadt

Ellmauhof
Hinterglemm

Galtenberg Family & Wellness Resort
Alpbach

Habachklause
Bramberg am Wildkogel

Hintertuxerhof
Tux

Kinderhotel Buchau
Maurach am Achensee

Löwe & Bär
Serfaus

Mountain Resort Feuerberg
Bodensdorf

Oberforsthof
St. Johann im Pongau

Pichlmayrgut
Pichl/Ennstal

Post Family Resort
Unken

Reiters Reserve Finest Familyhotel
Bad Tatzmannsdorf

Riederalm
Leogang

Rieser
Pertisau

Seekarhaus
Obertauern

Seetal
Kaltenbach/Zillertal

Seitenalm
Radstadt

Sonnenburg
Lech am Arlberg

Steiner
Obertauern

Tannenhof
St. Johann im Pongau

Übergossene Alm Resort
Dienten

Unterschwarzachhof
Saalbach/Hinterglemm

Galtenberg Family & Wellness Resort

6236 Alpbach, Alpbach 40 | www.galtenberg.at | info@galtenberg.com | Tel.: 05336 5610

Im Galtenberg Family & Wellness Resort genießt man eine Kombination aus Luxus, Tradition und herzlicher Gastfreundschaft. Für Kinder hat das Hotel einiges zu bieten, beispielsweise die liebevolle Betreuung, eine riesige Softplayanlage, ein Kino, eine Ponyranch und vieles mehr. Außerdem gibt es einen eigenen Teen-Club und ein Kinderprogramm. In der Therme relaxt die Familie gemeinsam, im 7Heaven-Wellnessbereich können die Erwachsenen zur Ruhe finden. Am Abend gibt es Menüs und Themenbuffets, nach dem Essen nimmt man in der neuen alPACHA Cocktail Lounge einen Drink bei Livemusik zu sich.

Bad Tatzmannsdorf BURGENLAND N4

Reiters Reserve Finest Familyhotel

7431 Bad Tatzmannsdorf, Am Golfplatz 1–4 | www.reiters-reserve.at | info@reiters-reserve.at | Tel.: 03353 8841

Erholung und Spaß für die ganze Familie: Das gibt es im Reiters Reserve Finest Familyhotel im Südburgenland. Kinder fühlen sich in der Kinderbetreuung wohl und erleben Abenteuer im großen Indoor-Spielbereich mit Kino sowie im Tierreich. Der Wellnessbereich ist in verschiedene Zonen gegliedert, so finden die Kleinen Badespaß in Kasimirs Waterworld, die Erwachsenen können in eigenen Bereichen relaxen. Neu ist der Yin-Yang-FKK-Bereich. Kulinarisch gesehen bleiben keine Wünsche offen: Das Angebot ist regional und saisonal, es gibt auch ein pflanzenbasiertes Speiseangebot. Die Getränke sind inklusive.

Bodensdorf KÄRNTEN J5

Mountain Resort Feuerberg

9551 Bodensdorf, Gerlitzenstraße 87 | www.feuerberg.at | kontakt@feuerberg.at | Tel.: 04248 2880

In Premiumlage auf 1.769 Metern Seehöhe erwartet das Mountain Resort Feuerberg seine Gäste. Das Hotel wird stetig noch besser und schöner – so wurde schon die letzten Jahre einiges renoviert, zum Beispiel der Saunabereich, die Ruheräume, die Restaurants und die Kinderwelt. Nun gibt es noch weitere Neuheiten: 50 Hotelzimmer wurden neu gestaltet, vier Suiten sogar komplett umgebaut. In der Bade- und Wohlfühlwelt wurde noch mehr Platz geschaffen, und die Bar wurde „aufgemöbelt". Weiterhin beständig sind natürlich die Gastfreundschaft, das umfassende Kinderprogramm und die grandiose Verwöhnpension.

Bramberg am Wildkogel SALZBURG F4

Habachklause

Baby- & Kinderhotel

5733 Bramberg am Wildkogel, Habach 17
www.habachklause.com
office@habachklause.com
Tel.: 06566 73900

Die Gastgeberfamilie Maier hat mit der Habachklause mit 40 Zimmern und Suiten den perfekten Ort für einen individuellen Familienurlaub mit Kindern geschaffen. Eingebettet zwischen Kitzbüheler Alpen und Nationalpark Hohe Tauern, liegt das Hotel mitten in der Natur und verspricht Ruhe und Abenteuer im Freien. Im Kinderclub für Minis und Teenies gibt es ein erlebnisreiches In- und Outdoorprogramm, außerdem können Kurse (Kochen, Schwimmen, Zaubern und Reiten) beclegt werden. Im großzügigen Wellnessbereich befinden sich ein Indoorhallenbad, ein Wasserspielplatz, Saunen, ein Spa-Garten und der „Healing Hand Spa".

Dienten SALZBURG H4

Übergossene Alm Resort

5652 Dienten, Sonnberg 23
www.uebergossenealm.at
urlaub@uebergossenealm.at
Tel.: 06461 2300

Direkt im Wander- und Skigebiet Hochkönig liegt das Übergossene Alm Resort auf 1.250 Höhenmetern in Dienten. Der Name leitet sich von einer Sage ab, von der das herzliche Team gerne erzählt. Für Kinder gibt es indoor wie outdoor zahlreiche Plätze zum Spielen – etwa den Bewegungsparcours, den Spielturm, das kleine Almdorf und noch vieles mehr. Bei der Kinderbetreuung und dem abwechslungsreichen Programm kommt garantiert keine Langeweile auf. Wellnessanwendungen gibt es für die ganze Familie, im Saunadörfl relaxen Gäste ab 14 Jahren. Wunderbar ist auch der beheizte Naturschwimmteich im großen Garten.

Gerlos

TIROL E4

Almhof Family Resort & Spa

6281 Gerlos, Gmünd 45 — www.familyresort.at — almhof@familyresort.at — Tel.: 05284 5323

Mit viel Liebe zum Detail und herzlicher Gastfreundschaft entsteht im Almhof Family Resort & Spa eine absolute Wohlfühlatmosphäre. Vom Kleinkind bis zum Teenager – bei der Betreuung und dem vielfältigen Angebot findet sich für jeden die richtige Unterhaltung. Für die Eltern wird ein abwechslungsreiches Sportprogramm und ein eigener Erwachsenen-Spa im Wellnessturm mit Rooftop-Whirlpool und vielem mehr angeboten. In der Waterworld und den Familien-Textilsaunen können Familien auch gemeinsam wellnessen. Beim All-inclusive-Wohlfühlurlaub wirft man alle Sorgen über Bord und konzentriert sich nur auf den Genuss.

Hinterglemm

SALZBURG G4

Familienresort Ellmauhof

5754 Hinterglemm, Ellmauweg 35 — www.ellmauhof.at — info@ellmauhof.at — Tel.: 06541 64320

Im direkt an der Skipiste gelegenen Familienresort Ellmauhof verbringt man herrliche Tage! Man nächtigt in großzügigen, modern-alpinen Hotelappartements und Suiten und profitiert von zahlreichen Angeboten im Hotel. Die Kinderanimation bietet Spaß für die Kleinen auf dem großen Spiel- und Freizeitgelände. Highlights: der Bauernhof und die Reitakademie. Wunderbar ist das umfassende Programm auch für die Erwachsenen – verschiedene Sportarten können ausprobiert werden. In der Wellness- und Vitalwelt schaltet man nach einem aktiven Tag ab. Die Gourmet-Vollpension verwöhnt mit regionalen Speisen.

Kaltenbach/Zillertal — TIROL E4

Seetal

6272 Kaltenbach/Zillertal, Innere Embergstraße 6
www.seetal.at
hotelinfo@seetal.at
Tel.: 0 52 83 27 13

Eine Mischung aus Familien-, Wellness- und Aktivurlaub erwartet die Gäste im Hotel Seetal, gelegen im traumhaften Zillertal. Kinder finden hier eine Portion Action im Kletterpark, im Abenteuerland und im Streichelzoo. Die liebevolle Kinderbetreuung garantiert entspannte Stunden für die Eltern, welche im Wellnessbereich, etwa in der Sauna oder im Infinitypool, abschalten können. Selbstverständlich ist aber auch gemeinsames Relaxen möglich! Dank der kindgerechten Verwöhnpension ist man zu jedem Zeitpunkt kulinarisch bestens versorgt – regionale, nachhaltige Produkte stehen im Mittelpunkt.

Lech am Arlberg — VORARLBERG B4

Sonnenburg

6764 Lech am Arlberg, Oberlech 55
www.sonnenburg.at
welcome@sonnenburg.at
Tel.: 0 55 83 21 47

Die Lage im autofreien Skiort Oberlech ist nur einer von vielen Gründen, wieso das Hotel Sonnenburg der perfekte Ort für einen entspannten Familienurlaub ist. Im Spielzimmer, der Kinderwelt und im Kinderclub finden die Kleinen Unterhaltung, während die Eltern in der Wellnessoase zur Ruhe kommen. Das Haus ist außerdem ein Bücherparadies. Die Literaturaffinität spiegelt sich sogar in einem der Restaurants wider: Im „Textur“ nimmt man ein von literarischen Werken inspiriertes Menü zu sich. Außergewöhnlich! Auch im Hotelrestaurant, auf der Sonnenterrasse und in der Schüna kommt der Genuss nicht zu kurz.

Die Riederalm

Genießerhotel

5771 Leogang,
Rain 100

www.riederalm.com
info@riederalm.com

Tel.: 06583 7342

Direkt neben der Asitzbergbahn gelegen, ist das Genießerhotel Riederalm der ideale Ausgangsort für ski- und bergaffine Familien. Verschiedene Aktivitäten, darunter etwa die berühmte Fackelwanderung und mehrere Spielräume, begeistern besonders die Kids. Ein Highlight ist die Indoor-Wasser-Erlebnisrutsche „Der Wasserfall". Beim Family-Wellness entspannt man nach einem ereignisreichen Tag – der Mountain Spa verfügt unter anderem über einen Thermalpool und sechs Saunen. Herrlich ist auch die mit zwei Hauben prämierte Küchenphilosophie „The epic slow Food Leogang" – man genießt heimische Produkte von bester Qualität.

Kinderhotel Buchau

6212 Maurach am Achensee, Buchauer Straße 3
www.buchau.com
info@buchau.com
Tel.: 05243 5210

Im in malerischer Kulisse direkt am kristallklaren Achensee in Tirol gelegenen Kinderhotel Buchau entflieht die ganze Familie der Schnelligkeit des Alltags. Die Indoor- und Outdoor-Erlebniswelt, die Kinderbetreuung, das Wochenprogramm und ein facettenreiches Kursangebot (zum Beispiel Schwimm-, Reit- und Skikurse) versprechen Unterhaltung. Aber auch das Relaxen kommt nicht zu kurz: Im Wellnessbereich lädt man in der Sauna, im Whirlpool oder bei einer Massage seine Batterien wieder auf. Die Küche ist gesund, regional und saisonal – und dank des All-inclusive-Angebots gibt es den ganzen Tag über etwas zu verkosten.

Das Seekarhaus

5562 Obertauern, Seekarstraße 32
www.seekarhaus.at
info@seekarhaus.at
Tel.: 06456 20010

Umringt von weißen Bergspitzen residiert das 5-Sterne-Hotel Das Seekarhaus in Obertauern. Nach einem ausgedehnten Skitag in einem der schneesichersten Orte der Alpen brauchen die Muskeln Entspannung. Hier wurde an Gäste jeder Altersklasse gedacht, so bieten sich für Gäste mit Kindern die Familiensauna, das Familiendampfbad und das eigene Kinderschwimmbad an. Für Erwachsene steht das Panorama-Saunadorf mit einem romantischen Ruheraum mit offenem Kamin zur Verfügung – hier lässt man die Seele baumeln. Abgerundet wird ein perfekter Urlaubstag mit einem köstlichen 8-Gänge-Menü auf 3-Hauben-Niveau.

Steiner

5562 Obertauern, Römerstraße 45
www.hotel-steiner.at
info@hotel-steiner.at
Tel.: 06456 7306

Auf über 1.700 Metern Seehöhe in Obertauern, direkt an der Skipiste gelegen, ist das Hotel Steiner ein Urlaubsparadies für Familien. Die Kinderbetreuung, der Spielraum zum Herumtoben und die Jugendlounge mit Spielkonsolen und Kletterwand sorgen für Unterhaltung der jungen Gäste. Im BergSpa mit abwechslungsreichen Saunawelten, Hallenbad, Bergkristallgrotte und Ruheräumen kommt die ganze Familie zur Ruhe, ab 19 Uhr ist dieser für Erwachsene reserviert. Dank der Vollpension gibt es den ganzen Tag über Köstlichkeiten zur Stärkung – das Highlight ist mit Sicherheit das 5-Gänge-Wahlmenü am Abend.

Pertisau

TIROL E3

Das Rieser

6213 Pertisau, Karwendelstraße 40
www.hotel-rieser.com
info@hotel-rieser.com
Tel.: 05243 5251

Das Familien- und Wellnesshotel Rieser liegt nur wenige Minuten vom Achensee entfernt und begeistert mit dem Motto: „Von Generationen für Generationen". Hier fühlt sich die ganze Familie wohl: Für die jungen Gäste gibt es einen Spielraum, Tennisplätze, Tischfußball, Billard und ein eigenes Kinder- und Jugendprogramm, Erwachsene freuen sich über das Aktiv- und Vitalprogramm mit Aqua Fit, Yoga, Pilates und Co. Herrlich ist der Wellnessbereich mit großzügig angelegter Badelandschaft mit Bio-Badeteich. Ein Highlight ist die Rieser-Genusspension, traditionelle Tiroler Küche trifft auf Innovation.

Pichl/Ennstal

STEIERMARK J4

Pichlmayrgut

8973 Pichl/Ennstal, Pichl 54
www.pichlmayrgut.at
info@pichlmayrgut.at
Tel.: 06454 7305

Raum, Zeit und gehobene Einfachheit: Das macht den Luxus aus, den am Pichlmayrgut die ganze Familie genießen kann. Über die Jahre ist der ursprüngliche Gutshof in den Ennstaler Alpen zu einem Hoteldorf gewachsen und hebt sich nun wie eine Burg über dem Tal ab. Die neueste Addition ist das

Haus Rotwild, in welchem Tradition auf Moderne trifft. Beim Aktivprogramm, im Fitnessraum und der Tennishalle findet man sportliche Unterhaltung, der Alpenspa mit Außensolebad, Saunalandschaft und Hallenbad sorgt für Entspannung. Die Kinder freuen sich besonders über den Streichelzoo, Hunde sind im Hotel erlaubt.

Radstadt SALZBURG |4

Familienhotel Die Seitenalm

5550 Radstadt, Forstauer Straße 17 | www.seitenalm.at | info@seitenalm.at | Tel.: 06452 67890

Im Familienhotel Die Seitenalm kommt niemals Langeweile auf – neben dem umfassenden Wochenprogramm warten 28 verschiedene Attraktionen auf die Gäste, darunter Spielplätze, eine Gokartbahn, ein Streichelzoo und ein Reiterhof. Ganz neu sind der Boulder-Bereich und das Outdoor-Badeparadies mit herrlichem Blick auf das obere Ennstal. Entspannung findet man in der Panorama-Lounge und im Whirlpool. Hanni und Peter Arnold leiten die Seitenalm seit über 30 Jahren und wissen genau über die Wünsche von Familien Bescheid. Sie nehmen sich gerne Zeit für all ihre Gäste – und so entsteht eine absolute Wohlfühlatmosphäre.

Rennweg KÄRNTEN |4

Cristallo

9863 Radstadt, Katschberghöhe 6 | www.falkensteiner.com | reservations.cristallo@falkensteiner.com | Tel.: 04734 319813

Ganzjährig finden Familien im Falkensteiner Hotel Cristallo unzählige Aktivitäten und Attraktionen, sowohl direkt im Haus als auch in der traumhaften Bergwelt Kärntens. Das vielfältige Aktiv- und Unterhaltungsprogramm bietet Spannendes für Groß und Klein, die Kinderbetreuung im Falky-Land mit Indoor-Softanlage, Spiel- und Bastelbereich verspricht Eltern etwas ruhige Zeit. Die Wellnessanlage verfügt über den separaten Kinder-Spa mit eigenen Wellnessbehandlungen für die Kleinsten und den großzügigen Acquapura-Spa mit Saunen, Panoramapool und Co. Wunderbar ist die alpin-mediterrane Kulinarik.

Unterschwarzachhof

5754 Saalbach/ Hinterglemm, Schwarzacherweg 40
www.unterschwarzach.at
hotel@unterschwarzach.at
Tel.: 06541 6633

Das Hotel Unterschwarzachhof begeistert mit familiärem Ambiente, dezentem Luxus, seiner fabelhaften Lage in Saalbach-Hinterglemm direkt an der Piste und den abwechslungsreichen Möglichkeiten für Familien. So versprechen der Kids Club, der Minibauernhof und der neue Reitstall Spaß für die Kinder, wunderbar ist das tägliche Aktivprogramm mit Yoga, Sonnenaufgangswanderungen und Co. Man darf sich auf einige Neuheiten freuen: So wurde etwa der gesamte dritte Stock erneuert, private Saunen in den Suiten und Loggien geschaffen und der Wellness- und Saunabereich mit Relaxoasen und Außenanlage neu gestaltet.

St. Johann im Pongau SALZBURG H4

Oberforsthof

5600 St. Johann im Pongau, Alpendorf 11
www.oberforsthof.at
hotel@oberforsthof.at
Tel.: 06412 6171

Das Hotel Oberforsthof bezeichnet sich selbst nicht als Familienhotel, sondern als Ort mit Fokus auf die Erfüllung von Urlaubsträumen von Gästen zwischen sechs und 99 Jahren. Die Philosophie spiegelt sich in der individuellen Betreuung und dem umfassenden Programm wider – dazu gehören viele kreative Angebote, ein Aktivprogramm sowie romantische Extras für Zweisamkeit. Auf zahlreichen potenziellen Lieblingsplätzen im Haus lernt man schnell andere Menschen kennen und die Kinder können Freundschaften schließen. Herrlich ist auch der Pure Alp Spa mit Feng-Shui-Garten und die inkludierte Verwöhnpension.

Tannenhof

5600 St. Johann im Pongau, Alpendorf 3
www.tannenhof-alpendorf.com
info@tannenhof-alpendorf.com
Tel.: 06412 52310

Nach dem Umbau begrüßt das Hotel Tannenhof seine Gäste im modern-alpinen Style. Persönlicher und professioneller Betreuung kann man sich hier sicher sein – dafür sorgt das herzliche Team. In den vier Restaurants, in welchen gehobene Gastronomie auf Allgäuer Traditionsgerichte trifft, im Café und der Kaminbar findet jeder Gast ein charmantes Lieblingsplätzchen. Speziell Tennisbegeisterte fühlen sich hier wohl: Es gibt mehrere Plätze, indoor und outdoor. Abseits von Sport und Tennis genießt man hier den 2.400 m² großen Spa-Bereich oder nimmt an Kochkursen und Bierseminaren teil.

Serfaus

TIROL C4

Hotel Löwe & Hotel Bär

Leading Family Hotel & Resort

6534 Serfaus, Herrenanger 9 | www.loewebaer.com | info@loewebaer.com | Tel.: 05476 6228

Die zwei zusammengehörigen Leading Family Hotels Löwe und Bär in Serfaus bieten alles, was das Familienherz begehrt. Im Hotel Löwe fühlen sich Familien mit Kindern ab der ersten Lebenswoche bis 12 Jahre besonders wohl – es gibt ein Theater, einen Kinosaal und die Piraten-Wasserwelt. Das Hotel Bär verfügt über eine Rundumbetreuung für Babys, Kinder und Teens bis 17 Jahre, es gibt eine Kletterhalle, eine fünfstöckige Softplayanlage und den Bären Beach Club. Beide Hotels bieten zahlreiche Unterhaltungsmöglichkeiten und in beiden Häusern gibt es einen exklusiven Spa für Erwachsene. Ein Highlight: der Bauernhof Stoagraue.

Tux

TIROL E4

Hintertuxerhof

6293 Tux, Hintertux 780 | www.hintertuxerhof.at | info@hintertuxerhof.at | Tel.: 05287 8530

Im schneesicheren Hintertux findet sich das Hotel Hintertuxerhof als perfekter Ausgangsort für sportliche Familien. Die Rundum-Kinderbetreuung verspricht Abwechslung für die Kleinen und Entspannung für die Eltern. Während die Kinder mit Hüpfburg, Kletterturm, Gokarts und Co beschäftigt sind, können die Eltern in der Wohlfühloase zum Beispiel in der neuen Infrarotkabine und der Bio-Sauna relaxen. Zwei Mal pro Woche finden auch Familien-Sauna-Tage statt, an welchen die Kinder in den Wellnessbereich dürfen. Mit der Genusspension ist für das leibliche Wohl gesorgt – es gibt sogar eine eigene Kinderkarte.

Unken

SALZBURG G3

Post Family Resort

5091 Unken, Niederland 28 | www.post-familyresort.com | info@post-familyresort.com | Tel.: 06589 4226 | 0664 889 26643

Eine ausgewogene Mischung aus Natur, Bewegung und Entspannung verspricht ein Urlaub im Post Family Resort. Während die Kleinen in der Kinderbetreuung Abenteuer erleben und sich auf Spielplätzen, im Trampolinpark, auf dem Reiterhof oder auf dem Kletterturm austoben, genießen die Eltern im neuen Rooftop-Adults-only-Spa (ab 14 Jahren) mit Infinitypool die Ruhe. Kinder werden vom neuen Indoor-Rutschenbereich begeistert sein. Weiters warten zehn brandneue Familiensuiten auf die Gäste, auch die Lobby und die Restaurants wurden neu ausgestattet. Dort genießt man Spezialitäten im Rahmen der Post-Genuss-Vollpension.

Zell am See

SALZBURG G4

amiamo

5700 Zell am See,
Bundesstraße 20

www.amiamo.at
hotel@amiamo.at

Tel.: 06542 55355

Direkt an der Skipiste und umringt von zahlreichen Ausflugszielen liegt das erste Boutiquehotel für Familien. Im amiamo können die Kinder erste Skierfahrungen im Happy's Miniskiclub sammeln und im Spielbereich mit Spielbergwerk, Theater und Werkstatt mit neuen Freunden die Zeit verbringen; Teens finden im Jugendraum Beschäftigung. Die Eltern genießen die Ruhe in der Bibliothek oder im Wellnessbereich – ein Highlight ist die Seesauna am hoteleigenen Badestrand am Zeller See – und können bei Tanzabenden neue Kontakte knüpfen. Herrlich ist die Verwöhnpension mit regionalen und internationalen Spezialitäten.

© Jan Canty on Unsplash
GEHEIM
TIPPS

Die besten Geheimtipps

Die besten Hotels, die sich durch ihre versteckte Lage, ihren besonderen Charme und ihr gewisses Etwas unterscheiden und sich deshalb als Geheimtipp auszeichnen.

Altstadt Vienna
Wien

Am Brillantengrund
Wien

Antoinette
Semmering

art-lodge
Treffen am Ossiacher See

Babula am Augarten
Wien

Blü
Bad Hofgastein

Böglerhof
Alpbach

Burghotel Lech
Lech am Arlberg

Chaletdorf Bergwiesenglück
See/Paznaun

Drahteselböck
Rust

Gabrium
Maria Enzersdorf am Gebirge

Gästehaus Wallner
Velden am Wörthersee

Genusshotel Riegersburg
Riegersburg

Gilbert
Wien

Herkuleshof
Kolbnitz

Hochkönigin
Maria Alm

Jaglhof
Gamlitz

Jungbrunn
Tannheim

Kaiser Moments
Going

Kleinsasserhof
Spittal an der Drau

Leo Grand
Wien

Mama Thresl
Leogang

Maximilian
Salzburg

Mesnerhaus
Mauterndorf

Mühltalhof
Neufelden

Römerstein – Die Kleine Wohlfühloase
Bad Loipersdorf

Rosa
Bad Gleichenberg

Schloss Leonstain
Pörtschach

Schloss Mittersill
Mittersill

Schloss Obermayerhofen
Sebersdorf

Schreiners Essen & Wohnen
Wien

Sportalm
Bad Kleinkirchheim

Steinerwirt
Lofer

Steirereck am Pogusch
Turnau

Stock
Finkenberg

Streklhof
Velden am Wörthersee

Verdin
Millstatt am See

Waldhaus Rudolfshöhe
Bad Gastein

Waldruhe
Kartitsch

Weyerhof
Bramberg am Wildkogel

Wiener Gäste Zimmer
Wien

Wilhelmshof
Wien

Zola
Wien

Zum Verwalter
Dornbirn

Böglerhof

6236 Alpbach, Nr. 166
www.boeglerhof.at
info@boeglerhof.at
Tel.: 05336 5227

In fabelhafter Panoramalage inmitten der malerischen Landschaft des Alpbachtals erwartet das familiengeführte Traditionshotel Böglerhof seine Gäste. Im Miniclub, auf dem Spielplatz im Garten oder in der Teenie-Lounge finden jüngere Gäste Unterhaltung. Währenddessen entspannen die Eltern am beheizten Outdoorpool mit Whirlliegen und Ausblick oder auf Wasserbetten im Ruheraum, die zu einem Schläfchen einladen. Das Aktivprogramm verspricht spannende Erlebnisse für die ganze Familie, zum Beispiel Wanderungen oder Picknicke. Im Restaurant speist man regional, gesund, frisch und abwechslungsreich.

Bad Gastein SALZBURG H4

Waldhaus Rudolfshöhe

5640 Bad Gastein, Hardtweg 1
www.rudolfshoehe.at
mail@rudolfshoehe.at
Tel.: 06434 20446

Das Waldhaus Rudolfshöhe kann auf eine 600 Jahre alte, bewegte Geschichte zurückschauen. So hat schon Kaiserin Sisi hier gepicknickt. Seit 2016 bringen die zwei Berliner Jan und Stefan frischen Schwung nach Bad Gastein und bieten im versteckt gelegenen Haus eine intime Atmosphäre – man fühlt sich bei ihnen wie bei Freunden zu Gast. Die vier individuell eingerichteten Zimmer haben allesamt Berg- und Talblick und sind mindestens 30 m² groß. Auf 1.200 Metern Seehöhe erlebt man so einen ganz besonderen Urlaub. Auf Wunsch wird mit Herz und Seele ein täglich wechselndes 3-Gänge-Menü für die Gäste gezaubert.

Bad Gleichenberg STEIERMARK O5

Villa Rosa

Geschwister Rauch

8343 Bad Gleichenberg, Trautmannsdorf 6
www.geschwister-rauch.at
office@geschwister-rauch.at
Tel.: 03159 4106

Bei den Geschwistern Rauch kommen Kulinarikliebhaber voll und ganz auf ihre Kosten – egal, ob man in der Laune für ein kreatives Gourmetmenü oder für Wirtshausküche auf höchstem Niveau ist. Noch besser schmeckt es, wenn man sich im Anschluss nicht mehr um eine weite Heimreise kümmern muss: In der zugehörigen Villa Rosa kann man in sechs charmanten Zimmern und zwei Suiten die Nacht verbringen. Den hübschen Garten des Herrenhauses aus dem Jahr 1913 möchte man gar nicht mehr verlassen (außer zum Essengehen vielleicht). Gut, dass hier auch das Frühstück serviert wird. Ein Highlight ist die hauseigene Kochschule.

Blü

Entdeckung des Jahres 2022

5630 Bad Hofgastein, Kaiser-Franz-Platz 1
www.hotelblue.at
info@hotelblue.at
Tel.: 06432 6230

Das Gasteinertal bietet für alle etwas: Ob Kultur- oder Sportbegeisterte, hier findet jeder ein traumhaftes Urlaubserlebnis. Die richtige Homebase, speziell für Sportler, ist das wunderbare Hotel Blü, welches direkt am Kaiser-Franz-Platz in Hofgastein liegt. Direkt vor der Tür verkehrt der Skibus, und im Sommer laden die Alpen zu ausgedehnten Wandertouren ein. Für die Entspannung der strapazierten Muskeln sorgt der HimmelBlü Spa auf dem Dach mit traumhaftem Südblick. Hier relaxt man in Saunen, Ruheräumen oder im Rooftop-Garden. Mit der flexiblen Halbpension richten sich die Essenzeiten ganz nach dem Gast.

Sportalm

9546 Bad Kleinkirchheim,
Enzianstraße 13
www.hotelsportalm.com
servus@hotelsportalm.com
Tel.: 0676 637 2032

Das Hotel Sportalm in Bad Kleinkirchheim bietet einen idealen Ausgangspunkt zur sportlichen Erkundung der Kärntner Nockberge. Man setzt hier auf Casual Luxury, also einen perfekten Service mit allen erdenklichen Annehmlichkeiten, jedoch in ungezwungener Atmosphäre. Die drei Zimmerkategorien vereinen skandinavische Lässigkeit mit klassisch-alpinen Elementen. Im Restaurant werden heimische und internationale Spezialitäten sowie eine exzellente Weinauswahl mit Fokus auf steirische Winzer geboten. Im herrlichen Almwellnessbereich runden Sonnenterrasse, Saunen und Dampfbad das elegante Gesamtpaket ab.

Das Römerstein – Die Kleine Wohlfühloase

8282 Bad Loipersdorf, Henndorf Therme 18
www.roemerstein.at
hotel@roemerstein.at
Tel.: 03329 46777

In herrlich grüner Umgebung, inmitten von südoststeirischen Weinbergen, liegt das 4-Sterne-Hotel Das Römerstein und heißt seine Gäste mit aller Herzlichkeit willkommen. In den Zimmern im Landhaus- und Vintage-Stil fühlt man sich auf Anhieb wohl und der erholsame Urlaub kann beginnen! Ob Aktivitäten wie Wandern, Golfen in der Umgebung oder eine Fahrradtour mit den hauseigenen Elektrorädern – hier wird es nicht langweilig. Danach entspannt man sich am besten im Wellnessbereich mit Innenpool, Sauna und Dampfbad oder bei einer Massage. Im Restaurant steht die steirische Kulinarik im Mittelpunkt.

Bramberg am Wildkogel SALZBURG F4

Weyerhof

5733 Bramberg am Wildkogel, Weyer 9
www.weyerhof.at
info@weyerhof.at
Tel.: 06566 7238

Im Hotel Weyerhof dreht sich alles um den kulinarischen Genuss. Schon beim Einkauf wird auf die erstklassige Qualität der Ausgangsprodukte großer Wert gelegt. Das zieht sich auch bei der Verarbeitung der Lebensmittel durch: Nichts Dekonstruiertes, sondern einfache, unverfälschte Gerichte aus Zutaten, mit denen sorgsam umgegangen wurde, ist hier das Credo. Außerdem werden einige Produkte wie das Hausbrot und Kuchen, aber auch Sirup vor Ort produziert. So werden kurze Wege und eine erstklassige Qualität sichergestellt. Genächtigt wird in stilvollen Zimmern aus den drei Kategorien „Komfort", „Komfort groß" und „Suiten".

Zum Verwalter

6850 Dornbirn,
Schlossgasse 1

www.zumverwalter.at
hotel@zumverwalter.at

Tel.: 05572 23379
0664 131 2980

In einem denkmalgeschützten historischen Fachwerkhaus im Dornbirner Oberdorf liegt das Boutiquehotel Zum Verwalter. Die acht geschmackvoll modernisierten Zimmer bieten alle modernen Annehmlichkeiten, obgleich die niedrige Raumhöhe von der historischen Relevanz des Hauses zeugt. Auf der Terrasse, in der Gartenlounge, im Speisezimmer oder in den gemütlichen Schützenstuben speist man authentische Vorarlberger Küche mit ausgewählten heimischen Produkten. Zur Entspannung zwischendurch bietet sich das gesellige Bistro mit seinem neuen Barbereich an. Stets dabei: herzlichste Gastfreundschaft.

Finkenberg
TIROL D4

Stock ®

6292 Finkenberg,
Dorf 142

www.stock.at
urlaub@stock.at

Tel.: 05285 6775

Gastfreundlichkeit und Passion für die Hotellerie fließen durch die Adern der Familie Stock. Genuss, Wellness und Aktivsein lassen sich, umgeben von Bergwelten, problemlos verbinden und bescheren ein ganzheitliches Urlaubserlebnis für die komplette Familie. Die Wellness-Verwöhnpension rundet den Luxusurlaub ab und sorgt für unvergessliche Genussmomente.

Gamlitz
STEIERMARK M5

Jaglhof

8462 Gamlitz,
Sernau 25

www.jaglhof.at
jaglhof@domaines-kilger.com

Tel.: 03454 6675

Versteckt in den malerischen steirischen Weinbergen liegt der Jaglhof. Seine neun Zimmer verfügen allesamt über einen Balkon und damit über eine traumhafte Aussicht über das Hügelland. In den fünf Zimmerkategorien findet jeder das Passende für die eigenen Urlaubsvorstellungen. Kulinarisch lässt man sich im hauseigenen Haubenrestaurant verwöhnen – die Speisen sind regional, frisch und an die Saison angepasst. Als Gast des Hauses kann man kostenlos an ausgewählten Weinverkostungen teilnehmen und dabei die typisch reschen steirischen Weißweine kennenlernen.

Going
TIROL F3

Kaiser Moments ®

6353 Going,
Kapellenweg 28

www.kaisermoments.at
info@kaisermoments.at

Tel.: 05358 3880
0664 406 9433

Seit 2019 führen Juliane und Sepp Schipflinger das Kaiser Moments in Going am Wilden Kaiser. Die sechs Lofts bieten vier beziehungsweise sechs Personen Platz und verfügen über eine geniale, moderne Ausstattung wie Regenduschen und ein BOSE-Soundsystem. Der vielleicht größte Luxus ist jedoch der malerische Ausblick aufs Kitzbüheler Horn, den man vom Garten aus genießen kann. Auch morgendliche Yogastunden werden angeboten – und wer ganz entspannt in den Tag starten will, der kann den Brötchenservice in Anspruch nehmen. Herrlich relaxen lässt es sich im Private Spa und auf der Panoramaterrasse.

Kartitsch TIROL G5

Waldruhe

9941 Kartitsch, Kartitsch 154 | www.waldruhe.at | info@waldruhe.at | Tel.: 04848 6302

Das gemütliche Hotel Waldruhe im sanften Bergsteigerdorf Kartitsch verfügt über 28 identisch mit hochqualitativen Naturmaterialien gestaltete Zimmer. Hier wird man mit ehrlicher Gastfreundschaft begrüßt und genießt den Urlaub in der ruhigen Natur von Beginn an. Zahlreiche Plätze im Hotel laden zum Relaxen ein – der prominenteste ist bestimmt das große Wohnzimmer mit Glasfront, welche im Sommer geöffnet wird und so drinnen mit draußen verschmelzen lässt. Auch im Wellnessbereich lässt man die Seele baumeln. Nach dem Farm-to-table-Prinzip gibt es köstliche Kreationen aus Zutaten von ausgewählten Bauern aus der Region.

Kolbnitz KÄRNTEN H5

Herkuleshof
am Danielsberg

9815 Kolbnitz, Preisdorf 18 | www.herkuleshof.com | info@herkuleshof.com | Tel.: 04783 2288

Im wunderschönen Kärntner Mölltal residiert der Herkuleshof. Eine traumhaftere Kulisse für seinen Urlaub zur Ruhefindung oder insbesondere, um den schönsten Tag des Lebens zu feiern, lässt sich kaum finden: In der über 900 Jahre alten St.-Georgs-Kirche auf dem Gipfel des Danielsbergs reicht der Blick über die Karawanken bis nach Slowenien. Für die passende Verpflegung ist selbstverständlich auch gesorgt: Grundsätzlich werden bäuerliche Produkte verwendet, um eine authentische, regionale und saisonale Küche aufzutischen. Sicher kann man sich auch der Herzlichkeit sein, mit der man hier behandelt wird.

Lech am Arlberg VORARLBERG B4

Burghotel Lech

6764 Lech am Arlberg, Oberlech 266 | www.burghotel-lech.com | info@burghotel-lech.com | Tel.: 05583 2291

In zauberhafter Lage direkt an der Skipiste im sonnigen Oberlech findet man das charmante Burghotel Lech, welches alles für einen entspannten und dennoch aufregenden Urlaub zu bieten hat. So kann man hier Schneeschuhwandern und Heliskiing; im Sommer nimmt man an geführten Wanderungen teil und spielt auf dem hauseigenen Tennisplatz. In der Burg Oase kann man dem Körper etwas Gutes tun und sich im Whirlpool mit Feuerplatz, in der Bio-Zirbensauna oder bei Behandlungen aus aller Welt erholen. Wunderbar ist auch das kulinarische Angebot, dessen Highlight die Lechtaler Stube ist.

Leogang SALZBURG G4

Mama Thresl

5771 Leogang, Sonnberg 22 | www.mama-thresl.com | info@mama-thresl.com | Tel.: 06583 20800

Wer Berge und Aktivität liebt, der ist im hippen Hotel Mama Thresl im Salzburger Land genau richtig. Hier trifft heimische Handwerkskunst auf modern in Szene gesetzte Naturmaterialien. Einige Zimmer bieten eine frei stehende Badewanne mit Blick auf die Pinzgauer Berge, wieder andere haben einen privaten Hot Tub und eine eigene Dachterrasse. Das Restaurant bietet von traditionellen Gerichten über hausgemachte Flammkuchen und Burger alles, was das Herz begehrt. Den besten Abschluss nach einem aktiven Outdoortag bietet ein Cocktail auf der Dachterrasse in entspannter Atmosphäre mit Blick auf das Massiv der Leoganger Steinberge.

Lofer SALZBURG G3

Der Steinerwirt

5090 Lofer, Lofer 48 | www.dersteinerwirt.at | info@dersteinerwirt.at | Tel.: 06588 8303

Der Steinerwirt im Herzen von Lofer kann auf eine lange Geschichte zurückblicken. Das Haus wurde 1606 erbaut und bietet mittlerweile 16 Zimmer für seine Gäste. Ob zum Urlauben, Arbeiten oder Relaxen – hier fühlt man sich wohl. Das ganztägige Frühstück erfreut nicht nur die Langschläfer, auch mittags gibt es kleinere Snacks. Abends werden spanisch inspirierte Köstlichkeiten mit heimischen Produkten aufgekocht. Nur fünf Gehminuten vom Hotel entfernt befinden sich die Bergbahnen und bei guter Schneelage kann man sogar mit den Ski zufahren. Auch eine kleine private Sauna steht zur Verfügung.

Maria Alm

SALZBURG H4

Die Hochkönigin

Mountain Resort

5761 Maria Alm,
Hochkönigstraße 27

www.hochkoenigin.com
Urlaub@Hochkoenigin.com

Tel.: 06584 7447

Das Bergmassiv Hochkönig findet mit der Hochkönigin seine ideale Partnerin – und Winterurlauber ihre perfekte Unterkunft. Nachdem man sich den Skipass direkt im Hotel gekauft sowie sein Equipment aus dem Skikeller mit eigenem Spind und Skischuhwärmern geholt hat, geht's direkt auf die Pisten von Ski amadé. Danach entspannt man im wunderbaren Nature Spa mit eigenem Adults-only-Bereich oder beim Aktiv- und Entspannungsprogramm. Die Kinder haben derweil im Kids-Club ihren Spaß! Kulinarisch wird man im Rahmen der Genusspension Plus, deren Höhepunkt das 6-Gänge-Feinschmeckermenü ist, verwöhnt.

Maria Enzersdorf am Gebirge

NIEDERÖSTERREICH N2

Gabrium

2340 Maria Enzersdorf am Gebirge,
Grenzgasse 111

www.gabrium.at
office@gabrium.at

Tel.: 02236 502520

Wer aus dem Alltag ausbrechen, aber nicht allzu weit von Wien wegfahren und dennoch in verschiedene Kulturen schnuppern möchte, der ist im Hotel Gabrium richtig aufgehoben! Hier, im in Maria Enzersdorf gelegenen Haus, ist jedes Stockwerk einem anderen Kontinent gewidmet und mit allem, was dazugehört, gestaltet: Artefakte, Muster und Upcycling-Möbel. Auch die Küchenlinie ist international ausgerichtet und orientiert sich vermehrt an veganer und glutenfreier Kost. Dass dabei, wo möglich, nachhaltige biologische und regionale Zutaten verwendet werden, versteht sich von selbst.

Mauterndorf — SALZBURG I4

Mesnerhaus

Hotel & Restaurant

5570 Mauterndorf, Markt 56 | www.mesnerhaus.at | info@mesnerhaus.at | Tel.: 06472 7595

Die Wurzeln des Mesnerhauses in Mauterndorf reichen bis ins Jahr 1420 zurück. Die langjährige Erfahrung bei der Gästebewirtung merkt man – dank des herzlichen Teams fühlt man sich sofort wohl. Im Salzburger Lungau haben Maria und Josef Steffner das Haus mit bodenständiger Küche und kreativen Neuerungen zu einem kulinarischen Stern gemacht. Davon zeugen vier Gault&Millau-Hauben! Schon der Start in den Tag ist beim vielseitigen Gourmetfrühstück ein Genuss. Seit Kurzem verfügt das Haus über einen modernen Zubau mit sechs zusätzlichen Zimmern sowie eine Suite, die den Spagat aus Tradition und Moderne imposant vollziehen.

Millstatt am See — KÄRNTEN J5

Villa Verdin

9872 Millstatt am See, Seestraße 69 | www.villaverdin.at | holiday@villaverdin.at | Tel.: 0699 120 29862

Wer ganzjährigen Sonnenschein schätzt, der ist bekanntermaßen in Kärnten richtig. In Millstatt, direkt am Ufer des Sees, befindet sich die Villa Verdin, in der sich die Sonne sowie das mediterrane Lebensgefühl bestens genießen lassen. Gepaart mit erlesenen Weinen aus dem Keller und einer eigenen Strandbar, lässt sich hier alles vergessen. Abends lädt das täglich wechselnde Angebot im À-la-carte-Restaurant zum Genießen ein. Zur idealen Entspannung verfügt die Villa über eine Sauna, Massagebehandlungen und Yoga-Kurse. Auch für Wassersportliebhaber hat der Millstätter See einiges zu bieten!

Hotel Schloss Mittersill

5730 Mittersill, Thalbach 1
www.schloss-mittersill.com
office@schloss-mittersill.com
Tel.: 06562 20200

Im beeindruckenden Nationalpark Hohe Tauern liegt das Hotel Schloss Mittersill und beeindruckt mit seiner Art, den Glanz der Vergangenheit zu bewahren und dennoch moderne Elemente zu integrieren. Eine besondere, fast magische Stimmung entsteht durch das historische Ambiente in den 53 Schlossgemächern mit Parkettböden und antiken Möbeln, welches schon zahlreiche berühmte Persönlichkeiten begeistert hat. Für romantische Stunden bieten sich speziell das gemütliche Kaminzimmer, der angebaute Wellnessbereich mit Saunen, Panorama-Ruheräumen und beheiztem Außenpool sowie das viergängige Candle-Light-Dinner an.

Mühltalhof

Genießerhotel

4120 Neufelden, Unternberg 6
www.muehltalhof.at
reception@muehltalhof.at
Tel.: 07282 6285

Kaum wo wird Tradition mit modernem Design so gekonnt kombiniert wie im Mühltalhof in Oberösterreich. Das Haus besteht seit 1698 und entwickelt sich stetig weiter. Seine 13 Zimmern, fünf Suiten und ein Studio bieten moderne Annehmlichkeiten in historischem Flair. Das Herz des Hauses ist die Küche, die mit vier Hauben ausgezeichnet ist. Besonders gut entspannt es sich hier in der Sauna mit Flussblick oder bei einem Sonnenbad mit Blick auf die Große Mühl. Kontrastreich und spannend präsentiert sich das Haus, sodass man sich Zeit nehmen sollte, um das große Ganze, die Kombination aus Alt und Neu, zu würdigen.

Pörtschach KÄRNTEN J5

Hotel Schloss Leonstain

9210 Pörtschach, Leonstainerstraße 1
www.leonstain.at
info@leonstain.at
Tel.: 04272 2816

Im Ortszentrum von Pörtschach am Wörthersee lädt das Hotel Schloss Leonstein seine Gäste ein, in den historischen Gemäuern Schlossherrin oder Schlossherr auf Zeit zu sein. Im Schatten der 300 Jahre alten Linde oder bei einem Spaziergang durch den Schlossgarten lässt sich am besten abschalten. Kulinarisch wird man von Küchenchef Stefan Obmann, der mit zwei Gault&Millau-Hauben ausgezeichnet ist, und seinem Team mit authentischer Küche aus regionalen Zutaten verwöhnt. Das Haus öffnet seine Pforten von Mai bis Oktober und heißt auch vierbeinige Begleiter herzlichst willkommen!

Genusshotel Riegersburg

8333 Riegersburg, Starzenberg 144 | www.genusshotel-riegersburg.at | info@genusshotel-riegersburg.at | Tel.: 03153 20020

Eingebettet in einen Weinberg, bietet das Genusshotel Riegersburg mit 44 Zimmern eine ruhige Atmosphäre und einen traumhaften Blick auf die Riegersburg und das steirische Vulkanland. Die vier Konferenzräume sind lichtdurchflutet und technisch auf dem neuesten Stand, es gibt auch die Möglichkeit für digitale und hybride Tagungen mit Weframe One. Nach einem Tag im Meeting entspannt man sich in der Wohlfühllandschaft mit beheiztem Außenpool, erkundet die Umgebung und besucht verschiedene interessante Produzenten oder nimmt an Teambuilding-Aktivitäten und Rahmenprogrammen (in- und outdoor) teil.

Rust BURGENLAND O3

Drahteselböck

Pension

7071 Rust, Dorfmeistergasse 21 | www.drahteselboeck.com | pension@drahteselboeck.com | Tel.: 02685 301

Dass die beste Art, die pannonische Tiefebene zu erkunden, das Fahrrad ist, ist kein Geheimnis. Um es ihren Gästen zu angenehm wie möglich zu gestalten, bietet die Pension Drahteselböck einen Radverleih und ist zudem direkt am Radweg am Ruster Stadtrand, nur fünf Minuten vom Neusiedler See entfernt, gelegen. Dank des biologischen Frühstücks startet man hier energiegeladen in den Tag und nach einer Radtour lädt man seine Batterien in der Knautschzone bei einem Glas Wein und Bio-Produkten wieder auf! Für Leute, die es entspannter angehen möchten, bietet die Pension eine Sonnenterrasse mit Pool.

Salzburg SALZBURG H3

The Maximilian

5020 Salzburg, Bayernstraße 28 | www.themaximilian.at | stay@themaximilian.at | Tel.: 0662 872 274

Seit 2020 ist Salzburg um ein ganz besonderes Hotel reicher – besonders Liebhaber des französischen Flairs werden sich hier wohlfühlen! Das The Maximilian präsentiert sich mit französischen Balkonen in jedem der 21

Zimmer und dank der Gestaltung mit neuklassischen Elementen und Flügeltüren wähnt man sich hier manchmal mehr in Paris als in der Mozartstadt. Ein großer Bonus ist die Lage im grünen Stadtteil Maxglan. Die Heymelig Bar macht ihrem Namen alle Ehre, denn hier fühlt man sich tatsächlich wie zu Hause. Für Remote Worker und Digital Nomads wird ein abgetrennter Workspace angeboten.

Hotel Schloss Obermayerhofen

8272 Sebersdorf, Neustift 1
www.obermayerhofen.at
schlosshotel@obermayerhofen.at
Tel.: 03333 250350

Dank der guten Lage – nur 135 km von Wien bzw. 65 km von Graz über die Südautobahn erreichbar – bietet sich das Hotel Schloss Obermayerhofen ideal für ein genussvolles Weekend-Getaway an. Mit seinen nur 27 geschmackvoll eingerichteten Zimmern ist es der optimale Ausgangspunkt für kulturelle und kulinarische Ausflüge ins Steirische Almenland oder in die Weinbauregionen. Umgeben von 120.000 m² Parklandschaft schmeckt der fruchtige Wein am besten! Das hoteleigene Restaurant ist auch bei externen Gästen bekannt für gehobene regionale Küche, verbunden mit der für das Hartbergerland bekannten Gastfreundschaft.

Chaletdorf Bergwiesenglück

6553 See/Paznaun,
Neder 400
www.bergwiesenglueck.at
info@bergwiesenglueck.at
Tel.: 05441 20077
0664 881 89116

Manchmal braucht es wirklich nicht viel zum Glücklichsein. Eine bequeme Sitzgelegenheit und ein schöner Blick über die Tiroler Berglandschaft reichen da schon aus. Wer das und noch viel mehr erleben möchte, findet im Chaletdorf Bergwiesenglück seinen idealen Urlaubsort. Wie es sich für ein Bergdorf gehört, befindet sich hier auch ein beheizter „Bergsee", auch die private Sauna lädt zum Abschalten und Entspannen ein. Kulinarisch wird man mit authentischer Tiroler Küche verwöhnt. Nicht nur in der Küche, auch bei der Raumgestaltung wurde auf Regionalität geachtet, so wurden primär heimische Materialien verwendet.

Villa Antoinette

2680 Semmering, Gläserstraße 9
www.villa-antoinette.at
info@villa-antoinette.at
Tel.: 0699 190 07079

Den Semmering umgibt noch immer die noble Atmosphäre der Sommerfrische, die an der Schwelle zum 20. Jahrhundert in Mode war. In der Villa Antoinette kann man dieses Flair auch im Jahre 2023 genießen. Je nach individuellem Anspruch lässt sich das Haus ganz oder teilweise, serviciert oder teilserviciert mieten. Zum Schlafen stehen sechs individuell gestaltete Zimmer zur Verfügung. Besonders einladend, auch wenn das Wetter gerade nicht mitspielt, ist das Lesezimmer mit offenem Kamin. Auch ein Privatkoch, Yoga- und Fitness-Sessions sowie ein Transferservice von und nach Wien werden angeboten.

Kleinsasserhof

9800 Spittal an der Drau, Kleinsass 3a
www.kleinsasserhof.at
buchung@kleinsasserhof.at
Tel.: 04762 2292
0664 519 1305

Im Herzen Oberkärntens liegt der hübsche Kleinsasserhof. Es handelt sich um einen Bauernhof aus dem 16. Jahrhundert, welcher immer noch in Betrieb ist. Doch mit klassischem Urlaub auf dem Bauernhof hat ein Aufenthalt hier wenig zu tun: Die 14 stilvollen Zimmer sind individuell eingerichtet und verfügen über jegliche Annehmlichkeiten. Zur Entspannung laden die Blockhütten-Sauna und die Massage-Hütte ein. Gekocht wird großteils mit selbst hergestellten Produkten, der Rest wird von nahen Bauern geliefert. So ist Regionalität hier nicht nur eine leere Worthülse, sondern wird tatsächlich gelebt. Unbedingt sollte man auch die Bar aufsuchen.

Jungbrunn

6675 Tannheim, Oberhöfen 25
www.jungbrunn.at
hotel@jungbrunn.at
Tel.: 05675 6248

Wer im Hotel Jungbrunn absteigt, der entspannt sich ab dem Moment seiner Ankunft. Der 900 m² große Spa-Bereich soll erfrischen und entspannen. Und tatsächlich findet hier jeder das Richtige: Vom Indoorpool bis zum Badebiotop, von der Erdsauna bis zur Solegrotte werden hier alle Wünsche erfüllt. Darüber hinaus werden jede Woche 40 verschiedene Aktivitäten, von Entspannungsprogrammen bis zur Mountainbike-Tour, angeboten. Auch in kulinarischen Fragen hat man hier die Qual der Wahl zwischen einem feinen 6-Gänge-Menü im Jungbrunn Kulinarium oder moderner Tiroler Küche im Jungbrunn Wirtshaus.

art-lodge

9542 Treffen a. Ossiacher See, Verditzer Straße 52
www.artlodge.at
hallo@art-lodge.at
Tel.: 04247 29970

Die art-lodge ist der Place to be für Kunstliebhaber, die Ruhe, gepaart mit modernen Annehmlichkeiten und interessanten Kunstwerken, suchen. Spannende Events wie das „high art cooking“oder „music and dinner“ begeistern die Gäste. Auf einem 75.000 m² großen Land verteilen sich hier elf kreativ gestaltete Studios und Suiten sowie vier Tiny Houses. Die Unterkünfte verfügen über Kitchenettes, sodass man sich auch selbst versorgen kann. Doch die Hotelverpflegung hat es in sich: Sowohl das Genießerfrühstück auf der Panoramaterrasse als auch das Cross-over-Menü am Abend sollte man sich nicht entgehen lassen.

Turnau STEIERMARK L3

Steirereck am Pogusch

8625 Turnau, Pogusch 21
www.steirereck.at
pogusch@steirereck.at
Tel.: 03863 20000

Naturbelassen und urig, so präsentiert sich das steirische Outlet der Familie Reitbauer. Im Steirereck am Pogusch kann man grandios essen – und schlafen. Auf 1.100 Meter Seehöhe, fernab von jeglicher Lichtverschmutzung, findet man hier wohl einen der besten Orte, um sternenklare Nächte in den Hütten, Zimmern oder Kabanen zu genießen. Wer auf der Suche nach etwas ganz Besonderem ist, wird von den stylishen wie extravaganten Baumhäusern begeistert sein! Von hier bieten sich großartige Wanderungen in der steirischen Natur an, nach denen man im Gasthaus einkehren und sich belohnen sollte. Schließlich findet man bodenständige Wirtshausküche auf so hohem Niveau nur schwer.

Gästehaus Wallner

9220 Velden am Wörthersee, Waldweg 6
www.gaestehauswallner.com
office@gaestehauswallner.com
Tel.: 0699 175 10510,0699

In absoluter Ruherlage, aber trotzdem in der Nähe vom pulsierenden Leben Veldens liegt das kleine Boutique-Gästehaus Wallner. Fußläufig zum Wörthersee haben die Modedesignerin Gina Drewes und der Filmschaffende Martin Kirchner eine 50er-Jahre-Pension in ein wahres Juwel verwandelt! Der kreative Vintage-Style zieht sich durchs ganze Haus. Die im Haus ausgestellten Werke heimischer Künstler können auch erworben werden, um sich ein Stück des Urlaubs mit nach Hause zu nehmen. Der liebevoll gestaltete Garten ist der ideale Ort für einen Kaffee im Schatten oder einen Drink von der Retro-Hausbar.

Streklhof

9220 Velden am Wörthersee, Streklhofweg 1
www.streklhof.at
hotel@streklhof.at
Tel.: 04274 2501

Jeder, der schon einmal im Streklhof zu Gast war, weiß: Dies ist ein Haus mit Seele. So fühlt man sich vom ersten Moment an im Haus auf dem Hochplateau in Aich oberhalb von Velden absolut wohl. Ein Highlight ist der 18 Meter lange Outdoorpool, von welchem man einen traumhaften Ausblick genießt. Zur Entspannung lockt auch der besondere Wellness-Stadl, welcher früher landwirtschaftlich genutzt und nun liebevoll in eine Wellnessoase verwandelt wurde, ohne die geschichtsträchtigen Strukturen zu verlieren. Nachhaltigkeit ist den Gastgebern ein großes Anliegen, so werden etwa in der Küche hauptsächlich Produkte aus der Umgebung verwendet.

Wien WIEN N2

Altstadt Vienna

1070 Wien, Kirchengasse 41
www.altstadt.at
hotel@altstadt.at
Tel.: 01 5226666

Das Altstadt in Wien ist ein Haus mit Geschichte, welches durch seine Wiener Gemütlichkeit überzeugt. Diese ist sowohl im kleinen, aber feinen Einzelzimmer als auch in der großräumigen Suite spürbar. Geschichten erzählt man sich ebenso über das Frühstück, es soll das beste in ganz Wien sein: mit frischem Brot, regionalen Spezialitäten und Marmeladen, so gut wie von der Oma.

Babula am Augarten

1020 Wien, Heinestraße 15 | www.babulahotel.com | office@babulahotel.com | Tel.: 0676 399 7311

Schrill und stylish präsentiert sich das Hotel Babula am Augarten im 2. Wiener Bezirk. Fußläufig zum Zentrum gelegen, bietet es hip ausgestattete Zimmer, bei deren Gestaltung viel Wert auf Nachhaltigkeit gelegt wurde. Im Zentrum der Gästeerfahrung soll vor allem die Kulinarik stehen. So befindet sich im Haus die auch bei Einheimischen äußerst beliebte Pizzeria Randale, in welcher köstliche und authentische neapolitanische Pizzen mit dem gewissen Twist angeboten werden. Mit dem Babula Flexible Living Project wird eine stylish-moderne Wohnerfahrung mit köstlichem Essen kombiniert. Herz, was willst du mehr?

Der Wilhelmshof

1020 Wien, Kleine Stadtgutgasse 4 | www.derwilhelmshof.com | info@derwilhelmshof.com | Tel.: 01 21455210

Im familiengeführten Hotel Der Wilhelmshof in der Nähe des Wiener Praters dreht sich alles um Kunst und Nachhaltigkeit. So werden im Designhotel nicht einfach nur Kunstwerke ausgestellt, es werden ganze Zimmer von Künstlern gestaltet, um den Gästen eine individuelle künstlerische Erfahrung zu bieten. Auch im gARTen, welcher ein wahrer Kraftort ist, ist Kunst allgegenwärtig. Hier und in der Hotelbar findet man Entspannung – in Letzterer auch ein exzellentes Weinangebot. Bei den kulinarischen Produkten wird auf Hochwertigkeit und fairen Handel geachtet, um einen Genuss mit gutem Gewissen zu ermöglichen.

Gilbert Ⓝ

1070 Wien, Breite Gasse 9 | www.hotel-gilbert.at | welcome@hotel-gilbert.at | Tel.: 01 5231345

Unweit des Wiener Volkstheaters liegt das Hotel Gilbert. Es versteht sich als Open-Minded-House und stellt einen exzellenten Service an erste Stelle. Hier ist man mitten im Geschehen, um die Wiener Innenstadt mitsamt all ihren kulturellen Highlights zu erkunden. Die stylish-modern eingerichteten Zimmer bieten den Gästen dabei ein gemütliches Zuhause auf Zeit. Um kulinarische Köstlichkeiten zu genießen, muss man nur in die hauseigene Brasserie &flora gehen. Küchenchefin Parvin Razavi lädt die Gäste zu einer kulinarischen Weltreise mit vorwiegend nordischen Einflüssen und orientalischen Gewürzen ein.

Hotel am Brillantengrund

1070 Wien, Bandgasse 4 | www.brillantengrund.com | hotel@brillantengrund.com | Tel.: 01 5233662

Im 7. Wiener Gemeindebezirk, inmitten einer der hippsten Gegenden der Hauptstadt, lädt das Hotel am Brillantengrund zu einer Zeitreise ein. Die 34 individuell gestalteten Zimmer orientieren sich am Stil der 1950er- bis 1970er-Jahre – und so kann man sich in vergangene Zeiten träumen. In das Hotel gelangt man über einen traumhaften palmengesäumten Innenhof. Das hoteleigene Restaurant beheimatet das einzige philippinische Spezialitätenrestaurant der Stadt, das neben Fisch- und Fleischgerichten eine Vielzahl an vegetarischen und veganen Gerichten, nach geheimen Familienrezepten zubereitet, anbietet.

Schreiners Essen & Wohnen

1070 Wien, Westbahnstraße 42 | www.schreiners.cc | wohnen@schreiners.cc | Tel.: 0676 475 4060

Viele sehnen sich nach der Stadt, möchten dabei aber nicht auf das Flair einer ruhigen, grünen Oase verzichten. Genau diese Sehnsucht bedient Schreiners Essen & Wohnen mitten in Wien. Hier vergisst man, dass man sich inmitten einer pulsierenden Millionenstadt befindet. Die vier Zimmer sind gemütlich eingerichtet und das traumhafte Salettl lädt zur Entspannung ein. Die kleine, aber ausbalancierte Speisekarte des Restaurants kombiniert gekonnt klassische mit moderner Wiener Küche. Hausgemachte Limonaden, erlesene Weine sowie zuvorkommendes Personal runden das stimmige Gesamtbild des Hauses ab.

The Leo Grand Ⓝ

1010 Wien, Bauernmarkt 1 | www.theleogrand.com | reception@theleogrand.com | Tel.: 0043 190 606

Das neue The Leo Grand in der Wiener Innenstadt ist eine Liebeserklärung an die Bundeshauptstadt. Hier werden, wie auch in der Stadt selbst, Kontraste zelebriert und künstlerische Kreativität hochgehalten. In dieser perfekten Mischung aus Geschichte und modernem Luxus kann man sich leicht verlieren. Die Gastronomie wird von der stadtbekannten DOTS-Gruppe übernommen – man darf sich auf Fusion Cuisine mit Wiener und französischen Einflüssen freuen. Der Jungle Room ist die perfekte Eventlocation für kreative Design-Liebhaber. Genächtigt wird in extravagant gestalteten Zimmern und Suiten.

Wiener Gäste Zimmer

1100 Wien, Waldgasse 3
www.gegenbauer.at
rooms@gegenbauer.at
Tel.: 01 6041088

Live like a local. Auf dieses Credo setzen die Wiener Gäste Zimmer. Im 10. Bezirk – im Gebäude einer traditionellen Bierbrauerei – gelegen, wird hier alles, was man für ein authentisches Lebensgefühl benötigt, geboten. Die Zimmer sind passend zur Location im Industrial-Style gestaltet, vor allem wird auf einen besonderen Rohstoff gesetzt: Stroh! Es findet etwa in den Betten oder Wänden Einsatz und verströmt einen herrlich natürlichen Duft. Das Haus verfügt außerdem über Annehmlichkeiten wie einem Swimmingpool, eine gut ausgestattete Gemeinschaftsküche und ein Frühstücksbuffet mit einer Auswahl hausgemachter Produkte.

Zola Ⓝ

Palais de Bohème

1020 Wien, Vorgartenstraße 217
www.hotelzola.com
Tel.: 01 8900870

Im trendigen 2. Wiener Gemeindebezirk befindet sich das neu eröffnete Hotel Zola. Die klassische städtische Architektur mit ihren hohen Decken fängt das Flair und den Charme der Hauptstadt perfekt ein. Durch das Haus zieht sich ein künstlerisch-kreatives Ambiente und in der Gestaltung der Zimmer entsteht durch die Kombination verschiedener Texturen eine stylishe Atmosphäre. Im Haus befindet sich mit dem Restaurant Zazatam der neueste Foodie-Hotspot der Stadt. Auch die geheimnisvolle Bar ist sehr sehenswert! In den Sommermonaten genießt man das Flair, welches das Haus versprüht, im wunderschön angelegten Garten.

© Matt Aylward on Unsplash

Die besten Golfhotels

Die besten Golfhotels, die speziell auf die Bedürfnisse des Golfers ausgerichtet sind und gepflegte Plätze in direkter Umgebung garantieren.

Alpenresort Schwarz
Mieming

Am Golfhotel Gut Weissenhof
Radstadt

Balance
Pörtschach

Berghof
Lech am Arlberg

Cesta Grand Aktivhotel & Spa
Bad Gastein

Dolomitengolf Suites
Lavant

Golfresort Haugschlag
Haugschlag

Grand Tirolia Hotel Kitzbühel
Kitzbühel

Moerisch
Seeboden

Peternhof
Kössen

Rasmushof Hotel Kitzbühel
Kitzbühel

Sarotla
Brand

Seeglück Hotel Forelle
Millstatt am See

Seehotel Engstler
Velden am Wörthersee

Traube Braz Alpen.Spa.Golf. Hotel
Braz bei Bludenz

Warmbaderhof
Villach Warmbad

Bad Gastein SALZBURG H4

Cesta Grand Aktivhotel & Spa

5640 Bad Gastein, Miesbichlstraße 20
www.cesta-grand-hotel.com
office@cesta-grand-hotel.com
Tel.: 06434 25260

In Bad Gastein, einer der historisch wichtigsten Sport- und Gesundheitsdestinationen des Landes, bietet das Cesta Grand Aktivhotel & Spa herzliche Gastlichkeit auf 4-Sterne-Superior-Niveau. Für Aktivurlauber ist Gastein ein Mekka: Von Wanderungen und Mountainbike-Touren im Sommer bis zu ausgedehnten Ski- und Langlauftagen im Winter findet hier jeder die richtige Aktivität. Ein besonderes Highlight ist der in die atemberaubende Natur mit kleinen Gebirgsbächen und altem Baumbestand eingebettete Golfplatz Gastein. Nach einer erfolgreichen Runde entspannt man sich im herrlichen Wellnessbereich.

Brand VORARLBERG A4

Sarotla

6708 Brand, Mühledörfle 23
www.sarotla.at
hotel@sarotla.at
Tel.: 05559 248

Eingebettet in die anmutige Alpenkulisse Vorarlbergs liegt das Hotel Sarotla. Es befindet sich direkt am ersten Abschlag des Golfplatzes Brand. Vor atemberaubenden Bergen erfordert der anspruchsvolle Platz ein präzises Spiel. Für Hotelgäste gibt es zusätzlich 20 Prozent Greenfee-Ermäßigung bei allen Golfplätzen in Vorarlberg! Zum Abschalten nach dem Spiel lädt der traumhafte Sarotla bergSPA mit Saunawelten und Infinitypool ein. Besonders: der Ausblick! Kulinarisch verwöhnt man die Gäste im Panoramarestaurant mit Bar und geht dabei gerne auf Ernährungsrestriktionen wie glutenfreie oder pflanzliche Küche ein.

Braz bei Bludenz VORARLBERG A4

Traube Braz Alpen.Spa.Golf.Hotel

6751 Braz bei Bludenz, Klostertalerstraße 12
www.traubebraz.at
office@traubebraz.at
Tel.: 05552 28103

Im Vorarlberger Klostertal trifft mit dem Traube Braz Alpen.Spa.Golf.Hotel traditionelle Gastfreundschaft und Beherbergung auf modernes Flair. So kann man beispielsweise zwischen dem jahrhundertealten Bauernstüble oder neumodischen Locations wählen, wenn es um das hervorragende Abendessen geht. Kulinarisch zieht sich diese Linie weiter: Regionale Zutaten werden neu interpretiert. Zum Ausgleich bietet sich der nur ein Kilometer entfernte Golfclub Bludenz-Braz an, der für jedes Spielniveau geeignet ist. Auch auf anderen Golfplätzen in Vorarlberg genießt man als Hotelgast Vorteile! Danach erholt man sich im Atrium Spa.

Haugschlag — NIEDERÖSTERREICH M1

Golfresort Haugschlag

3874 Haugschlag, Nr. 160
www.golfresort.at
info@golfresort.at
Tel.: 02865 84410

Wo lässt es sich besser golfen als dort, wo die Natur Regie führt? In der sanften Hügellandschaft des Waldviertels ist das der Fall. Das Golfresort Haugschlag bietet den idealen Ausgangspunkt, um diese traumhafte Region mit Holz und Eisen zu erkunden. Die Golfplätze Haugschlag – Waldviertel – Herrensee befinden sich in unmittelbarer Nähe des Resorts und bieten Golfspaß für jedes Niveau. Im Golfclub Herrensee können sich sogar blutige Anfänger auf die 18-Loch-Anlage wagen. Auch ein Pro-Shop für das ideale Material sowie ein exzellenter Wellnessbereich zur Entspannung stehen hier zur Verfügung.

Kitzbühel — TIROL F4

Grand Tirolia Hotel Kitzbühel

6370 Kitzbühel, Eichenheim 10
www.hommage-hotels.com/grand-tirolia-kitzbuehel
info@grand-tirolia.com
Tel.: 05356 66615

Das Grand Tirolia Hotel Kitzbühel bietet eine ideale Basis zum Wandern, Radfahren und für Wintersportaktivitäten. Ganz besonders ist dieser Ort jedoch bei Golfern beliebt. Der hauseigene 18-Loch-Platz befindet sich nämlich malerisch eingebettet in die wildschöne Natur der Kitzbüheler Alpen. Am besten spielt sich so eine Runde nach einem hervorragenden Frühstück auf dem Zimmerbalkon mit traumhafter Bergkulisse. Nach dem Golfen kann in der Weinbar Leopold oder in der Cooper Bar & Lounge auf das Spiel angestoßen werden. Auch im Spa mit Saunalandschaft, Pools und Behandlungsräumen lässt es sich entspannen!

Rasmushof Hotel Kitzbühel

6370 Kitzbühel, Hermann-Reisch-Weg 15 | www.rasmushof.at | office@rasmushof.at | Tel.: 05356 65252

Direkt an der berühmten Streif am Fuße des Hahnenkamms befindet sich in berühmter Kulisse das Rasmushof Hotel Kitzbühel. Seit über 30 Jahren werden hier Golfer aus aller Welt willkommen geheißen. Wo könnte ein Abschlag auch mehr Spaß machen als auf dem hauseigenen 9-Loch-Platz im Zielgelände der sagenhaften Streif-Abfahrt! Nach einer anstrengenden Runde entspannt es sich hervorragend im Schwimmbereich „Rasirena" oder auf der Sonnenterrasse. Das pfiffig gekochte Essen des Restaurants, das neben regionalen Spezialitäten auch internationale Klassiker bietet, rundet den Urlaubstag genussvoll ab.

Kössen

TIROL F/G3

Peternhof

6345 Kössen, Moserbergweg 60 | www.peternhof.com | info@peternhof.com | Tel.: 05375 6285

Am Rande Österreichs, kurz vor der Grenze zu Bayern, liegt das Hotel Peternhof mit fantastischem Blick auf den Wilden Kaiser. Hier bietet man eine atemberaubende Kombination aus Wellness- und Aktivurlaub. Die Besonderheit ist Europas einziger grenzüberschreitender Golfplatz im Golfclub Reit im Winkl/Kössen. In einem 35-Kilometer-Umkreis findet man elf weitere Golfplätze. Kulinarisch spielt man beim 4-Gänge-Abendmenü von österreichischen Köstlichkeiten bis hin zu veganer Küche alle Stücke. Auch Kinder und Jugendliche werden hier altersgemäß betreut, was einen angenehmen Urlaub für die ganze Familie ermöglicht.

Lavant

TIROL G5

Dolomitengolf Suites

9906 Lavant, Am Golfplatz 2 | www.dolomitengolf-suites.com | info@dolomitengolf-suites.com | Tel.: 04852 61122500

Im malerischen Osttirol liegt an der sonnenverwöhnten Südseite der Alpen das Hotel Dolomitengolf Suites. Dank des milden Klimas ist hier eine besonders lange Saison auf den beiden hauseigenen 18-Loch-Meisterschaftsplätzen möglich. Vor der atemberaubenden Bergkulisse lassen sich die Plätze aufgrund ihrer Ebenheit angenehm zu Fuß bestreiten. Für das kulinarische Wohlbefinden sorgt das 2-Hauben-Restaurant Vincena mit einer kreativen Interpretation klassisch österreichischer Küche. Zum Tagesabschluss werden exquisite Cocktails in der neuen, außergewöhnlichen Pianobar zu Live-Klavier-Musik serviert.

Lech am Arlberg VORARLBERG B4

Der Berghof

6764 Lech am Arlberg, Dorf 161 | www.derberghof.at | info@derberghof.at | Tel.: 05583 2635

Wer auf dem höchstgelegenen Golfplatz des Landes an seinem Handicap arbeiten will, der ist im Hotel Der Berghof richtig aufgehoben. Individuelle Packages, ein Übungsplatz, nahe gelegene Golfplätze mit Greenfee-Ermäßigungen sowie eine spezielle Holiday-Membership bringen passionierte Golfbegeisterte nach Vorarlberg. Erholung findet man in den individuell gestalteten Zimmern sowie im Spa oder neu bei einer Mikrostromtherapie. Die Kombination regionaler Zutaten mit modernen Ideen zeichnet die Küche des Hauses aus. So wird der Aufenthalt nicht nur ein sportlicher, sondern auch ein kulinarischer Genuss!

Mieming TIROL D4

Alpenresort Schwarz

6414 Mieming, Obermieming 141 | www.schwarz.at | hotel@schwarz.at | Tel.: 05264 5212

Das Alpenresort Schwarz, gelegen in wunderbarer Natur, ist eines der traumhaftesten Ziele für Golfer im Land. Denn direkt vor der Hoteltür, auf dem Mieminger Sonnenplateau, erstreckt sich ein herrlicher 27-Loch-Platz. Dieser unterteil sich in eine 9-Loch-Runde, die für Anfänger geeignet ist, sowie einen 18-Loch-Championcourse. Kulinarisch verwöhnt wird man in der Genusswelt, im großzügigen Restaurantbereich oder gemütlich nach einem Spiel im Genießer-Treffpunkt „Greenvieh“. Für weitere sportliche Aktivitäten stehen unter anderem eine Wasserwelt und Yogakurse zur Verfügung.

Millstatt am See

KÄRNTEN J5

Seeglück Hotel Forelle

9872 Millstatt am See, Fischergasse 65 | www.hotel-forelle.at | office@hotel-forelle.at | Tel.: 04766 20500

Wer eine besonders lange Golfsaison mit einem traumhaften Seeblick kombinieren will, der ist im Hotel Forelle am Millstätter See genau richtig. Der nahe 18-Loch-Golfplatz war bereits Austragungsort der European Challenge Tour und erfüllt folglich alle Voraussetzungen, um Profis ebenso wie Anfängern alles abzuverlangen. Zur Entspannung steht den Gästen ein 850 m² großer Wellnessbereich mit Panoramablick über den See zur Verfügung. Beim reichhaltigen Frühstücksbuffet und beim 5-Gänge-Gourmetmenü am Abend werden die Geschmacksknospen verwöhnt. Besonderes Highlight sind die Fische aus der eigenen Fischerei.

Pörtschach

KÄRNTEN J5

Balance

9210 Pörtschach, Winklernstraße 68 | www.balancehotel.at | office@balancehotel.at | Tel.: 04272 2479 | 0664 858 4201

Alles neu heißt es im Hotel Balance am Wörthersee. Unter anderem wurden der Veranstaltungsbereich, die Abendbar, die Rezeption sowie die 12 beliebten Seezimmer neu gestaltet und teils großzügig ausgebaut. Ein besonderes Highlight ist der neue Meerwasserpool im Balance Spa Refugium, der mediterrane Gefühle aufleben lässt. Zum Golfplatz in Moosburg kann man sich bequem mit dem hoteleigenen Shuttleservice chauffieren lassen. Vier weitere Golfplätze liegen in weniger als 20 Minuten Fahrtzeit vom Hotel entfernt. Für das leibliche Wohl wird im mit 13 Gault&Millau-Punkten ausgezeichneten Restaurant La Balance mit Showküche gesorgt.

Radstadt SALZBURG I4

Am Golfhotel Gut Weissenhof

5550 Radstadt, Weissenhof 6 | www.weissenhof.at | info@weissenhof.at | Tel.: 06452 7001

Das 4-Sterne-Superior-Hotel Gut Weissenhof liegt traumhaft im Salzburger Land und direkt am 12-Loch-Platz Radstadt – und damit direkt an einer Besonderheit: der weltweit einzigartigen Golfgondel, welche die Spieler zum Abschlag mit einer Aussicht bringt, die ihresgleichen sucht. Wer gerade nicht auf Handicap-Jagd ist, kann anderen Sportarten wie Reiten, Tennis oder Radfahren nachgehen. Zur Erholung lockt der ruhige Spa-Bereich mit Saunen, Whirlpool und Entspannungsräumen. Die luxuriös eingerichteten Zimmer sowie das exquisite kulinarische Angebot runden das Urlaubserlebnis nach Gutshofart stilvoll ab.

Seeboden KÄRNTEN I5

Das Moerisch

9871 Seeboden, Tangern 2 | www.moerisch.at | info@moerisch.at | Tel.: 04762 81372

Was gäbe es Schöneres, als auf dem Sonnenplateau oberhalb des Millstätter Sees die Sonne und das Panorama zu genießen? Das Hotel Das Moerisch ermöglicht dies und noch viel mehr. Zur sportlichen Aktivität bieten sich Skifahren, Radfahren, Wandern und natürlich Golf an. Das Haus liegt direkt am Golfclub Millstätter See und bietet seinen Gästen exzellenten Service und großzügige Vergünstigungen für alle Kärntner Golfplätze. Besonders attraktiv ist der Lunch am sechsten Loch. In Verbindung mit österreichisch-mediterraner Küche auf Haubenniveau lässt Das Moerisch das Golferherz höherschlagen! Top: der Wellnessbereich.

Velden am Wörthersee — KÄRNTEN J5

Seehotel Engstler

9220 Velden am Wörthersee, Am Corso 21
www.engstler.com
info@engstler.com
Tel.: 04274 26440

Im pulsierenden Seeort Velden und direkt am Ufer des Wörthersees liegt das Seehotel Engstler. Für Golfer könnte es keine bessere Unterkunft geben! Hausgäste können die Driving Range und das Übungsgelände des Golfclubs Köstenberg nutzen, im Haus werden Trainings mit einem Pro, Schwunganalyse, eine moderne Indoor-Golfanlage sowie ein wunderschönes Putting-Green mit Seeblick angeboten. Alle Zimmer verfügen über einen Panoramabalkon oder eine Panoramaterrasse und zusätzlich gibt es eine Kinderbetreuung mit Spiel- und Bastelspaß für die Kleinsten. Der komplett renovierte Wellnessbereich lädt zum Träumen ein.

Villach Warmbad — KÄRNTEN I5

Warmbaderhof

9504 Villach Warmbad, Kardischenallee 22-24
www.warmbaderhof.com
warmbaderhof@warmbad.at
Tel.: 04242 300110

Im Hotel Warmbaderhof sind gesundheitsbewusste Gäste, die sich eine regenerierende Auszeit gönnen wollen, richtig. Besonders all jene, für die sportliche Betätigung wie Golfen im Urlaub nicht fehlen darf! Die Warmbader Driving Range steht kostenlos zur Verfügung und nur fünf Kilometer entfernt lädt der 18-Loch-Platz des Golfclubs Schloss Finkenstein zu traumhaften Partien ein. Danach relaxt man im weitläufigen VIBE Spa mit Thermalpools, verschiedenen Saunen, der neuen Infrarot-Wärmekabine und vielem mehr. Auch kann man Behandlungen aus dem Medical-Spa-Angebot und die Beratung von Gesundheitsprofis in Anspruch nehmen.

HALB
PENSION

Die besten Halbpensionen

Die besten Hotels mit ausgezeichneter und abwechslungsreicher Halbpensionsküche.

... liebes Rot-Flüh
Grän

Adapura Wagrain
Wagrain

Gasthof Jagersimmerl
Grünau im Almtal

Miramonte
Bad Gastein

Panorama Royal
Bad Häring

Reiterhof
Achenkirch

Schalber
Serfaus

Steirerhof
Bad Waltersdorf

Therme Laa – Hotel & Silent Spa
Laa an der Thaya

Tirol
Ischgl

TOP Hotel Hochgurgl
Hochgurgl

Reiterhof

6215 Achenkirch, Achenkirch 380 | www.reiterhof.com | info@reiterhof.com | Tel.: 05246 6600

Rund um den Achensee in Tirol erstreckt sich eine Bergwelt wie aus dem Bilderbuch. Den idealen Ausgangspunkt, um diese zu erkunden, bietet das Aktivresort Reiterhof. Der eisblaue See ist besonders zum Wandern ein Paradies. Den ganzen Tag über werden die Gäste im Hotel kulinarisch verwöhnt. Beginnend bei Früh- oder Langschläfer-Frühstück, einer verlockenden Kuchenauswahl und einer herzhaften Après-Ski-Jause bis hin zum eleganten Abendessen werden hier Köstlichkeiten der österreichischen Küche in den Mittelpunkt gerückt. Besonders wichtig ist im Reiterhof der Bezug zum Produkt und den umliegenden Lieferanten.

Bad Gastein SALZBURG H4

Miramonte

5640 Bad Gastein, Reitlpromenade 3 | www.hotelmiramonte.com | info@hotelmiramonte.com | Tel.: 06434 25770

Im Hotel Miramonte in Bad Gastein setzt man ganz auf das Prinzip des Abschaltens. Und das ist wörtlich zu nehmen: Ohne Strahlung kann man hier schlafen, denn WLAN gibt es bewusst nur in der Lobby und der Lounge, nicht jedoch im Zimmer. Stattdessen kann man sich beim Yoga oder im Sauna-Ruheraum vom Stress der ständigen Erreichbarkeit erholen. Im Rahmen der Halbpension wird den Gästen ein wunderbares 4-Gänge-Social-Dinner mit den Wahlmöglichkeiten Fleisch, Fisch, vegetarisch und vegan angeboten. Der direkte Zugang zu den Bad Gasteiner Thermalquellen lassen einen die letzten Sorgen vergessen.

Panorama Royal

6323 Bad Häring,
Panoramastraße 2

www.panorama-royal.at
office@panorama-royal.at

Tel.: 05332 77117

Im Hotel Panorama Royal kann man Körper und Seele etwas Gutes tun. So eröffnen die fernöstlichen Gesundheitslehren, denen sich das Hotel verschrieben hat, einen Weg zu mehr Harmonie, Zufriedenheit und Vitalität. Das wird auch kulinarisch unterstützt: So werden auf Wunsch spezielle Ayurveda-Menüs zusammengestellt. Doch auch nationale und internationale Köstlichkeiten stehen auf dem Speiseplan. Selbstverständlich wird auf Ernährungsrestriktionen gerne eingegangen. Außerdem wird ein Aktivprogramm angeboten und die Gäste können den Fitnessraum sowie das Spirit- und Healingcenter nutzen.

Der Steirerhof

8271 Bad Waltersdorf, Wagerberg 125
www.dersteirerhof.at
reservierung@dersteirerhof.at
Tel.: 0 80 00 31 14 12

Dass Der Steirerhof in Bad Waltersdorf nicht nur Thermen-, sondern auch Genussliebhaber anlockt, ist kein Geheimnis mehr. Ein Grund dafür ist die äußerst flexible Halbpension. So kann man beispielsweise das Dinner „canceln“: In diesem Fall wird mittags ein leichtes 4-Gänge-Menü und abends nur ein kleines Tellergericht serviert. Beim regulären 5-Gänge-Abendmenü gibt es eine Vorspeisenauswahl, Salatbuffet und ein Käsebrett zusätzlich zur steirisch-mediterranen Küche. Schon zum Start des Tages kann man zwischen dem Frühaufsteher-Frühstück am Pool oder dem Langschläfer-Frühstück in der Hotelhalle wählen.

Grän TIROL C3

... liebes Rot-Flüh

6673 Grän, Seestraße 26
www.rotflueh.com
traumhotel@rotflueh.com
Tel.: 0 56 75 64 31

Ein wahrhaft gesamtheitliches Wellnesskonzept bietet das Hotel ... liebes Rot-Flüh im Tannheimer Tal. Hier können Körper, Seele und Geist entspannen. Wellness- und Gesundheitsbehandlungen des medizinischen Personals werden mit gesundheitsbewusster Küche kombiniert. Im Zuge der Gourmetpension heißt das aber keineswegs, dass man auf Gaumenfreuden verzichten muss. Im Gegenteil: Bewusster Genuss steht beim reichhaltigen Frühstücksbuffet, beim leichten Mittagsbrunch sowie beim abendlichen 5-Gänge-Wahlmenü im Fokus. Auch für einen Familienurlaub ist man durch die vorhandene Kinderbetreuung bestens vorbereitet.

Grünau im Almtal OBERÖSTERREICH I3

Gasthof Jagersimmerl

Oase für Ruhe mit Genuss

4645 Grünau im Almtal, Habernau 6 | www.jagersimmerl.at | office@jagersimmerl.at | Tel.: 07616 8505

Der Gasthof Jagersimmerl kann auf eine beeindruckende Geschichte zurückblicken: Er besteht seit 1650 – und das erkennt man heute noch an stilvoll beibehaltenen Details im Haus. Kulinarisch ist hier der Name Programm, denn im hoteleigenen Restaurant werden besonders gerne Wildgerichte aus der eigenen Jagd kredenzt. Auch Fische aus den eigenen Gewässern sowie heimische Lamm-, Rind-, Kalb- und Schweinespezialitäten können in der urig-gemütlich gestalteten Gaststube mit Kachelofen oder bei Schönwetter im Gastgarten genossen werden. Auch ein kleiner, aber feiner Wellnessbereich steht zur Verfügung.

Hochgurgl TIROL D5

TOP Hotel Hochgurgl

6456 Hochgurgl, Hochgurgler Straße 8 | www.tophochgurgl.com | tophotel@tophochgurgl.com | Tel.: 05256 6265

Wer seinen Skiurlaub mit 5-Sterne-Superior-Luxus kombinieren möchte, der ist im TOP Hotel Hochgurgl genau richtig. Im höchstgelegenen Skiort der Alpen erwartet die Gäste ein traumhaftes Panorama auf 21 Dreitausender. Die TOP Gourmethalbpension hält für jeden etwas bereit. Morgens bedient man sich am reichhaltigen Frühstücksbuffet und abends wählt man aus drei Vorspeisen, zwei Suppen, zwei warmen Vorspeisen, vier Hauptgerichten und zwei Desserts. Sollten noch Wünsche offenbleiben, werden auf Anfrage auch Austern oder Käsefondue zubereitet. Zum Tagesausklang gibt es täglich Livemusik an der Kaminbar.

Tirol

6561 Ischgl,
Dorfstraße 77

www.tirol-ischgl.at
hotel@tirol-ischgl.at

Tel.: 05444 5216

Im Hotel Tirol startet man mit einem ausgewogenen Frühstücksbuffet in den Tag und dann geht's mit der benachbarten Silvretta Seilbahn ins Skivergnügen. Nach dem letzten Schwung zum Hotel bringt man sein Equipment im Skikeller mit eigenem Spind und Schuhtrockner unter. Danach stößt man in einer von Ischgls berühmten Après-Ski-Bars an oder man relaxt im alpin Spa, welcher unter anderem über eine Kelo-Sauna, ein Bergkristall-Dampfbad und einen Whirlpool verfügt. Abends wird man mit einem fünfgängigen Feinschmeckermenü verwöhnt, außerdem wird im Winter wöchentlich zum Fondueabend geladen.

Therme Laa – Hotel & Silent Spa

2136 Laa an der Thaya, Thermenplatz 3
www.therme-laa.at
hotel@therme-laa.at
Tel.: 02522 84700733

Gibt es eine bessere Kombination, als sich kulinarisch verwöhnen zu lassen, während man in der Therme die Seele baumeln lässt? In der Therme Laa – Hotel & Silent Spa können die Gäste zwischen den beiden hauseigenen Restaurants, dem À-la-carte-Restaurant GAUMENFREUDEN und dem Restaurant FEINSPITZ wählen. Auf Wunsch wird ein besonders leichtes Abendmenü angeboten. In den Zimmern sorgen hochwertige JOKA-Boxspringbetten für erholsame Nächte. Während die Therme Laa auch öffentlich zugänglich ist, gibt es auch stilvoll eingerichtete Ruheoasen, die ausschließlich Hotelgästen vorbehalten sind.

Serfaus TIROL C4

Schalber

Genießerhotel Wellness Residenz

6534 Serfaus, Dorfbahnstraße 15
www.schalber.com
info@schalber.com
Tel.: 05476 6770

Luxus pur wird einem auf dem Sonnenplateau Serfaus-Fiss-Ladis in Tirol im Hotel Schalber geboten. Auf 5-Sterne-Superior-Niveau werden vor allem kulinarische Genüsse und Wellnesserlebnisse zelebriert. So kann man in der 5.000 m² großen Wellnesswelt mit grandiosem Rundblick wunderbar vom Alltag abschalten. Kulinarisch wird zum Tagesstart ein großzügiges Frühstücksbuffet, untertags eine Ski-Jause sowie ein 5-Gänge-Wahlmenü am Abend angeboten. Auch die Kleinsten kommen hier auf ihre Kosten, so gibt es etwa eine eigene Eltern-Kind-Sauna und ein Familienbecken im Wellnessbereich sowie eine Kinderbetreuung.

Wagrain SALZBURG H4

Adapura Wagrain

5602 Wagrain, Markt 58 b
www.adapura-wagrain.com
welcome@adapura-wagrain.com
Tel.: 06413 20555

Mit dem Adapura Wagrain ist der Skiort im Salzburger Land um ein 4-Sterne-Hotel im Alpin-Chic-Stil reicher. Um aus dem stressigen Alltag zu entfliehen, setzt man hier auf die unschlagbare Kombination von Outdoorsport in den Bergen und einem entspannten, eleganten Wellnessbereich. Durch die vier Restaurants des Hauses zieht sich eine einheitliche Linie aus Gemütlichkeit und stilvoller Gestaltung. Wem das alles noch nicht genug Entspannung gebracht hat, der braucht nur noch auf der Terrasse die wärmenden Sonnenstrahlen in den Alpen genießen – und schon lösen sich auch die letzten Sorgen auf.

© Jill Sauve

HUNDE

Die besten Hundehotels

Die besten Hundehotels, die auch für Vierpfoter ein kleines Urlaubsparadies schaffen.

Almfrieden Hotel & Romantikchalet
Ramsau am Dachstein

Bergresort Seefeld
Seefeld

Eisenberg
St. Martin an der Raab

Grimming
Rauris

Larimar
Stegersbach

Magdalena
Ried im Zillertal

Riederhof
Ried im Oberinntal

Ritzlerhof
Sautens

Sonja – Alpine Resort
Piesendorf

Sonne
Saalbach

Zum Teichwirt
Teichalm

Sonja – Alpine Resort

5721 Piesendorf, Talblick 1
www.sonja-alpine.com
info@sonja-alpine.com
Tel.: 06549 20200

Im Sonja – Alpine Resort darf man sich auf spektakuläre Ausblicke auf die Hohen Tauern, zahlreiche Bergaktivitäten und fabelhafte Annehmlichkeiten für Hundebesitzer freuen – etwa ein Willkommenspräsent, eine eigene Decke, einen Fressnapf, einen eigenen Reiseführer für Tätigkeiten mit Hund in der Umgebung sowie auf Wunsch eine Betreuung. Im Urlaub darf auch Wellness nicht fehlen: Der Bereich im Dachgeschoss lockt mit Saunen, Pool und Ruhebereichen. Danach genehmigt man sich ein köstliches 4-Gänge-Dinner, bevor man sich in die im Alpin-Style gehaltenen Zimmer, Suiten und Apartments zurückzieht.

Ramsau am Dachstein STEIERMARK J4

Almfrieden Hotel & Romantikchalet

8972 Ramsau am Dachstein, Leiten 47
www.almfrieden.at
info@almfrieden.at
Tel.: 03687 81753

Malerisch am Waldrand in Ramsau am Dachstein gelegen, ist das Almfrieden Hotel & Romantikchalet der perfekte Ausgangspunkt für ausgiebige Spaziergänge und Wanderungen – und mit seinen unzähligen Annehmlichkeiten speziell für Gäste mit Hunden das ideale Urlaubsdomizil. In den großzügigen Zimmern und Appartements warten ein eigenes Hundebett und Spielzeug, es gibt ein Hundemenü und sogar Hundeeis-Cocktails, einen Indoor-Spielraum sowie einen Agility-Park und vieles mehr. Wellness ist gemeinsam möglich – von der Außensauna hat man seinen Liebling stets im Blick. Besonders: die Reiki-Behandlungen für Hunde.

Hotel Grimming

5661 Rauris,
Marktstraße 25

www.hotel-grimming.com
info@dogsfriends.at

Tel.: 06544 62680

Herrliche Ruhe erwartet die Gäste im Hotel Grimming – ohne Kinder, dafür aber mit seinem vierbeinigen besten Freund verbringt man hier wunderbare Urlaubstage mit Blick auf den Acherkogel. Schon bei der Begrüßung durch die Hotel-Labradore Kira und Charly sowie mit einem Welcome-Paket inklusive Leckerlis wird die Liebe zum Hund hier deutlich. Weiters gibt es im gemütlichen Zimmer eine eigene Hundedecke und einen Napf, außerdem einen hoteleigenen Agility-Parcours und traumhafte Spazierwege rund ums Haus. Ein tolles Aktivprogramm mit Yoga sowie der solarbeheizte Außenpool versprechen Entspannung.

Ried im Oberinntal TIROL C4

Riederhof

6531 Ried im Oberinntal,
Truyen 113

www.hotel-riederhof.at
info@hotel-riederhof.at

Tel.: 05472 6214

Einen regenerierenden Urlaub verbringen sowohl Menschen als auch Hunde im Hotel Riederhof im schönen Oberinntal. Besonders ist das Rehabilitationsprogramm für Vierbeiner, die sich unlängst verletzt oder eine Operation hatten. Auch sonst kann sich das Angebot speziell für den Liebling sehen lassen: Es gibt einen Pool, einen Agility-Spielplatz, einen Friseur und frisches BARF-Futter – und wunderbare Spazierwege selbstverständlich auch. Diese dienen nicht zuletzt auch der Entspannung des Herrchens oder Frauchens. Außerdem bietet sich ein Besuch im großzügigen Wellnessrefugium mit Garten-Spa in traumhafter Bergkulisse an.

Ried im Zillertal — TIROL E4

Magdalena

6273 Ried im Zillertal,
Großriedstraße 23

www.magdalena.at
info@magdalena.at

Tel.: 05283 2243

Das ganze Jahr über ist ein Urlaub im Hunderesort Hotel Magdalena im Zillertal ein besonderes Erlebnis. Das familiengeführte Haus bietet eine sehr persönliche und liebevolle Atmosphäre, in welcher man sich sofort wohlfühlt. Wellnessen kann man hier gemeinsam: Hunde sind am Außenpool erlaubt. Während man sich eine Wellness- oder Beautybehandlung gönnt, wird auch der beste Freund im Hundewaschsalon auf Vordermann gebracht. Danach kann man das Ergebnis bei einem Fotoshooting festhalten. Extras wie Yoga mit Hund, der neue Hundespielplatz und die frisch zubereitete BARF-Nahrung begeistern!

Saalbach — SALZBURG G4

Die Sonne

5753 Saalbach,
Altachweg 334

www.hotel-sonne.at
saalbach@hotel-sonne.at

Tel.: 06541 7202

Die Gastgeber im Hotel Die Sonne in Saalbach haben selbst bekanntermaßen ein großes Herz für Hunde – sie und ihr Vierbeiner Viggerl begrüßen ihre Gäste liebevoll. Das All-inclusive-Angebot macht einen Urlaub hier auch besonders für Familien mit Kindern attraktiv: Die Kleinen werden das Planschen in der Sonnenoase und das Animationsprogramm im Mini Club lieben. Währenddessen genießen die Eltern die Vorzüge des Wellnessbereichs Sonnenhaus, in welchem man es sich ab einem Alter von 15 Jahren gemütlich machen kann. Die traditionelle Küche begeistert durch biologische, regionale Zutaten.

St. Martin an der Raab — BURGENLAND N4

Das Eisenberg

8383 St. Martin an der Raab, Mitterberg 32-34 | www.daseisenberg.at | hotel@daseisenberg.at | Tel.: 03329 48833

Eingebettet in die sanfte Hügellandschaft des Südburgenlandes am Dreiländereck, genießt man im Hotel Das Eisenberg einen traumhaften Wellnessurlaub. Man nächtigt hier entweder im Haupthaus, dem Landhaus oder dem Romantikstadl. Der herrliche NaturSPA verspricht vollkommene Entspannung. Highlights sind der beheizte Panorama-Außenpool und die neue Überwasser-Massage. Auch die Kulinarik kann sich sehen lassen: Im Restaurant werden auf der Terrasse oder im stilvollen Wintergarten lokale Gaumenfreuden auf den Tisch gezaubert. Für Gäste mit Hund bieten sich in der Umgebung schöne Spaziermöglichkeiten.

Sautens — TIROL C4

Ritzlerhof

6432 Sautens, Ritzlerhof 1 | www.ritzlerhof.at | info@ritzlerhof.at | Tel.: 05252 62680

Wie positiv sich die Natur auf unser Wohlbefinden auswirkt, ist allbekannt. Bei einem Urlaub im Adults-only-Hotel Ritzlerhof stehen die Besinnung auf die kraftschenkende Umgebung und vor allem die Ruhefindung im Mittelpunkt. Gemeinsam mit seinem Hund entdeckt man hier das wunderschöne Ötztal – Bergbahnen sind für Vierbeiner hier sogar kostenlos. Im Hotel selbst warten auf dem komfortablen Zimmer ein Welcome-Paket sowie eine Hundedecke, auch der Agility-Parcours ist top. Herrliche Wohlfühlstunden verbringt man im Spa. Besonders der Panorama-Ruheraum mit Kamin sowie der traumhafte Garten laden zum Abschalten ein.

Seefeld — TIROL D4

Bergresort Seefeld

6100 Seefeld, Münchner Straße 215 | www.bergresort.at | bergresort@kaltschmid.info | Tel.: 05212 2191

Wellnessurlaub mit Hund? Im Bergresort Seefeld wird dies in der herrlichen Bergkulisse Tirols möglich! Für die Gäste bietet sich auf über 1.400 m² mit Whirlpool, Saunen und vielem mehr ein erholsames Erlebnis. Auch an die Hunde wurde gedacht: Diese dürfen sich im eigenen Badeteich erfrischen.

Rundherum gibt es gemütliche Entspannungsecken. Außerdem werden Annehmlichkeiten wie eine Hundespielwiese, ein Agility-Parcours und ein Gassi-Dienst angeboten. Im Rahmen der Genusspension wird man von früh bis spät kulinarisch verwöhnt, und in der Tiroler Stube speisen Hund und Herrchen oder Frauchen sogar gemeinsam.

Stegersbach — BURGENLAND O4

Larimar

7551 Stegersbach,
Panoramaweg 2

www.larimarhotel.at
urlaub@larimarhotel.at

Tel.: 03326 55100

Im Hotel Larimar begegnet man zweibeinigen wie vierbeinigen Gästen mit rührender Gastfreundschaft. So fühlt man sich von Beginn an wohl und entspannt sich schon bei der Ankunft, allerspätestens beim Wellnessen – man kann auch eine F.-X.-Mayr-Kur und Ayurveda-Behandlungen in Anspruch nehmen. Auf die Hunde wartet auch ein eigener eingezäunter Wellness- und Erlebnisbereich mit Schwimmteich und Agility-Parcours. Bevor man sich ins hundefreundliche Zimmer mit Garten zurückzieht, nimmt man ein köstliches Abendessen in der vor Kurzem modernisierten Buffet-Landschaft zu sich. Auch auf Hunde wartet ein Gourmetmenü.

Teichalm — STEIERMARK M4

Hotel zum Teichwirt

8163 Teichalm,
Teichalm 41

www.teichwirt.at
hotel@teichwirt.at

Tel.: 03179 7169

Auf rund 1.200 Metern Seehöhe auf der Teichalm erwartet das Hotel Zum Teichwirt samt Hotelhund Henry seine Gäste in Begleitung ihrer Vierbeiner. Die Umgebung ist ein Traum zum gemeinsamen Wandern und Spazierengehen – so bietet sich etwa eine Route zum Mixnitzbach oder zum Teichalmsee für eine kühle Erfrischung an. Danach stärkt man sich im Restaurant, im Almgasthof und in der hauseigenen Konditorei. Während der Hund es sich im gemütlichen Zimmer mit wunderbarem Ausblick gemütlich macht, finden die Herrchen und Frauchen im TeichSpa mit Sauna, dem Design-Glas-Eukalyptus-Dampfbad und Whirlpool Erholung.

LUXUS

Die besten Luxushotels

Die besten Luxushotels mit prunkvollen Räumen und ehrwürdigen Mauern.

A-Rosa
Kitzbühel

Aurelio Hotel & Chalet
Lech am Arlberg

Bristol
Wien

Burg Vital Resort
Lech am Arlberg

Central
Sölden

Falkensteiner Schlosshotel
Velden am Wörthersee

Geinberg5 Private Spa Villas
Geinberg

Grand Hotel Wien
Wien

Hotel Schloss Mönchstein
Salzburg

Imlauer Hotel Schloss Pichlarn
Aigen im Ennstal

Imperial
Wien

Interalpen-Hotel Tyrol
Telfs

Kaiserlodge
Scheffau am Wilden Kaiser

Kempinski Hotel Das Tirol
Jochberg

Kesselspitze
Obertauern

Palais Coburg Hotel Residenz
Wien

Palais Hansen Kempinski
Wien

Palais-Hotel Erzherzog Johann
Graz

Park Hyatt
Wien

Post Lech
Lech am Arlberg

Rosewood
Wien

Sacher
Salzburg

Sacher
Wien

Salzburgerhof
Zell am See

Sans Souci
Wien

Schloss Seefels
Pörtschach, Techelsberg am Wörthersee

Schlosshotel
Ischgl

Schlosshotel Fiss
Fiss

Severin's
Lech am Arlberg

Tannenhof
St. Anton am Arlberg

The Ritz-Carlton
Wien

Trofana Royal
Ischgl

Imlauer Hotel Schloss Pichlarn

8943 Aigen im Ennstal, Zur Linde 1
www.schlosspichlarn.at
hotel@schlosspichlarn.at
Tel.: 03682 24440

Abseits vom Massentourismus urlauben und Golf spielen – das ist im wunderschönen Ennstal in der Steiermark möglich. Das IMLAUER Hotel Schloss Pichlarn vereint eine traumhafte Naturkulisse mit kulinarischen Gaumenfreuden, einem 18-Loch-Golfplatz sowie einer Wellnessoase. Nach einer erfolgreichen Runde, bei der hier auch der Hund mitkommen darf, kann man sich ganz der Entspannung im Spa-Bereich oder den gastronomischen Genüssen hingeben. Ob im mit einer Haube ausgezeichneten Restaurant Zirbe, dem entspannten Restaurant Pichlarn, dem Café oder in einer der beiden Lounges: Hier wird man verwöhnt!

Fiss TIROL C4

Schlosshotel Fiss

6533 Fiss, Laurschweg 28
www.schlosshotel-fiss.com
info@schlosshotel-fiss.com
Tel.: 05476 6397

Mit luxuriös-alpiner Geborgenheit wird man im Schlosshotel Fiss auf 1.436 Metern über dem Meeresspiegel empfangen. Eingebettet in die Tiroler Alpenwelt und direkt an den Pisten von Serfaus-Fiss-Ladis, findet man hier alles, was das Herz begehrt. Man entspannt in den stilvoll eingerichteten Zimmern mit Panoramablick oder im 5.000 m² großen Spa. Auch die Kleinen kommen nicht zu kurz: Es gibt einen Kidsclub, einen Jugendraum, die Wasserwelt Splash und einen Family Spa. Im Rahmen der Verwöhnpension wird köstliches Slow Food angeboten, Steakliebhaber sollten das À-la-carte-Restaurant Beef Club nicht auslassen.

Geinberg OBERÖSTERREICH H2

Geinberg5 Private Spa Villas

4943 Geinberg, Thermenstraße 13
www.geinberg5.com
office@geinberg5.com
Tel.: 07723 85015555

Im Geinberg5 werden Diskretion und Luxus gekonnt kombiniert. Malerisch eingebettet in die Hügel der Innviertels, fühlt man sich hier – durch den gebotenen Luxus – wie im Paradies. Besonderes Highlight sind die 21 Private Spa Suiten. Diese verfügen über einen eigenen Wellnessbereich mit frei stehender Badewanne, finnischer Sauna, Dampfbad, Außenwhirlpool mit 36 Grad warmem Thermalwasser, offenem Kamin und Private-Butler-Service. Um die Spitzenkulinarik von Chef de Cuisine Peter Reithmayr zu genießen, muss man sich nicht an feste Essenszeiten halten: À-la-carte-Service gibt es zu jeder Tageszeit.

Graz STEIERMARK L4

Palais-Hotel Erzherzog Johann

8010 Graz, www.erzherzog-johann.com Tel.: 0316 811616
Sackstraße 3–5 reception@erzherzog-johann.com

Nur wenige Meter vom Grazer Hauptplatz entfernt beherbergt das Palais-Hotel Erzherzog Johann seine Gäste in historischem Ambiente. Bereits im 16. Jahrhundert bot das barocke Gebäude Reisenden ein Quartier – umso besser kann man sich hier in die Vergangenheit zurückversetzen, ohne auf modernen Komfort zu verzichten. Besonders der glasüberdachte Wintergarten lädt zum Tagträumen ein. Für produktivere Tätigkeiten bietet das Haus auch zwei Tagungsräume. Außerdem kann man hier in der Ernst Fuchs Bar die wohl besten Cocktails der steirischen Landeshauptstadt genießen – und rundet so den Aufenthalt perfekt ab.

Ischgl TIROL B4

Schlosshotel Ischgl

6561 Ischgl, www.schlosshotel-ischgl.com Tel.: 05444 5633
Dorfstraße 85 office@schlosshotel-ischgl.com

Im Schlosshotel Ischgl, in exzellenter Lage in den Tiroler Bergen und direkt an der Piste, finden sich jegliche Annehmlichkeiten unter einem Dach. Für Winterurlauber ist der Skishop mit Verleih praktisch. Das stimmungsvolle Après-Ski in der Champagnerhütte sowie der neu erbaute „Schloss Spa“ sind Highlight des Skitages. Auch kulinarisch werden alle Stücke gespielt: Die Gäste können zwischen dem mit vier Gault&Millau-Hauben ausgezeichneten Gourmetrestaurant Schlossherrnstube und der mit zwei Hauben prämierten Weinstube wählen. Ein Drink in der Schloss Lounge rundet den Abend perfekt ab.

Trofana Royal

6561 Ischgl, Dorfstraße 95 | www.trofana-royal.at | office@trofana.at | Tel.: 05444 600

Wer Alpenflair mit Luxus verbinden möchte, für den stellt das Hotel Trofana Royal die ideale Unterkunft dar. Im 5-Sterne-Superior-Resort kann man nach einem anstrengenden Skitag im Outdoor-Sole-Whirlpool, der finnischen Sauna oder dem orientalischen Dampfbad traumhaft abschalten. Im Rahmen der Halbpension wird man mit einem reichhaltigen Frühstücksbuffet sowie einem abendlichen 5-Gänge-Gourmetmenü verwöhnt. Gegen Aufpreis kann man im 3-Hauben-Restaurant Heimatbühne oder in der mit 4 Hauben ausgezeichneten Paznaunerstube dinieren. Für die Unterhaltung der Kleinsten wird ein Kinderclub angeboten.

Jochberg

TIROL F4

Kempinski Hotel Das Tirol Jochberg

6373 Jochberg, Kitzbühelerstraße 48 | www.kempinski.com | info.tirol@kempinski.com | Tel.: 05355 50100

Luxus, Ruhe und Aktivität in einem? Dies wird möglich im einzigen 5-Sterne-Superior-Hotel der Kitzbüheler Alpen, dem Kempinski Hotel Das Tirol Jochberg. Hier darf man sich auf wirklich außergewöhnlichen Service, elegante wie gemütliche Einrichtung und kulinarische Hochgenüsse freuen. Während die Eltern im The Spa eine Pause einlegen, werden die Kinder im Kids Club unterhalten. Die Umgebung des Hauses lockt mit allerlei Unternehmungen, insbesondere passionierte Golfer kommen auf ihre Kosten: In unmittelbarer Nähe befinden sich gleich vier Plätze, im Umkreis von 100 Kilometern sogar 30 weitere.

Kitzbühel

TIROL F4

A-Rosa Kitzbühel

6370 Kitzbühel, Ried Kaps 7 | www.a-rosa.at | kitzbuehel@a-rosa.at | Tel.: 05356 65660813

Eines der schönsten Alpenjuwele befindet sich im mondänen Skiort Kitzbühel in Tirol: Das A-Rosa Kitzbühel bietet einen Rundum-sorglos-Service für alle, die sich im Urlaub nur um die eigene Entspannung kümmern wollen. Bei kuscheligen Stunden vor dem Kamin oder bei einer wohltuenden Behandlung im 3.000 m² großen Spa-Rosa gelingt das bestimmt! Auch die Kleinen können hier in der neuen Familiensauna entspannen. Nach einem Skitag gibt man die Ausrüstung bequem im hauseigenen Depot ab und gibt sich den kulinarischen Genüssen hin. In drei Restaurants ist von Alpenküche bis Sushi für das leibliche Wohl bestens gesorgt.

Lech am Arlberg VORARLBERG B4

Aurelio Hotel & Chalet

6764 Lech am Arlberg, Tannberg 130
www.aureliolech.com
office@aureliolech.com
Tel.: 05583 2214

Über dem mondänen Alpenort Lech am Arlberg thront das Aurelio Hotel & Chalet auf rund 1.599 Metern Seehöhe. Hier kann man zweifellos bestens Ski fahren, vor allem aber im großzügigen Wellnessbereich relaxen. Bei einer vielfältigen Auswahl von Saunakabinen, Aroma- und Dampfbädern und Erlebnisduschen fällt das nicht schwer. Auch individuelle Beautybehandlungen werden angeboten. Die 18 Zimmer spiegeln mit der Kombination aus klassischer Eleganz und modernem alpinem Charme den Ort Lech wider. Abgerundet wird das Gesamtpaket mit der auserlesenen Kulinarik: Die Küche ist mit vier Hauben ausgezeichnet.

Burg Vital Resort

Hotel des Jahres 2014

6764 Lech am Arlberg, Oberlech 568
www.burgvitalresort.com
office@burgvitalresort.com
Tel.: 05583 3140

Auf 1.700 Metern über dem Meeresspiegel liegt das Burg Vital Resort in Oberlech am Arlberg. Auf über drei Ebenen und 3.800 m² erstreckt sich der traumhafte Wellnessbereich. Dieser bietet alles, was das Spa-Herz begehrt. Von mehreren Saunen, Schwimmbad, Solebecken und Ruheräumen bis hin zu therapeutischen Behandlungen und Massagen fehlt es hier an nichts. Auch diverse Sport- und Fitnessaktivitäten werden unter der Anleitung professioneller Trainer angeboten. Die drei Restaurants des Hauses bieten von klassischer Wirtshausküche bis hin zu 4-Hauben-Kulinarikerlebnissen für jeden das Richtige.

Post Lech

6764 Lech am Arlberg, Dorf 11 — www.postlech.com — info@postlech.com — Tel.: 05583 22060

Nicht umsonst gilt das Hotel Post Lech als Platzhirsch im Nobelskiort. Seit 80 Jahren befindet sich das Haus im Familienbesitz und begeistert die Gäste mit seinen 46 großzügigen, vielseitig eingerichteten Zimmern und Suiten: Die einen sind traditionell-rustikal, die anderen modern gestaltet. Nach einem ausgedehnten Skitag lässt man sich im „Post Beauty & Spa“ verwöhnen. Küchenchef David Wagger und sein Team sorgen auf Drei-Hauben-Niveau für das leibliche Wohl – gekonnt wird Tradition mit Moderne verbunden: So werden kosmopolitische Trends in eine von lokalen Produkten geprägte Küchenlinie eingearbeitet.

Severin's

The Alpine Retreat

6764 Lech am Arlberg, Stubenbach 273 — www.severins-lech.at — info@severins-lech.at — Tel.: 05583 339070

Das Severin's in Lech ist ein traumhaftes Hideaway inmitten einer der besten und schönsten Ski- und Wanderregionen der Welt. Von dem luxuriösen italienischen Innenmobiliar und dem gezielten Einsatz von Holz über den 415 m² großen Spa mit Fitnessbereich bis hin zum Restaurant, der Bar und der Lounge: Hier wird auf Harmonie und Perfektion geachtet. Für den besonderen Luxus wartet neben den neun exklusiven Suiten auch die 423 m² große Residence für bis zu acht Personen auf die Gäste – diese verfügt über einen eigenen Whirlpool sowie ein Privatkino. Im ganzen Chalet genießt man das fantastische Panorama.

Obertauern — SALZBURG 14

Kesselspitze

5562 Obertauern, Alpenstraße 1 — www.luerzer.at — hotel-kesselspitze@luerzer.at — Tel.: 06456 7400

Genuss pur wird einem im 5-Sterne-Hotel Kesselspitze in Obertauern geboten. Hier, im Salzburger Land, liegt der Fokus neben dem Skifahren auf der Kulinarik. So werden die Gäste abends mit einem 4-Gänge-Gourmetmenü mit Salatbuffet und abschließendem Käsegenuss verwöhnt. Man kann aus drei verschiedenen Hauptgängen wählen – es ist für jeden Geschmack etwas dabei. Auf Wunsch werden auch vegane sowie spezielle Wellnessmenüs zubereitet. Mit einem Drink in der Einhorn-Cocktailbar lässt man den Tag perfekt ausklingen. Entspannung verspricht die Tauerntherme im Hotel mit Outdoor-Hot-Whirlpool, Saunen und Co.

Pörtschach, Techelsberg am Wörthersee — KÄRNTEN J5

Hotel Schloss Seefels

9212 Pörtschach, Techelsberg am Wörthersee, Töschling 1
www.seefels.at
office@seefels.at
Tel.: 04272 2377

Das Hotel Schloss Seefels ist ein wahres Schmuckstück am Wörthersee. Hier wird den Gästen absolute Exklusivität geboten – dazu gehören die eigene Marina, der weitläufige Seezugang, das beheizte Seebad und vor allem der Service. Man darf sich auf zahlreiche Neurungen freuen: Ein neuer Spa mit Panoramasauna, ein extravagantes Farbkonzept in den 68 Wohnräumen und eine Erweiterung des Restaurants „Terrasse" veredeln das Haus noch mehr. Der 30.000 m² große Schlossgarten lädt zum Lustwandeln ein – auch hier gibt es etwas Neues, und zwar ein wundervolles Refugium mit Gemüse- und Kräuterraritäten.

Salzburg — SALZBURG H3

Hotel Schloss Mönchstein

5020 Salzburg, Mönchsberg Park 26
www.monchstein.at
salzburg@monchstein.at
Tel.: 0662 8485550

Kaum wo gelingt die Vereinigung von Alt und Neu so gut wie im Hotel Schloss Mönchstein im Herzen von Salzburg. In traditioneller Schlossatmosphäre bietet das Haus seinen Gästen modernste Technologie und verbindet so das Beste aus Moderne und Vergangenheit. Die Bäder sind aus feinstem Calacatta-Marmor gefertigt – hier entspannt man herrlich abseits des Spa-Bereichs. Das Restaurant The Glass Garden und sein Küchenchef Markus Mayr sind mit vier Gault&Millau-Hauben ausgezeichnet. Ein derart besonderes Essen benötigt eine extravagante Location: So diniert man in der neuen, eigens designten Glaskuppel mit Panoramablick.

Sacher Salzburg

5020 Salzburg,
Schwarzstraße 5–7

www.sacher.com
salzburg@sacher.com

Tel.: 0662 889770

Malerisch eingebettet in die Salzburger Altstadt liegt das Hotel Sacher Salzburg, eines der besten Luxushotels der Welt. Von hier lässt sich die Mozartstadt ideal erkunden! Man nächtigt in eleganten Zimmern und Suiten mit besonderem Flair. Auch kulinarisch befindet man sich hier in hervorragenden Händen. Der mit einer Gault&Millau-Haube ausgezeichnete Executive Chef Michael Gahleitner bereitet moderne Interpretationen österreichischer Klassiker, die man sich nicht entgehen lassen sollte. Außerdem lädt der exklusive Wellnessbereich mit Dampfbad, Sauna und Massageangebot zum Entspannen ein.

St. Anton am Arlberg

TIROL B4

Tannenhof

Hotel des Jahres 2018

6580 St. Anton am Arlberg,
Nassereinerstraße 98

www.hoteltannenhof.net
info@hoteltannenhof.net

Tel.: 05446 30311

In St. Anton am Arlberg erwartet das exklusive Hotel Tannenhof mit eleganten Zimmern und Suiten seine Gäste. Für das leibliche Wohl sorgt Küchenchef Gustav Jantscher, der mit vier Gault&Millau-Hauben ausgezeichnet ist. Besonders hervorzuheben ist die exquisite Weinkarte mit mehr als 500 Positionen. Entspannen kann man im Tannenhof Spa, welcher unter anderem über einen Whirlpool und ein Schwimmbecken mit Gegenstromanlage verfügt. Außerdem stehen ein Helikopter-Service, ein Maserati-Private-Car-Service oder ein Personal Assistant zur Verfügung. Das Team liest seinen Gästen jeden Wunsch von den Lippen ab.

Scheffau am Wilden Kaiser TIROL G3

Kaiserlodge

6351 Scheffau am Wilden Kaiser, Dorf 11 | www.kaiserlodge.at | info@kaiserlodge.at | Tel.: 0535 844300

In der wunderbaren Kaiserlodge am Wilden Kaiser nächtigt man in alpin eingerichteten Zimmern und Suiten – für den Familienurlaub mit Hund bieten sich speziell die komfortablen Appartements und Ferienwohnungen an. Begrüßt wird man hier nicht nur vom herzlichen Team, sondern auch von Hotelhund Emma. Die herrliche Natur in der Umgebung lädt zu ausgedehnten Spaziergängen ein. Danach gibt es nichts Schöneres, als es sich im Spa auf dem Dach mit Panorama-Pool gut gehen zu lassen. Die Kinder finden im Kids Club die passende Unterhaltung, während die Eltern im Adults-only-Seelig-Spa oder in der Bibliothek relaxen.

Sölden TIROL D4

Das Central

Alpine. Luxury . Life

6450 Sölden, Auweg 3 | www.central-soelden.com | info@central-soelden.at | Tel.: 05254 2260

In Sölden im Ötztal erwartet Das Central seine Gäste mit einer Kombination von Tiroler Tradition und alpinem Lifestyle. Austauschbare Zimmer und Suiten sucht man hier vergeblich – jeder Raum ist individuell eingerichtet. Somit findet jeder seine perfekte Urlaubsumgebung! Die dreistöckige Wasserwelt Venezia verfügt auf 1.500 m² unter anderem über zehn Saunen und Dampfbäder. Kulinarisch hat das Hotel einiges zu bieten: Man speist in der mit drei Gault&Millau-Hauben ausgezeichneten Ötztaler Stube oder im dazugehörigen 2-Hauben-Restaurant ice Q auf dem Gipfel des Gaislachkogls in moderner Atmosphäre.

Interalpen-Hotel Tyrol

6410 Telfs, Dr.-Hans-Liebherr-Alpenstraße 1
www.interalpen.com
reservation@interalpen.com
Tel.: 050 80930

Das perfekte Erlebnis für jeden Urlaubsgeschmack bietet das 5-Sterne-Superior-Interalpen-Hotel Tyrol. Unweit von Seefeld in Tirol kann man sich hier auf 1.300 Metern Seehöhe entweder beim täglichen Aktivprogramm in pittoresker Alpenidylle auspowern oder aber im großzügigen Interalpen-Spa mit Saunen und Panoramapool sowie bei Anwendungen entspannen. Man darf sich besonders auf die Kulinarik freuen – ob im 2-Hauben-À-la-carte-Restaurant oder bei dem mit vier Hauben ausgezeichneten Chef's Table, bei dem man dem Team rund um Küchenchef Mario Döring bei der Zubereitung der Gaumengenüsse über die Schulter blickt.

Velden am Wörthersee KÄRNTEN J5

Falkensteiner Schlosshotel Velden

9220 Velden am Wörthersee, Schlosspark 1
www.falkensteiner.com/schlosshotel-velden
schlossvelden@reservations.falkensteiner.com
Tel.: 04274 520000

Im Falkensteiner Schlosshotel Velden werden Gegensätze gekonnt in Szene gesetzt: Zwischen Ruhe und lebendigem Treiben, zwischen moderner Architektur und historischer Grandezza finden alle Gäste ihr individuell-perfektes Urlaubserlebnis. Das Hotel bietet im Acquapura Spa & Slow.Living auf 3.600 m² drei Pools, mehrere Saunen, ein Spa-Cinema und viel Privatsphäre. Nahe liegende Topgolfplätze und -skigebiete bieten exzellente Sportmöglichkeiten. Direkt am Ufer des Wörthersees wird in mehreren Restaurants beste Küche mit regionalen Produkten und japanischem Einfluss auf Haubenniveau geboten.

INTERALPEN-HOTEL TYROL
★★★★★S

© Kirchgasser Photography

Bristol

1010 Wien,
Kärntner Ring 1

www.bristolvienna.com
hotel.bristol@luxurycollection.com

Tel.: 01 515160

Seit 1892 steht das Hotel Bristol – A Luxury Collection Hotel, unweit der Kärntner Straße in Wien gelegen, für Eleganz und diskreten Luxus. Das Haus mit seinen 150 exklusiven Zimmern und 24 Suiten bietet alles, was das Herz begehrt. Im traditionellen Restaurant serviert man internationale Küche auf Topniveau, im Café nimmt man ein ausgedehntes Frühstück oder einen Nachmittagstee ein. Unbedingt besuchen sollte man die American Bar des Hotels – es ist die älteste ihrer Art in Wien. Hier kommt der Tag bei einem exquisiten Champagnercocktail oder einem der erlesenen Cognacs zu einem genussvollen Abschluss.

Grand Hotel Wien

1010 Wien,
Kärntner Ring 9

www.grandhotelwien.com
info@grandhotelwien.com

Tel.: 01 515800

Seit seiner Eröffnung im Jahre 1870 zählt das Grand Hotel Wien zu den berühmten Ringstraßenhotels. Von hier aus lässt sich die Stadt ideal erkunden. Während Anhänger der österreichischen Küche im siebten Stock Wiener Klassiker mit modernem Twist entdecken können, sollten Liebhaber asiatischer Aromen das mit einer Gault&Millau-Haube ausgezeichnete Unkai aufsuchen. Die 205 Zimmer sind luxuriös und komfortabel eingerichtet und bieten modernste technische Ausstattung. Die Veranstaltungsräume sind für jeden Anlass die optimale Location, der Grand Spa ist die ideale Ruheoase mitten in der Innenstadt.

Hotel Palais Hansen Kempinski Vienna

1010 Wien,
Schottenring 24

www.kempinski.com/vienna
info.vienna@kempinski.com

Tel.: 01 2361000

Im 1873 erbauten Palais Hansen, direkt an der Wiener Ringstraße, residiert seit ein paar Jahren das Hotel Kempinski Vienna. Das 5-Sterne-Superior-Hotel verfügt über 152 elegant ausgestattete Zimmer und liegt in fußläufiger Nähe zu den beliebtesten Sehenswürdigkeiten der Hauptstadt. Das Restaurant „Die Küche Wien", in dem auch das Frühstück stattfindet, werden Klassiker der Wiener Küche serviert. Für Feinschmecker ist das mit vier Gault&Millau-Hauben ausgezeichnete EDVARD wie geschaffen. Den Tag lässt man in der Lobby Lounge & Bar, in der Cigar Lounge oder im Spa-Bereich ausklingen.

Imperial Wien

1015 Wien, Kärntner Ring 16
www.imperialvienna.com
hotel.imperial@luxurycollection.com
Tel.: 01 501100

Mit dem Hotel Imperial verknüpft man seit seiner Eröffnung im Jahre 1873 Luxus und Prunk. Die imposante Fürstentreppe führt zu den royal eingerichteten Zimmern und Suiten, die die Gäste den Charme vergangener Tage erleben lassen. Im 3-Hauben-Restaurant OPUS erlebt man wahre Gaumenfreuden. Nicht entgehen lassen sollte man sich die berühmte Imperial-Torte in traditioneller Kaffeehausatmosphäre. Es werden Annehmlichkeiten wie eine exklusive Luggage-Liaison und ein Concierge-Service, der (fast) alles möglich macht, angeboten. Nicht ohne Grund seit jeher eine Topadresse!

Palais Coburg Hotel Residenz

1010 Wien, Coburgbastei 4
www.palais-coburg.com
reservierung@palais-coburg.com
Tel.: 01 51818130

Im historischen Ambiente des zentral gelegenen Palais Coburg erwartet die Hotelgäste jeglicher Komfort und Luxus. In verschiedenen Kategorien und Größen, mit Garten- oder Domblick, präsentieren sich die großzügigen, hellen Suiten wie zum Beispiel die Coburg-Suiten mit antikem Mobiliar oder die ideal für Langzeitaufenthalte geeigneten Bastei- und Palais-Suiten. Im wunderschönen Garten und im Wellnessbereich im dritten Stock entspannt man sich. Das Highlight ist die Kulinarik: Mit ganzen fünf Hauben ist das Gourmetrestaurant Silvio Nickol ausgezeichnet! Auch sehenswert: der Weinkeller.

© Leyre

Park Hyatt Vienna

1010 Wien,
Am Hof 2

www.parkhyattvienna.at
vienna.park@hyatt.com

Tel.: 01 227401234

Kaum ein Hotel strahlt solche Eleganz aus wie das Park Hyatt in Wien. Es erwartet seine Gäste in bester Lage direkt am Hof und mit herausragendem Service, dank dessen man sich von der ersten Sekunde des Aufenthalts an wohlfühlt. Man nächtigt in 102 Zimmern und 41 Suiten, welche exklusiv mit Materialien wie Holz, Marmor und Perlmutt gestaltet sind. Das Haus beherbergte früher eine Bank – so entspannt man nun beispielsweise im Arany Spa im Tresorraum. Die The Bank Brasserie & Bar in der alten Kassenhalle bietet exquisite Cocktails und Köstlichkeiten auf 2-Hauben-Niveau. Hier findet jeder seinen Lieblingsplatz – etwa im authentischen Living Room oder im Café.

Rosewood Vienna Ⓝ

1010 Wien, Petersplatz 7 · www.rosewoodhotels.com/vienna · vienna.reservations@rosewoodhotels.com · Tel.: 01 799 98 88

Seit Juli 2022 ist die Wiener Innenstadt um ein Luxushotel reicher. Am Petersplatz, direkt am Graben, gelegen, zieht das Rosewood Vienna in die Räumlichkeiten der ehemaligen Generaldirektion der „Ersten Österrreichischen Spar-Casse“. Weil das Gebäude denkmalgeschützt ist, wird dieser Schriftzug auch weiterhin glänzen. In 72 Zimmern und 27 Suiten werden die Gäste im historischen Ambiente empfangen und mit bestem Service verwöhnt. Besonderes Highlight ist die 178 m² große Präsidentensuite. Kulinarisch will man mit einem Mix aus Wiener und internationaler Küche Hausgäste und Locals gleichermaßen verwöhnen.

Sacher Wien

1010 Wien, Philharmonikerstraße 4 · www.sacher.com · wien@sacher.com · Tel.: 01 514 56 0

Im Herzen Wiens befindet sich mit dem Sacher das wohl bekannteste Hotel des Landes, in dessen Suiten zahlreiche namhafte Persönlichkeiten genächtigt haben. Nirgends lässt sich die Kaffeehauskultur besser erleben als im Café Sacher. Doch auch die Grüne, Blaue und Rote Bar laden zu kulinarischen Genüssen ein – es gibt internationale Köstlichkeiten, aber auch österreichische Klassiker. Das Haus ist opulent eingerichtet, etwa mit prachtvollen Lustern und originalen Gemälden von Faistauer. Im luxuriösen Spa sollte man die einzigartige Sacher-Signature-Behandlung „Time to Chocolate“ buchen.

Sans Souci Wien

1070 Wien, Burggasse 2 · www.sanssouci-wien.com · hotel@sanssouci-wien.com · Tel.: 01 522 25 20

Sans Souci – das bedeutet so viel wie „sorglos“. Dieses Gefühl von Freiheit und Entspannung vermag das luxuriöse Boutiquehotel wahrhaftig zu vermitteln! Die geniale Lage direkt am MuseumsQuartier lädt sowohl zur Erkundung der Inneren Stadt ein als auch zur Entdeckung des hippen Bezirks Neubau. Einen relaxten Ausgleich findet man im Spa-Bereich mit Indoorpool und Fitnessbereich. Dem puren Genuss gibt man sich im Gourmetrestaurant Veranda hin. Besonders Champagner-Liebhaber kommen in diesem Hotel auf ihre Kosten: Die Le Bar beeindruckt mit über 60 Sorten! Im Sommer ausgesprochen schön: die Laurent Perrier Summer Lounge.

The Ritz-Carlton, Vienna

1010 Wien, Schubertring 5–7 | www.ritzcarlton.com | Tel.: 01 31188

Das zentral gelegene The Ritz-Carlton, Vienna besteht aus vier Palais und vereint modernen Luxus mit perfektem Service. Die Zimmer und Suiten sind exklusiv eingerichtet, in der neuen Signature Suite strahlen sogar fünf Meisterwerke aus der Albertina von den Wänden. Der Spa-Bereich bietet den längsten Indoorpool der Stadt. Auch kulinarisch bleiben hier keine Wünsche offen. Ob in den 2-Hauben-Restaurants DSTRIKT Steakhouse und dem italienisch angehauchten Pastamara oder in der D-BAR und der Atmosphere Rooftop Bar: Hier werden alle fündig! Ein Highlight: die neue glamouröse Speakeasy-Bar Suite Marnier.

Salzburgerhof

Genießerhotel

Hotel des Jahres 2012

5700 Zell am See,
Auerspergstraße 11
www.salzburgerhof.at
5sterne@salzburgerhof.at
Tel.: 06542 7650

Bei einem luxuriösen Urlaub darf Wellness selbstverständlich nicht fehlen! Im 5-Sterne-Hotel Salzburgerhof in Zell am See verbringt man entspannte Stunden im Wellness-Schlössl mit sechs verschiedenen Saunen, einer großzügigen Poollandschaft mit – unter anderem – einem Panorama-Whirlpool, wunderschönen Ruhebereichen mit Wasserbetten und vielem mehr. Unbedingt sollte man eines der Treatments sowie das Aktivprogramm in Anspruch nehmen. Den krönenden Abschluss eines Tages stellt ein Dinner im mit drei Hauben ausgezeichneten Restaurant Salzburgerstube dar. Die Köstlichkeiten genießt man bei Pianomusik.

© Toa Heftiba

Die besten Medical Kur-Hotels

Die besten Medical Kur-Hotels, die auf Grundlage medizinischer Kompetenz zur Kräftigung der Gesundheit und der inneren Balance beitragen.

La Pura
Gars am Kamp

Lanserhof Lans
Lans

Narzissen Vital Resort
Bad Aussee

Rickatschwende F. X. Mayr Health Retreat
Dornbirn

The Original FX Mayr
Maria Wörth

Vivamayr Altaussee
Altaussee

Vivamayr Maria Wörth
Maria Wörth

Vortuna Gesundheitsresort
Bad Leonfelden

Vivamayr Altaussee

8992 Altaussee, Fischerndorf 222 | www.vivamayr.com | reservations@vivamayr.com | Tel.: 03622 71450

Wer nach Erholung, Gesundheit und Entspannung sucht, der wird im Vivamayr Altaussee fündig. Malerisch gelegen, direkt am See und vor atemberaubender Bergkulisse, wird im Salzkammergut nach dem Vivamayr Health Concept therapiert. So individuell wie die Gäste sind auch die unterschiedlichen Zimmer. Für den besonderen Luxus sorgen die Suiten, das Penthouse oder die Park-Residenzen. Zum Konzept gehört nicht nur Rehabilitation, nachhaltige Erfolge sollen vor allem durch Prävention erzielt werden. Um dies zu erreichen, wird auch der Therapieplan individuell angepasst und laufend von Ärzten nachjustiert.

Bad Aussee STEIERMARK I3

Narzissen Vital Resort

8990 Bad Aussee, Pötschenstraße 172 | www.vitalresort.at | info@vitalresort.at | Tel.: 03622 55300

Inmitten der pittoresken Natur des Salzkammerguts residiert das Narzissen Vital Resort. In den 52 Suiten des 4-Sterne-Hotels wird den Gästen Raum für Vitalität und Entspannung geboten. Das Therapieteam passt das Programm spezifisch an jeden Gast an: Es wird ein individuell-optimiertes Erlebnis geschaffen – sei es Prävention, Therapie oder Rehabilitation. Dank Medical Wellness wird das Wohlfühlangebot mit medizinischen Kenntnissen kombiniert. Die FLEX-Halbpension bietet den Gästen die ideale Auswahlmöglichkeit, sodass hier niemand an bestimmte Essenszeiten oder Tagesmenüs gebunden ist.

Bad Leonfelden OBERÖSTERREICH K1

Vortuna Gesundheitsresort

4190 Bad Leonfelden, Spielau 8 a | www.vortuna.at | office@vortuna.at | Tel.: 07213 63630

In Bad Leonfelden, im Herzen des oberösterreichischen Mühlviertels, befindet sich das Vortuna Gesundheitsresort mit 158 Komfortzimmern. Auf den drei Säulen Premiumhotel, Gesundheitszentrum und Naturkraft aufbauend, wird hier der Mensch in seiner Gesamtheit in den Mittelpunkt gestellt. Mit der Konzentration auf Ruhe, Bewegung und gesunde Ernährung wird aus dem Kuraufenthalt ein wohltuender Urlaub. Für die Entspannung sorgt der 600 m² große Spa-Bereich mit Panoramasauna und Dampfbad. Abgerundet wird das Gesamtpaket mit einer gesunden, naturnahen Küche aus regionalen und frischen Zutaten.

Dornbirn VORARLBERG A3

Rickatschwende F. X. Mayr Health Retreat

6850 Dornbirn,
Rickatschwende 1

www.rickatschwende.com
office@rickatschwende.com

Tel.: 05572 253500

Seit 30 Jahren bietet das Rickatschwende F. X. Mayr Health Retreat die bewährte Kur an und ist zum diskreten Rückzugsort mit dem gewissen Etwas für zahlreiche Erholungsuchende geworden. Mittels besonderer Ernährung, welche die Küche gekonnt und köstlich umsetzt, und einem Aktivprogramm, zu welchem unter anderem Yoga, Wanderungen oder Nordic Walking gehören, findet man hier zu seiner besten Form. Wellness kommt bei einem Retreat auch nicht zu kurz – verschiedene Saunen, Infrarotliegen, Pools und vieles mehr lassen einen komplett zur Ruhe kommen. Der Gesundheit ebenfalls zuträglich ist die herrliche Umgebung.

Gars am Kamp NIEDERÖSTERREICH N1

La Pura

la pura women's health resort kamptal

3571 Gars am Kamp,
Hauptplatz 58

www.lapura.at
reservierung@lapura.at

Tel.: 02985 2666742

In Gars am Kamp findet man mit dem la pura das europaweit einzige Women's Health Resort. Wie der Name sagt, steht die körperliche, aber auch die mentale Gesundheit von Frauen hier im Mittelpunkt. Die 83 stilvoll eingerichteten Zimmer bieten einen angenehmen Ruheort und haben einen herrlichen Blick auf die örtliche Ruine. Ein wichtiger Baustein des Retreats im la pura ist die einzigarte GourMed-Küche, in der ausschließlich regionale, saisonale und biologische Produkte verarbeitet werden. Ob auf der Sonnenterrasse oder in der Bio-Duft-Sauna mit Musik – entspannen kann Frau hier auf vielfältige Weise.

Lanserhof Lans

6072 Lans, Kochholzweg 153 | www.lanserhof.com | info.lans@lanserhof.com | Tel.: 0512 386660

Seit über 35 Jahren stehen die Lanserhof-Resorts für Krankheitsprävention und Regeneration. Mit einer einzigartigen Mischung aus traditioneller Naturheilkunde und modernsten medizinischen Erkenntnissen werden die Gäste hier nicht nur körperlich, sondern auch seelisch und geistig regeneriert. Die Zimmer bieten beim Aufenthalt den idealen Ruheort zum Abschalten. Sportlich werden individuelle Personal Trainings sowie Yoga- und Atemtherapien angeboten. Am Anfang des Aufenthalts steht ein Entgiftungsprogramm, damit sich der Körper regenerieren und auch künftigen Krankheiten vorgebeugt werden kann.

Maria Wörth KÄRNTEN K5

The Original FX Mayr

9082 Maria Wörth, Golfstraße 2 | www.original-mayr.com | info@original-mayr.com | Tel.: 04273 25110

The Original FX Mayr, traumhaft in Dellach am Ufer des Wörthersees gelegen, war das erste Retreat-Center, in dem die mittlerweile weitverbreitete F.-X.-Mayr-Therapie zur Anwendung kam. Besonderer Wert wird im charmanten Hotel auf das achtsame Essen gelegt. Sowohl die Produktauswahl als auch die Tätigkeit des Essens können beim Silent Eating intensiv erlebt werden. Im Spa-Bereich, dem Hallenbad oder der Seesauna wird die Therapie abgerundet. Sie bringt auf natürliche Weise die Haut zum Strahlen und die Kilos zum Purzeln. Zur Unterstützung kann man sich im Beauty-Spa individuellen Behandlungen unterziehen.

Vivamayr Maria Wörth

9082 Maria Wörth, Seepromenade 11 | www.vivamayr.com | office@vivamayr.com | Tel.: 04273 31117

Wie auch das Vivamayr Altaussee, liegt das Vivamayr Maria Wörth an einem traumhaften Gewässer. Den Wörthersee erreicht man über den hauseigenen Badestrand. Für Schlechtwettertage steht zusätzlich ein Indoorpool zur Verfügung, ebenso wie diverse Therapie- und Entspannungsmöglichkeiten. Die Behandlungsprogramme sind vielseitig: Von Gewichtsreduktion über Stärkungen des Immunsystems bis zu Stressreduktion findet man hier alles, um einen gesünderen Alltag zu erleben. Abgerundet wird das Konzept von einer gesunden Ernährung im Einklang mit der Modernen Mayr-Medizin.

NATUR

Die besten Naturhotels

Die besten Naturhotels, die für ein nachhaltiges und grünes Erlebnis sorgen.

Bichlhof
Kitzbühel

Biohotel Grafenast
Pill

Biohotel Gralhof
Weissensee

Biohotel Schwanen
Bizau

Chesa Valisa
Hirschegg/ Kleinwalsertal

daberer. das biohotel
Dellach/Gailtal

Edelweiss
Wagrain

Familiengut Burgstaller
Döbriach

Forsthofgut
Leogang

Fuchsegg Eco Lodge
Egg

Garten-Hotel Ochensberger
St. Ruprecht an der Raab

Genießer-Schlosshotel Seewirt
Turracher Höhe

Geniesserhotel Sonnhof
St. Veit im Pongau

Goldener Berg
Lech am Arlberg

Gradonna Mountain Resort
Kals am Großglockner

Gut Guntrams
Schwarzau am Steinfelde

Gut Pössnitzberg
Leutschach

Ikuna Naturresort
Natternbach

Landhaus Koller
Gosau

Molzbachhof
Kirchberg am Wechsel

Natur- und Wellnesshotel Höflehner
Haus

Pierer
Fladnitz an der Teichalm

Puradies
Leogang

Ramsauhof
Ramsau am Dachstein

Ratscher Landhaus
Ehrenhausen

RelaxResort Kothmühle
Neuhofen an der Ybbs

RETTER Bio-Natur-Resort
Pöllauberg

Theresa
Zell am Ziller

Thierseerhof
Thiersee

Waldklause
Längenfeld

Wasnerin
Bad Aussee

Bad Aussee

STEIERMARK I3

Die Wasnerin

8990 Bad Aussee,
Sommersbergseestraße 19

www.diewasnerin.at
info@diewasnerin.at

Tel.: 03622 52108

Eine Auszeit vom stressigen Alltag braucht jeder einmal – das Hotel Die Wasnerin, inmitten der schönsten Landschaft des Salzkammerguts, ist der perfekte Ort hierfür. Mit Dachsteinpanorama entspannt es sich herrlich – besonders im Wellnessbereich oder beim saisonal angepassten Auszeitprogramm. Dazu gehören zum Beispiel Yoga, smovey Aqua und geführte Wanderungen. Durch die regionale Vitalküche spürt man die Verbundenheit zu Bad Aussee und der Natur noch einmal auf einer ganz anderen Ebene. Im neu gestalteten Buffetbereich genießt man morgens ein umfangreiches Frühstück, am Abend gibt es ein 5-Gänge-Menü.

Bizau

VORARLBERG A4

Biohotel Schwanen

Hotel des Jahres 2023

6874 Bizau,
Kirchdorf 77

www.biohotel-schwanen.com
emanuel@biohotel-schwanen.com

Tel.: 05514 2133

Gastgeber Emanuel führt das Biohotel Schwanen bereits in fünfter Generation – und er tut dies mit viel Herzblut. Man fühlt sich von Beginn an wohl und genießt die Natur, sowohl in den nach Holz riechenden Zimmern als auch in der Umgebung der sanften Hügel, der felsigen Kanisfluh und der Hochmoorlandschaft. Nach einer Rad- oder Bergtour stärkt man sich am besten im gemütlichen Restaurant Esszimmer. Dieses heißt so, weil die Gäste wie daheim empfangen werden sollen. Es wird mit den frischesten Lebensmitteln gearbeitet, ganz nach dem Motto: „Vom Garten auf den Teller". Highlight ist das Wilde-Weiber-Menü.

Dellach/Gailtal

KÄRNTEN H5

der daberer. das biohotel

Lebenswerk 2021

9635 Dellach/Gailtal,
St. Daniel 32

www.biohotel-daberer.at
info@biohotel-daberer.at

Tel.: 04718 590

Weit ab von Trubel und Lärm befindet sich das Biohotel Daberer am Waldrand mit Blick ins Gailtal und auf die Karnischen Alpen. Die Natur ist hier überall und die Gäste können diese auf dem 35.000 m² großen Areal vollkommen genießen.

Die Gartenanlage mit Wiesen, Bach, Wald, Kräutergarten, Bänken und Wegen sowie der erfrischende wald.teich sind ein Traum! Im natur.spa findet man auf vier Ebenen zur Ruhe, oder man nimmt im Rahmen des Aktivprogramms bei Yogakursen und Faszien-Physiotrainings teil. Die Küche ist bunt und bio – morgens, mittags und abends gibt es Slow Food und allerlei Hausgemachtes.

Döbriach KÄRNTEN 15

Familiengut Burgstaller Ⓝ

9873 Döbriach, Seestraße 6 · www.familiengut.at · info@familiengut.at · Tel.: 0 42 46 71 26

Vor mehr als 500 Jahren beginnt die Geschichte des Familienguts Burgstaller als Bauernhof – mittlerweile befindet sich hier ein modernes Resort, welches Spaß für die ganze Familie am Millstätter See bietet. Die Landwirtschaft besteht allerdings auch weiterhin. Dies führt einerseits dazu, dass man im Rahmen der Verwöhnpension unter anderem erstklassige Produkte aus Eigenerzeugung genießt, andererseits dazu, dass speziell Kinder so den Umgang mit Natur und Tieren lernen. Den Tag verbringt man im großzügigen Garten (neu ist ein kleiner Naschgarten mit Beeren) und im Dorf der Tiere oder man relaxt in der Sauna- und Vitalwelt.

Fuchsegg Eco Lodge

6863 Egg, Amagmach 1301 | www.fuchsegg.at | hallo@fuchsegg.at | Tel.: 05512 44544

In der Fuchsegg Eco Lodge im Bregenzerwald dreht sich alles um Bewegung. Ob beim Yoga oder der Morgengymnastik in den Bewegungsräumen, im Fitnessraum oder doch lieber in der freien Natur, hier können die Muskeln ordentlich beansprucht werden. Im Sommer kann man sich E-Bikes sowie Wanderequipment ausborgen und so die umliegende Bergwelt erkunden. Zur Entspannung dürfen eine Sauna sowie ein ganzjährig beheizter Außenpool natürlich nicht fehlen. Mahlzeiten können individuell in der stylishen Korkküche zubereitet und bei Schönwetter auf der eigenen Terrasse genossen werden.

Ratscher Landhaus

Wein- und Genusshotel

8461 Ehrenhausen, Ottenberg 35
www.ratscher-landhaus.at
info@ratscher-landhaus.at
Tel.: 03453 23130

An der malerischen Südsteirischen Weinstraße liegt das familiengeführte Ratscher Landhaus und schafft die perfekte Verbindung aus modernem Ambiente und steirischer Gemütlichkeit. Von den Panorama-Zimmern hat man einen traumhaften Ausblick auf die Weinberge – dies macht Lust auf eine Weinverkostung! Gut, dass der Keller über mehr als 600 Weine verfügt. Die passende Kulinarik fehlt selbstverständlich nicht, im Restaurant gibt es traditionelle, saisonale Gerichte. Seit Sommer 2021 darf man sich über den neuen Wellnessbereich mit Infinitypool freuen, welcher den herrlichen Naturschwimmteich ergänzt.

Fladnitz an der Teichalm — STEIERMARK N4

Pierer

Almwellness Hotel

Hotel des Jahres 2020

8163 Fladnitz an der Teichalm, Teichalm 77
www.hotel-pierer.at
hotel.pierer@almurlaub.at
Tel.: 03179 7172

Im wunderbaren Almwellness Hotel Pierer steht vor allem die Harmonie im Fokus – speziell die zwischen Mensch und Natur. Dies zeigt sich in allen Bereichen: So spielt die Natur sowohl in der Gestaltung und im herrlichen Almspa mit Almgarten auf 5.000 m² als auch in der Kulinarik eine große Rolle. Die Zutaten für die köstlichen Speisen werden von regionalen Partnern bezogen, die die herzliche Gastgeberfamilie Pierer persönlich kennt. Schon in den letzten Jahren gab es immer wieder Umbauten, aber auch heuer darf man sich auf Neuheiten wie eine hübsche Naturküche und den renovierten Indoorpool freuen.

Gosau — OBERÖSTERREICH I3

Landhaus Koller

4824 Gosau, Pass-Gschütt-Straße 23
www.hotel-koller.com
office@hotel-koller.com
Tel.: 06136 8841

Mit dem Landhaus Koller findet man ein urtümliches Hideaway, in dem man herrlich zur Ruhe kommt. Statt auf ständige Modernisierungen setzt man hier auf Kontinuität und Gastfreundschaft. Die 20 Zimmer verfügen über Vollholzbetten und einen atemberaubenden Blick in Richtung Gosautal und Gosaukamm. Hier, im einzigen Hochtal des Salzkammerguts, kann man den Luxus der Einfachheit genießen. Doch gewisse Annehmlichkeiten zum Wellnessen dürfen trotzdem nicht fehlen: Es gibt ein beheiztes Freischwimmbad inmitten der Parkanlage, Sauna, Dampfbad und eine Infrarotkabine in einem traditionellen Holzhaus.

Natur- und Wellnesshotel Höflehner

8967 Haus, Gumpenberg 2
www.hoeflehner.com
info@hoeflehner.com
Tel.: 03686 2548

Die Natur ist im Hotel Höflehner der Ausgangspunkt und die Motivation für alles – daraus ist die 6-N-Philosophie mit essenziellen Werten entstanden: Naturerlebnis, Natürlichkeit, Naturwellness, Naturkulinarium, Nachhaltigkeit und Naturdesign. All dies macht den Aufenthalt hier zu etwas ganz Besonderem. Man nächtigt in Vollholzzimmern, die frei von elektromagnetischer Strahlung sind, verbringt den Tag in den Schladminger Tauern und lässt im Alpin Spa Wellnessträume wahr werden. Ein Highlight ist die Gourmetpension, in deren Rahmen man Bio- und Naturprodukte aus der Region von früh bis spät genießt.

Hirschegg/Kleinwalsertal VORARLBERG B4

Chesa Valisa

Entdeckung des Jahres 2023

6992 Hirschegg/ Kleinwalsertal, Gerbeweg 18
www.naturhotel.at
info@naturhotel.at
Tel.: 05517 54140

Drei Gebäude bilden das erste klimaneutrale Biohotel Vorarlbergs: das über 500 Jahre alte Stammhaus, das Haus Chesa mit dem wunderbaren AlpinSpa und das Naturhotel Chalet. Dass Nachhaltigkeit und Naturverbundenheit keinen Verzicht auf jeglichen Komfort bedeuten, wird hier bewiesen. Besonders das Wellnessangebot mit Yoga, Ayurveda und Massagen kann sich sehen lassen. Im Restaurant Kesslers Walsereck gibt es hochqualitative, regionale Köstlichkeiten, darunter auch vegane Optionen. Den Abend lässt man am besten in der Hotelbar bei einem Cocktail ausklingen – jeden Donnerstag bei Livemusik.

Kals am Großglockner TIROL G4

Gradonna Mountain Resort

9981 Kals am Großglockner, Gradonna 1
www.gradonna.at
info@gradonna.at
Tel.: 04876 82000

Urlauben mit einzigartiger Aussicht auf den Großglockner – dies wird möglich im architektonisch visionären Gradonna Mountain Resort, welches auf 1.350 Metern Seehöhe, eingebettet in die Hohen Tauern, liegt. Hier fehlt es an nichts: Sportliche werden vom Aktivprogramm begeistert sein, die Jüngsten finden im

Kinderclub Beschäftigung, mit dem Feinkostladen und Sportshop gibt es Einkaufsmöglichkeiten und der großzügige Mountain Spa verspricht Entspannung. Im Rahmen der Gourmetpension erwarten die Gäste Osttiroler Spezialitäten, Highlight ist abends das Menü aus der mit einer Haube prämierten Küche.

Kirchberg am Wechsel NIEDERÖSTERREICH 03

Molzbachhof

2880 Kirchberg am Wechsel, Tratten 36
www.molzbachhof.at
office@molzbachhof.at
Tel.: 0 26 41 22 03

Das Hotel Molzbachhof beeindruckt seit Sommer 2021 mit seinem organischen Zubau, dem Holzhotel „Holzbach“ mit 16 hübschen Zimmern. Dieses besteht zur Gänze aus Mondphasenholz und kommt ohne jegliche Leime oder Beschichtungen aus. Entspannung findet man in den komfortablen Ruhebereichen, beim Wellnessen im Naturbadeteich und in der Saunalandschaft, im keltischen Baumkreis oder dem Paradiesgart’l. Hier wachsen köstliche Gemüsesorten und Kräuter, welche in der Küche verwendet werden. Frischer und regionaler geht es wohl kaum! Ein Besuch im 3-Hauben-Restaurant Gaumenkitzel ist einfach beeindruckend.

Bichlhof

Sport- & Wellnesshotel

6370 Kitzbühel, Bichlnweg 153
www.bichlhof.at
office@bichlhof.at
Tel.: 05356 64022

Am Bichlhof stehen vor allem die Komponenten „Zeit“ und „Ruhe“ im Mittelpunkt, um einen perfekten Urlaub inmitten der Natur der Kitzbüheler Alpen zu verbringen. Hier schöpft man Energie: einerseits bei Aktivitäten an der frischen Luft, wie zum Beispiel im Winter beim Skifahren (ein Sessellift befindet sich direkt am Bichlhof, zudem gibt es einen kostenlosen Transfer zur Hahnenkammbahn) und im Sommer beim Waldbaden. Andererseits relaxt man im Wellnessbereich, beispielsweise im beheizten Außenpool. Für das leibliche Wohl sorgt Karl Aichholzer, der mit Zutaten wie Forellen aus dem eigenen Fischteich Herrliches zaubert.

Längenfeld TIROL D4

Naturhotel Waldklause

Hotel des Jahres 2022

6444 Längenfeld, Unterlängenfeld 190
www.waldklause.at
office@waldklause.at
Tel.: 05253 5455

Die Begeisterung für die Natur spürt man im Naturhotel Waldklause überall – allein schon der Duft nach Holz schafft ein besonderes Ambiente. In den Offlinezimmern erwarten die Gäste unter anderem tolle Vollholzböden, große Fensterfronten mit traumhaftem Ausblick und ein Aqualite-Quellwasser-Brunnen. Im Natur-Spa fällt jeglicher Stress während verschiedener Behandlungen und Massagen ab, Sportliche werden vom Aktivprogramm mit Yoga, Pilates, Qigong, Waldbaden und geführten Wanderungen begeistert sein. Mit der regionalen und biologischen Dreiviertel-Verwöhnpension bleiben keine kulinarischen Wünsche offen.

Lech am Arlberg — VORARLBERG B4

Goldener Berg

6764 Lech am Arlberg, Oberlech 117 | www.goldenerberg.at | happy@goldenerberg.at | Tel.: 05583 22050

Im weltoffenen Hotel Goldener Berg trifft Boho-Lifestyle auf alpine Tradition – und das in schönster Lage auf 1.700 Metern Höhe auf dem Sonnenplateau des Arlbergs. Hier braucht man die Ski morgens nur anzuschnallen und ist direkt mitten im Skigebiet. Nach dem letzten Schwung zum Hotel genießt man das besondere Ambiente und den Alpin Spa mit verschiedenen Therapeuten, deren Dienste man in Anspruch nehmen kann – Ziel ist, den Energiefluss anzuregen und bei sich selbst anzukommen. Zum Wohlbefinden trägt auch die Kulinarik bei. Unbedingt probieren: Das plant-based Menü im mit zwei Hauben prämierten Johannesstübli.

Leogang — SALZBURG G4

Puradies

5771 Leogang, Rain 9 | www.puradies.com | info@puradies.com | Tel.: 06583 8275 | 0664 216 0960

Auf einem riesigen Areal auf dem Sonnenplateau zwischen Steinberg- und Asitzbahn befindet sich das Puradies. Das Lifestylehotel verfügt über unzählige Highlights, viele davon sind speziell für Kinder spannend, zum Beispiel der Streichelzoo, der Abenteuerspielplatz und der Spielraum. Bei Aktivitäten wie Alpaka-Wanderungen und Kinder-Yoga wird es garantiert nicht langweilig. Während die Kleinen bei der Kinderbetreuung sind, können die Eltern im Heaven Spa, im Badhaus Innere Mitte mit Saunawelt und am Naturbadeteich relaxen. Wunderbar: Das 2-Hauben-Restaurant ESS:ENZ, wo es herrliche Naturküche – auch Veganes – gibt.

PURADIES
Mein Naturresort
Ankommen. Durchatmen.
Genießen.
Embachhof GmbH & CoKG · Rain 9 · 5771 Leogang · Österreich
T +43 6583 8275 · info@puradies.com · www.puradies.com
#PURADIES_moments

Naturhotel Forsthofgut

5771 Leogang, Hütten 2 | www.forsthofgut.at | info@forsthofgut.at | Tel.: 06583 8561

Am Fuße der Leoganger Steinberge findet man das geschichtsträchtige Naturhotel Forsthofgut – und damit einen idealen Ort für einen besonderen Familienurlaub: Im Sommer lockt der Garten mit Bio-Badeteich, im Winter die Skipiste. In den Zimmern – und im Rest des Hauses – wird man mit vielen Aufmerksamkeiten, welche den wahren Luxus ausmachen, überrascht, beispielsweise mit einer Yogamatte oder einem Wanderrucksack. Für Kinder ist der Bauernhof miniGUT ein Highlight, die Eltern werden den waldSPA lieben. Gekocht wird mit Leidenschaft und Zutaten aus der Region – so entstehen wahre Gaumenfreuden!

Leutschach

STEIERMARK M5

Gut Pössnitzberg Ⓝ

Weinhotel

8463 Leutschach, Pössnitz 168 | www.poessnitzberg.at | gut@poessnitzberg.at | Tel.: 03454 205

Mitten in der Südsteirischen Weinstraße gelegen, bieten sich optimale Voraussetzungen für Naturliebhaber. Es ist der ideale Ausgangspunkt für romantische Spaziergänge, Ausflüge zu Buschenschanken und Besuche von Weinkellern. Bei Wanderungen, Golf oder Radtouren kann man sich sportlich betätigen; einen E-Bike- und E-Scooter-Verleih gibt es direkt im Hotel. Der Wellnessbereich mit beheiztem Außenpool, Sauna und Dampfbad bietet Raum für Entspannung. Die 38 Zimmer halten für jeden Anspruch das Passende bereit: von Exklusivem mit Panoramablick und Whirlpool bis hin zu Traditionellem. Neben dem hauseigenen Haubenrestaurant Kreuzwirt punktet der historische Wein- und Sektkeller bei den Gästen.

Forsthofgut
NATURHOTEL
ESCAPE TO NATURE
Find me at my happy place!
Ein Haus mit 400 Jahre alten Wurzeln, ein Naturhotel eingebettet zwischen majestätischen Steinbergen, Wald und Wiesen. Wir laden Sie ein - zum Durchatmen und (Berg)Luftholen, zum Weitblicken und dazu, Freiraum und Freiheit in der Natur zu entdecken.
NATURHOTEL FORSTHOFGUT | FAMILIE SCHMUCK
HÜTTEN 2 | A-5771 LEOGANG | WWW.FORSTHOFGUT.AT
+43 6583 8561 | INFO@FORSTHOFGUT.AT

LANDGUT AM PÖßNITZBERG

Ikuna Naturresort

4723 Natternbach, Naturpfad 1
www.ikuna.at
info@ikuna.at
Tel.: 07278 20800

Zwischen Donau und Inn findet man eine idyllische Landschaft – und mittendrin das Ikuna Naturresort. Hier übernachtet man in 23 Tipis oder seit Sommer 2022 auch in den zehn neuen, atemberaubenden Sternenhimmelchalets. Es gibt einiges zu erleben, vor allem Kinder werden von abenteuerlichen Aktivitäten wie Klettern im Hochseilgarten, Gokartfahren oder Spielen an den 90 Stationen im Naturerlebnispark und im Indoorpark nicht genug bekommen. Die passende Stärkung gibt's im Miraculix Pub und Parkcafé, man kann aber auch in der Unterkunft mit Zutaten aus dem Bio-Selbstbedienungsladen kochen.

Neuhofen an der Ybbs NIEDERÖSTERREICH L2

RelaxResort Kothmühle

3364 Neuhofen an der Ybbs, Kothmühle 1
www.kothmuehle.at
office@kothmuehle.at
Tel.: 7475 52112

Den perfekten Ort für eine romantische Zeit bietet das RelaxResort Kothmühle in Neuhofen an der Ybbs. In das sanfte Hügelland eingebettet, wird hier Tradition mit Moderne verknüpft. Das zeigt sich vor allem in den stilvoll eingerichteten Zimmern und Suiten. Ob im 800 m² großen Wellnessbereich mit diversen Saunen, Dampfbad und Whirlpools oder im 20.000 m² großen grünen RelaxGarten mit Naturbadeteich: Hier lässt es sich perfekt entspannen! Und weil Liebe bekanntlich durch den Magen geht, wird ein 6-Gänge-Menü bei romantischem Kerzenlicht serviert.

Pill TIROL E4

Biohotel Grafenast

Ambienteaward 2023

6136 Pill, Pillbergstraße 205
www.grafenast.at
sehnsucht@grafenast.at
Tel.: 05242 63209

Hier ist man nicht nur von atemberaubender Natur umgeben, sondern auch von Musik und Kunst: In dieser besonderen, familiären Atmosphäre des Biohotels Grafenast fühlt man sich auf Anhieb wohl. Das umweltfreundliche Gebäude aus Holz ist im Chalet-Stil gehalten und thront hoch über dem Inntal. Wirklich alles hier ist bio, selbstverständlich auch das Essen im Restaurant – es gibt traditionelle Gerichte aus der Region sowie köstliche Gourmetküche. Nach einem Tag in den Bergen entspannt es sich bestens im Wellnessbereich mit Sauna im Jurtenstil, im solarbeheizten Außenpool oder im Heilkräutergarten.

Pöllauberg

STEIERMARK M4

RETTER Bio-Natur-Resort

8225 Pöllauberg,
Pöllauberg 88

www.retter.at
hotel@retter.at

Tel.: 03335 2690

Im Bio-Natur-Resort Retter verbringt man einen CO^2-neutralen Bio-Urlaub inmitten des Naturparks Pöllauer Tal. Eine hohe Qualität und eine absolute Wohlfühlatmosphäre werden durch das gut ausgebildete, freundliche Personal geschaffen. Der Wellnessbereich „Bewusst Sein“ ist etwas ganz Besonderes: In Form eines Auges steht das Gebäude aus Lehm, Glas und Holz inmitten des Streuobstgartens. Erfrischung garantiert der Naturschwimmteich. Die Slow-Food-Küche ist mit einer Haube ausgezeichnet und bietet Bio-Spezialitäten mit Zutaten aus einem Umkreis von 25 Kilometern für jeden Geschmack – auch vegan.

Ramsauhof

8972 Ramsau am Dachstein, Ramsau 220
www.ramsauhof.at
ramsauhof@simonlehner-hotels.at
Tel.: 03687 81965

Auf einem sonnigen Hochplateau am Fuße des Dachsteins findet man mit dem Ramsauhof ein Natur-, Aktiv- sowie Wellnesshotel in einem. Sei es der von Ahorn umgebene Panorama-Meditationsgarten, die Lobby mit Kaminfeuer, der Montanaqua Spa oder der Zimmerbalkon – Entspannung ist hier an vielen Plätzen garantiert. Der wertschätzende Umgang mit Ressourcen hat höchste Priorität und es gilt: Qualität vor Quantität. So gibt es im Rahmen der Verwöhnpension in den gemütlichen Stuben und im Restaurant etwa bäuerliche Produkte aus dem Familienunternehmen. Den Tag lässt man an der Hotelbar ausklingen.

St. Ruprecht an der Raab STEIERMARK M4

Garten-Hotel Ochensberger

8181 St. Ruprecht an der Raab, Untere Hauptstraße 181
www.ochensberger.at
gartenhotel@ochensberger.at
Tel.: 03178 51320

Im Garten-Hotel Ochensberger erlebt man wohltuende Genussmomente und findet garantiert einen (oder mehrere) Lieblingsplätzchen, auch wenn man „nur" für eine Tagung anreist. Man wohnt hier in 63 individuell eingerichteten Zimmern im Landhausstil. Die liebevolle Einrichtung zieht sich auch durch die Seminarzone mit vier, teilweise trennbaren Seminarräumen, Pausenlounges, den Seminarhof mit Naturstein und den Seminargarten. Eine Tagung inmitten der Natur – herrlich! Wunderbar ist ein Besuch im Wellnessbereich mit Naturschwimmteich, auch die schicke, neue RestoBar Die Gärtnerei sollte man nicht auslassen.

St. Veit im Pongau SALZBURG H4

Geniesserhotel Sonnhof
by Vitus Winkler

5621 St. Veit im Pongau, Kirchweg 2
www.sonnhof-vituswinkler.at
sonnhof@vituswinkler.at
Tel.: 06415 4323

Wer sich einen erholsamen, kulinarischen und sportlichen Urlaub in familiärer Atmosphäre wünscht, der ist im Sonnhof an der richtigen Adresse. Die umliegende Pongauer Bergwelt bietet eine Vielzahl an Aktivitäten, nach welchen es sich umso besser im wunderschön sonnigen Wellnessbereich mit Infinitypool oder auf der Panoramaterrasse entspannt. Die Krönung ist die mit vier Hauben ausgezeichnete Küche im Restaurant „Kräuterreich by Vitus Winkler“. Hier begibt man sich auf eine Entdeckungsreise für den Gaumen, die auch für Veganer und Allergiker viel hergibt. Auch Top: Kochkurse mit Vitus Winkler.

Schwarzau am Steinfelde — NIEDERÖSTERREICH N3

Gut Guntrams

2625 Schwarzau am Steinfelde, Guntrams 11 | www.guntrams11.at | info@guntrams11.at | Tel.: 0 26 27 83 3 33

Auf dem Gut Guntrams gibt es für jegliche Bedürfnisse die richtige Unterkunft inmitten schönster Natur. Da wären die drei Ferienappartements mit Küche in der Villa Tranquilini, die ideal für einen Aufenthalt mit Familie und Freunden sind, und die Designersuiten in den luxuriösen Vollholz-Gartenlofts Linde, Marille und Eiche. Das Angebot vervollständigt das im April 2022 neu eröffnete, nachhaltige Gästehaus Flora mit sechs komfortablen Zimmern für ein bis zwei Gäste. Auf dem Gelände befinden sich unzählige schöne Plätze, beispielsweise der Naturteich, der Kristallgarten oder das Café Restaurant Veranda.

Thiersee TIROL F3

Thierseerhof

6335 Thiersee,
Hinterthiersee 74

www.thierseerhof.at
hotel@thierseerhof.at

Tel.: 05376 5510

Der Thierseerhof im malerischen Kufsteinerland ist ein Ort, an dem man sich ganz und gar auf die Natur einlassen kann. Familie Juffinger schafft das ideale, entspannte Ambiente hierfür! Das Haus ist von Naturmaterialien geprägt, so spürt man die natürliche Umgebung selbst im Innenbereich. Draußen lädt die großzügige Gartenlandschaft zum Verweilen ein, auch im neuen Wellnessbereich fühlt sich ein jeder wohl. Das Hotel bietet Nahrung für Körper und Seele – im Mittelpunkt steht das intuitive Essen. Es wird ohne viel Chichi, dafür mit besten Zutaten aus der Region und einer Portion Liebe gekocht.

Genießer-Schlosshotel Seewirt

8664 Turracher Höhe, Turracher Höhe 33
www.schlosshotel-seewirt.com
info@schlosshotel-seewirt.com
Tel.: 04275 8234

Auf 1.763 Meter über dem Meeresspiegel, an der Grenze zwischen Kärnten und der Steiermark – auf der Turracher Höhe –, liegt das Genießer-Schlosshotel Seewirt. Durch die Lage direkt an der Piste muss man im Winter nur die Ski anschnallen – und schon kann es losgehen! Im Sommer ist die Gegend ein Paradies zum Mountainbiken oder Wandern. Auch eine spektakuläre Sommerrodelbahn verspricht Spaß und Adrenalin, auch für die Kleinsten! Zum Entspannen bietet sich der Wellnessbereich an. Im Rahmen der Halbpension genießt man hier neben einem reichhaltigen Frühstück und einer Nachmittagsjause ein 6-Gänge-Abendmenü auf 2-Hauben-Niveau.

Naturhotel Edelweiss

5602 Wagrain, Weberlandl 65
www.mein-edelweiss.at
hotel@mein-edelweiss.at
Tel.: 06413 8447

Einen traumhaften Rückzugsort inmitten idyllischer Bergumgebung findet man mit dem Naturhotel Edelweiss in Alleinlage über Wagrain. Man nächtigt in 42 gemütlichen Zimmern und lebt im Einklang mit der Natur – im ganzen Haus wird auf Nachhaltigkeit geachtet, beispielsweise kommt der herrliche Adults-only Green Spa durch Passivbauweise und Erdwärmenutzung fast komplett ohne externe Energie aus. Ein Highlight ist die hochwertige Küche, bei welcher naturreine Zutaten aus der Region zu Köstlichkeiten verarbeitet werden. Außergewöhnlich: Das Hotel verfügt über eine eigene Trinkwasserquelle.

Biohotel Gralhof

9762 Weissensee, Neusach 7
www.gralhof.at
info@gralhof.at
Tel.: 04713 2213

Das Biohotel Gralhof mit seinen 16 hübschen Zimmern sieht sich als Gast in der Natur, daher ist Nachhaltigkeit hier ein großes Thema. So wird beispielsweise Ökostrom aus der Region bezogen und mit einer Hackschnitzelheizung aus der eigenen Forstwirtschaft geheizt – das Hotel war 2020 erstmals klimaneutral! Die verwendeten Lebensmittel sind ausschließlich bio und mittwochs gibt es einen vegetarischen Tag. Wellnessen kommt auch nicht zu kurz: Im Saunahaus aus Lärchenholz relaxt man im Dampfbad, in der Zirbensauna mit Panoramafenster oder im gemütlichen Ruheraum.

Zell am Ziller TIROL E4

Theresa

Genießer- & Wellnesshotel

6280 Zell am Ziller, Bahnhofstraße 15
www.theresa.at
info@theresa.at
Tel.: 05282 22860

Im malerischen Zillertal finden Gäste allen Alters mit dem familiär geführten Hotel Theresa einen wahren Kraftort. Nachhaltigkeit und das Agieren im Einklang mit der Natur spielen hier eine große Rolle: So wird etwa der gesamte Spa-Bereich mit eigenem Erwachsenenbereich, fünf verschiedenen Pools, Saunen und Co von der hauseigenen Solaranlage betrieben. Bei der Kulinarik wird speziell auf Regionalität geachtet – man wird begeistert mit Hausgemachtem. Zu einem Urlaub in den Bergen gehört auch Aktivität: Dank des Aktiv- und Vitalprogramms mit Yoga, Pilates und vielem mehr ist dies garantiert.

© Aydin Hassan

ROMANTISCH
© Sidney Pearce

Die besten romantischen Hotels

Die besten romantischen Hotels, die den idealen Rahmen bieten, sich in trauter Zweisamkeit verwöhnen zu lassen.

Elixhauser Wirt
Elixhausen

GAMS zu zweit
Bezau

Geniesserhotel Bergergut
Afiesl

Hotel Zell am See
Zell am See

Im Park
Bad Radkersburg

LAKE'S – my lake hotel & spa
Pörtschach

Maiers Kuschelhotel
Loipersdorf

Posthotel Achenkirch
Achenkirch

Schiff
Hittisau

Schloss an der Eisenstrasse
Waidhofen an der Ybbs

Seehotel Brandauer's Villen
Strobl

Spielmann
Ehrwald

Verwöhnhotel Kristall
Pertisau

Weinrefugium Brolli Südsteiermark
Gamlitz

Achenkirch

TIROL E3

Posthotel Achenkirch

6215 Achenkirch, Achenkirch 382 | www.posthotel.at | info@posthotel.at | Tel.: 05246 6522

Die Lage im wildromantischen Naturschutzgebiet Karwendel ist nur ein Grund für einen gefühlsbetonten Urlaub im Posthotel Achenkirch. Entschleunigung, Entspannung und Genuss stehen hier an erster Stelle! Fabelhaft ist der großzügige Wellnessbereich, welcher sich auf 7.000 m² erstreckt – im Atrium Spa kann man Paarbehandlungen wahrnehmen oder sich eine der Spa-Suiten buchen. Und weil Liebe durch den Magen geht: In den gemütlichen Stuben genießt man beim Candle-Light-Dinner traditionelle, moderne wie vegane Kreationen aus der mit einer Haube prämierten Küche. Ein Gläschen Wein macht den Abend perfekt.

Afiesl

OBERÖSTERREICH J1

Geniesserhotel Bergergut

4170 Afiesl, Nr. 7 | www.romantik.at | bergergut@romantik.at | Tel.: 07216 4451

Das Adults-only-Genießerhotel Bergergut versteht sich als ungezwungener, individueller Lieblingsort und verfügt über 35 gemütliche Zimmer. Schon allein die Lage in der hübschen Hügellandschaft des Mühlviertels sorgt für eine romantische Atmosphäre. Diese setzt sich besonders im Boutique-Wellnessbereich fort, dessen Räume und Kabinen gewollt klein gehalten sind, um kuschelige Zweisamkeit zu gewährleisten. Wem dies nicht reicht, der wird vom „Private Spa“ begeistert sein. Den perfekten Abschluss eines Tages stellt ein Dinner im 2-Hauben-Restaurant dar. Außerdem gibt es Kochworkshops und Brotbackkurse.

Bad Radkersburg

STEIERMARK O5

Hotel im Park

8490 Bad Radkersburg, Kurhausstraße 5 | www.hotel-im-park.at | verwaltung@hotel-im-park.at | Tel.: 03476 25710

Inmitten einer wunderbaren Gartenlandschaft in der Südsteiermark gelegen, erwartet das Hotel im Park seine Gäste in Begleitung derer Hunde. Das 5.000 m² große Gelände mit zauberhafter Bepflanzung lädt zu ausgedehnten Spaziergängen ein, danach genehmigt man sich gemeinsam eine Auszeit in der Hotelbar. Während der vierbeinige Freund auf dem Zimmer entspannt, nimmt man im Restaurant lokale Spezialitäten zu sich oder relaxt im Thermen- und Wellnessbereich mit Wasser aus der Bad Radkersburger Heilquelle, Saunen und mehreren Poolbereichen oder bei wohltuenden Beautybehandlungen und Massagen.

Bezau VORARLBERG A4

GAMS zu zweit

6870 Bezau, Platz 44
www.hotel-gams.at
info@hotel-gams.at
Tel.: 5514 2220

Im GAMS zu zweit, gelegen im wunderschönen Bregenzerwald, verbringt man die Nacht in absolut genial designten Suiten, welche mit Himmelbett, Kamin und Whirlpool ausgestattet sind. Eine besondere Lage hat die „Oh my god Suite“ – sie befindet sich am höchsten Punkt des Hotels. Im Paradies-Spa findet man auf 3.000 m² zur Ruhe, grandios ist der Skypool auf dem Rooftop. Im EDEN Restaurant & Bar nimmt man das belebende Frühstück sowie ein köstliches Abendessen ein, sehr empfehlenswert ist das romantische Dinner „Zirkus am Tisch“. Für Genüsse mittags und zwischendurch ist mit dem GAMS 1648 gesorgt.

Ehrwald TIROL C4

Spielmann

6632 Ehrwald, Wettersteinstraße 24
www.hotel-spielmann.com
info@hotel-spielmann.com
Tel.: 05673 2225

Seit vier Generationen erschafft Familie Spielmann in ihrem Hotel besondere Urlaubserlebnisse speziell für Pärchen. Sofort fühlt man sich im mitten in der Natur der Tiroler Zugspitz Arena gelegenen Haus wohl! Der Stadl Spa verspricht Erholung, genau wie der herrliche Garten mit Infinity-Felsenpool. Hier wachsen auch Kräuter, die die Speisen verfeinern. Die Küchenlinie ist regional und nachhaltig gehalten und begeistert mit allerlei Kreationen. Man speist im eleganten Restaurant, in den urigen Stuben und im Sommer auf der herrlichen Sonnenterrasse, wo bei Schönwetter einmal die Woche gegrillt wird.

Elixhausen

SALZBURG H3

Elixhauser Wirt

Spa Hotel

5161 Elixhausen, Dorfstraße 14 | www.elixhauserwirt.at | romantikspahotel@elixhauserwirt.com | Tel.: 0662 480 21 20

Um eine romantische Stimmung zu erschaffen, ist vor allem das Zusammenspiel vieler Details wichtig – im idyllisch gelegenen Hotel Elixhauser Wirt ist man sich dessen bewusst und achtet auf alles Wichtige, was den Traumurlaub voller Zweisamkeit ermöglicht. Man genießt wunderschöne Dinner bei Kerzenschein im 1-Hauben-Lokal, erholt sich im Wellnessbereich im obersten Stockwerk in den Pools, Saunen und bei Partnerbehandlungen oder genießt das liebevolle Ambiente der 74 charmanten Zimmer, Suiten und Lofts. Das freundliche Hotelpersonal ist auch bei der Organisation besonderer Überraschungen behilflich.

Gamlitz

STEIERMARK M5

Weinrefugium Brolli Südsteiermark Ⓝ

8462 Gamlitz, Eckberg 107 | weinrefugium.at | info@weinrefugium.at | Tel.: 03453 4212

Weinreben, so weit das Auge reicht, und ein Stück Kuchen von Oma Gertrude – das nennt man einen guten Start in einen genussvollen und authentischen Urlaub in der Südsteiermark. Getreu seinem Namen ist das Weinrefugium der ideale Rückzugsort für Genießer. Bodenständig und ehrlich präsentiert das Wirtshaus das beste Backhenderl (natürlich von Oma Gertrude!) in Begleitung von erlesenen Weinen.

Hittisau

VORARLBERG B3

Das Schiff

6952 Hittisau, Heideggen 311 | www.schiff-hittisau.com | info@schiff-hittisau.com | Tel.: 05513 62 200

Auf den ersten Blick sind die herrliche Lage im Bregenzerwald, die Ausstattung mit einem charmanten Wellnessbereich und die herausragende Kulinarik die Hauptgründe für einen Besuch im Hotel Das Schiff. Auf den zweiten: definitiv die ehrliche, herzliche Gastfreundschaft, die einem hier begegnet.

Diese hat Tradition: Das Haus ist seit 1840 ein romantischer Zufluchtsort. Noch immer speist man in den traditionsreichen Stuben von damals, aber nun auf höchstem Niveau. Die kreative Küche der Wälder Stube 1840 ist mit drei Hauben prämiert. Auch sollte man die Ladenwirtschaft Ernele und den Käsekeller besuchen.

Loipersdorf — STEIERMARK 04

Maiers Kuschelhotel

8282 Loipersdorf, Henndorf, Therme 7
www.maiers.at
reservierung@maiers.at
Tel.: 3382 868660

In Maiers Kuschelhotel findet jedes Paar seinen Lieblingsplatz – es wird nur schwer, sich für einen zu entscheiden. Gott sei Dank muss man das ja nicht: Man kann einfach zwischen dem großartigen Jungle Spa, dem Love-Whirl-Boat im Liebesgarten, den exklusiven balinesischen Pavillons, dem Private Erotic Room und vielem mehr abwechseln. Im edel-romantischen Restaurant genießt man das herrliche Love-Dinner, einmal die Woche erwartet die Gäste ein Fondue-Abend. Dann noch ein Drink, bevor man sich in das stylishe Zimmer oder die Suite zurückzieht; die Kategorie Fantasy Room verfügt etwa über ein rundes Bett.

Pertisau — TIROL E3

Verwöhnhotel Kristall

6213 Pertisau, Seebergstraße 10
www.kristall-pertisau.at
info@kristall-pertisau.at
Tel.: 05243 5490
0676 604 7593

Herrliche Ruhe und eine romantische Zeit zu zweit – dies bietet das Erwachsenen-Verwöhnhotel Kristall am Achensee in Tirol. Ob man den Urlaub entspannt im 2.100 m² großen Spa-Bereich verbringt oder sich doch lieber gemeinsam beim neuen, umfassenden Aktivprogramm sportlich betätigt – wunderbare Tage in der Natur sind garantiert. Man nächtigt in luxuriösen Zimmern und Suiten, ganz besonders sind die Wellness-Suiten mit Sauna und Whirlpool. Beeindruckend ist die kulinarische Vielfalt im Rahmen der Dreiviertel-Verwöhnpension. Unbedingt gönnen sollte man sich ein Gourmet-Candle-Light-Dinner im Gewölbekeller.

LAKE'S – my lake hotel & spa

9210 Pörtschach, Augustenstraße 24 www.mylakehotel.com rezeption@mylakehotel.com Tel.: 04272 20505

An der Promenade von Pörtschach am Wörthersee findet man mit dem stilvoll und maritim gestalteten Lake's – My Lake Hotel & Spa ein außergewöhnliches, romantisches Urlaubsdomizil. Man startet mit einem ausgewogenen Frühstücksbuffet in den Tag. Danach entspannt man sich am Privatstrand oder im Wellnessbereich, welcher unter anderem über Saunen, Ruhezonen und einen beheizten Outdoorpool verfügt. Top ist das Naturkosmetik- und Massageangebot für all jene, die ihrem Körper etwas Gutes tun möchten. Am Abend erwarten einen in der Beach Bar moderne Beats – speziell beim Sonnenuntergang entsteht dann eine verträumte Stimmung.

Seehotel Brandauer's Villen

5350 Strobl, Moosgasse 6 www.brandauers.info hotel@brandauers.info Tel.: 06137 7205

Zahlreiche Gründe sprechen dafür, das Seehotel Brandauer's Villen als Aufenthaltsort für einen romantischen Urlaub zu wählen. Angefangen bei der Traumlage am Wolfgangsee mit Seezugang über die modernen, lichtdurchfluteten Zimmer bis hin zum Wellnessbereich mit Saunen und Dampfbad und der Kulinarik. Im Restaurant & Café speist man nicht nur kreative Köstlichkeiten mit einzigartigem Seeblick, man kann auch jegliche Festlichkeiten in der fantastischen Kulisse ausrichten lassen – etwa seine Hochzeit. So kann man im wunderschönen Hotelgarten die Zeremonie mit Blick auf den See durchführen.

Waidhofen an der Ybbs — NIEDERÖSTERREICH L3

Das Schloss an der Eisenstrasse

3340 Waidhofen an der Ybbs,
Am Schlossplatz 1

www.schlosseisenstrasse.at
office@schlosseisenstrasse.at

Tel.: 07442 505

Wer eine besondere Location für eine romantische Auszeit sucht, der wird im Mostviertel, genauer gesagt in Waidhofen an der Ybbs, fündig. In einem frühbarocken Schloss aus dem 17. Jahrhundert befindet sich das familiengeführte 4-Sterne-Hotel. Hier lässt sich der Traum von der Hochzeit im Schloss tatsächlich erfüllen. Auf 650 m² im Spa-Bereich kann man jedoch auch ganz ohne Anlass herrlich entspannen. Das sechsgängige Candle-Light-Dinner wird mit hochqualitativen Zutaten aus der Region bereitet. In der gemütlichen Bar werden köstliche Cocktails ausschließlich mit Mostviertler Produkten kreiert.

Zell am See — SALZBURG G4

Hotel Zell am See

5700 Zell am See,
Sebastian-Hörl-Straße 11

www.romantik-hotel.at
info@romantik-hotel.at

Tel.: 06542 72520
0664 406 0444

Im traditionsreichen Haus mit großteils frisch renovierten Zimmern lässt es sich herrlich entspannen. Ausgezeichnet dazu eignet sich der Adults-only-Emotion-Spa. Besonderes Highlight sind die verschiedenen Möglichkeiten, ein romantisches Essen zu genießen: ob ein idyllisches Picknick, ein Frühstück während einer Gondelfahrt auf den Berg oder ein Dinner for two im Weinkeller. Auch bei originellen Ideen für einen Heiratsantrag ist das freundliche Team gern behilflich. Oder man verbringt gleich die Hochzeit oder die Flitterwochen hier!

SCHLÖSSER
© Carrie Borden

Die besten Schlosshotels

Die besten Schlosshotels, die durch ihre historischen Gemäuer authentische und außergewöhnliche Erlebnisse ermöglichen und dabei hohen Ansprüchen gerecht werden.

Bergschlössl
St. Anton am Arlberg

Dürnstein
Dürnstein

Fernsteinsee
Nassereith

Parkhhotel Schönbrunn
Wien

Prielau
Zell am See

Thalheim
Kapelln an der Perschling

Thannegg
Michaelerberg-Pruggern

Weikersdorf
Baden bei Wien

Wilhelminenberg
Wien

Zum Oberjäger
Lackenbach

Hotel Schloss Weikersdorf

2500 Baden bei Wien, Schlossgasse 9-11
www.hotelschlossweikersdorf.at
reservation@schlossweikersdorf.at
Tel.: 02252 483010

Angeschlossen an das zauberhafte Renaissance-Schloss, findet man im charmanten Hotel Schloss Weikersdorf in Baden Erholung in 164 eleganten Zimmern und Suiten. Das besondere Ambiente des Hauses begeistert seine Gäste, genau wie die herrliche Gartenlandschaft, welche außer zum Flanieren im Rosengarten auch zur Austragung von Feierlichkeiten wie Hochzeiten einlädt. Im 1.000 m² großen Spa-Bereich entspannt man sich nach einem aufregenden Tag in der Umgebung, danach begibt man sich zum köstlichen Abendessen ins Restaurant Rosenkavalier. Den Tag lässt man in der Lipizzaner Lounge ausklingen.

Dürnstein NIEDERÖSTERREICH M2

Hotel Schloss Dürnstein

3601 Dürnstein, Nr. 2
www.schloss.at
hotel@schloss.at
Tel.: 02711 212

Die Wachau ist wohl eine der schönsten Gegenden in Österreich – und mittendrin befindet sich das Hotel Schloss Dürnstein direkt am Ufer der Donau. Hier nächtigt man entweder in den elegant-klassisch gestalteten Zimmern und Suiten oder der exklusiven Villa Schönthal in unmittelbarer Nähe zum Hotel. Im Spa-Bereich relaxt man in der Sauna, im Dampfbad oder der Infrarotkabine, außerdem kann man eine Massage oder eine Thai-Yoga-Einheit in Anspruch nehmen. Ganz besonders ist das Restaurant mit Wintergarten und Terrasse direkt am Fluss. In der Lobby, Bar und Bibliothek schmeckt ein Glas Wachauer Wein besonders gut.

Schloss Thalheim

3141 Kapelln an der Perschling, Thalheim 22
www.schlossthalheim.at
reservierung@schlossthalheim.at
Tel.: 02784 20079

In den historischen Gemäuern des Schlosshotels Thalheim stehen Erholung und Harmonie im Mittelpunkt. Bei einem Aufenthalt hier nächtigt man nicht nur in eleganten Zimmern und Suiten, man findet durch das besondere Ambiente vielleicht auch ein Stückchen näher zu sich selbst. Auf sein Wohlergehen konzentriert man sich in der modern gestalteten Spa-Landschaft, wo man sich mit verschiedenen Behandlungen wie Massagen oder von einem Frisuren- und Kosmetikservice verwöhnen lassen kann. Das Restaurant überzeugt mit kulinarischen Höhepunkten. Außerdem ist das Schloss die perfekte Location für Feiern oder auch Tagungen.

Zum Oberjäger

Boutiquehotel

7322 Lackenbach, Schloss 1 | www.oberjäger.at | reservierung@oberjaeger.at | Tel.: 0 2619 86 26 26

Das Boutiquehotel Zum Oberjäger bietet seinen Gästen eine einzigartige Atmosphäre in den denkmalgeschützten Räumen. Die Farbgebung der einzigartig gestalteten Zimmer wurde durch die ursprünglichen Kolorierungen der Wände inspiriert, welche bei der Abtragung der über die Jahre aufgetragenen Schichten zum Vorschein kamen. Während eines Spaziergangs durch den hauseigenen Park oder beim Relaxen im alten Gemäuer schaltet man wunderbar ab. Und nach dem Start in den Tag mit einem 5-Gänge-Frühstück kann es sowieso nur ein guter Tag werden! Auf Anfrage steht auch ein perfekt ausgestatteter Kochsalon zur Verfügung.

Michaelerberg-Pruggern STEIERMARK J4

Schloss Thannegg

8962 Michaelerberg-Pruggern, Schlossweg 1 | www.schloss-thannegg.at | info@schloss-thannegg.at | Tel.: 0 3685 232100

In malerischer Lage, inmitten der herrlichen Berglandschaft von Schladming-Dachstein, findet man mit dem über 1.000 Jahre alten, unter Denkmalschutz stehenden Schloss Thannegg ein echtes Juwel. Neben dem mittelalterlichen Ambiente erwartet die Gäste hier eine weitere Besonderheit: Das Haus ist seit mehreren Jahren beinahe CO_2-neutral und begeistert mit seiner stilvollen wie nachhaltigen Restaurierung. Diese Philosophie spiegelt sich auch in der angebotenen Kulinarik wider: Man darf sich im Rittersaal, im Wappengewölbe und auf der Innenhof-Terrasse auf raffinierte, regionale Köstlichkeiten freuen.

Nassereith

TIROL C4

Hotel Schloss Fernsteinsee

6465 Nassereith, Fernstein 475

www.fernsteinsee.at

hotel@fernsteinsee.at

Tel.: 05265 5210
0676 350 0586

Das historische Hotel Schloss Fernsteinsee ist bereits seit 1856 eine außergewöhnliche Urlaubsresidenz – vor allem die traumhafte Lage am gleichnamigen See begeistert seit jeher. Das königliche Ambiente ist noch immer vorherrschend: In den auf liebevolle Weise stetig den modernen Bedürfnissen angepassten Zimmern darf man sich auf jeglichen Komfort freuen. Für jene, die sich mehr Privatsphäre wünschen, bietet sich das nahe liegende Appartement-Haus am Gebirgsbach an. Im unberührten Naturresort mit seinen klaren Seen gibt es einiges zu erleben, etwa eine Bootsfahrt, Tauchen, Angeln oder Nordic Walking.

St. Anton am Arlberg

TIROL B4

Bergschlössl

6580 St. Anton am Arlberg, Kandaharweg 13

www.bergschloessl.at

welcome@bergschloessl.at

Tel.: 05446 2220

Im Hotel Bergschlössl mit seinen nur acht eleganten Zimmern genießt man herrlich-exklusive Urlaubstage mit liebevoller und persönlicher Betreuung durch die Familie Moosbrugger-Lettner. Die Lage in St. Anton am Arlberg und direkt an der Piste könnte nicht besser sein. Jegliche moderne Annehmlichkeiten garantieren den perfekten Bergurlaub, dabei verzichtet man aber keinesfalls auf das historische Ambiente der geschichtsträchtigen Mauern. Im Restaurant Basecamp speist man etwa hausgemachte Pasta-Spezialitäten. Man kann sich dank der Schauküche selbst ein Bild über die Frische der Speisen machen!

Parkhhotel Schönbrunn

1130 Wien, Hietzinger Hauptstraße 10-14 | www.austria-trend.at/de/hotels/parkhotel-schoenbrunn | parkhotel.schoenbrunn@austria-trend.at | Tel.: 01 878040

Wien beeindruckt seit jeher mit imperialen Gebäuden – wo könnte man bei einem City-Trip in der Hauptstadt daher besser nächtigen als in einem davon? Das Parkhotel Schönbrunn findet sich in einem neobarocken Palast, in welchem früher die Gäste von Kaiser Franz Joseph I. untergebracht waren. Das royale Ambiente ist noch immer spürbar, obgleich die Zimmer und Suiten selbstverständlich über modernen Komfort verfügen. Besonderen Genuss versprechen die Restaurants, das Schlosscafé sowie die elegante Gloriette Bar mit Blick auf die Schönbrunner Allee. Auch für Veranstaltungen findet man hier die passende Location.

Schloss Wilhelminenberg

1160 Wien, Savoyenstraße 2 | www.austria-trend.at/de/hotels/schloss-wilhelminenberg | schloss.wilhelminenberg@austria-trend.at | Tel.: 01 4858503

Erhaben liegt das Schloss Wilhelminenberg über Wien inmitten von einem märchenhaften Park mit Wald, Wiese und Weingarten. Hier genießt man die Ruhe abseits des Trubels der Hauptstadt, ohne sie aus dem Blick zu verlieren – etwa vom Wintergarten oder der herrlichen Terrasse bei einem Stück Torte, einem köstlichen Frühstück regionaler Herkunft oder beim Sonntagsbrunch, welcher 54 Mal im Jahr stattfindet. Wer eine besondere Hochzeitslocation sucht, der wird hier fündig. Auch für stilvolle Seminare und Meetings ist das Hotel ein idealer Austragungsort. Genächtigt wird in modernen Zimmern und Suiten.

Zell am See SALZBURG G4

Schlosshotel Prielau

5700 Zell am See, Hofmannsthalstraße 10 | www.schloss-prielau.at | info@schloss-prielau.at | Tel.: 06542 729110

Das Schlosshotel Prielau liegt wunderschön in einem Park, nur wenige Schritte vom Zeller See entfernt. Es bietet seinen Gästen jeglichen Luxus, ohne dabei auf den komfortablen Landhausstil zu verzichten. Man nächtigt in sieben charmanten Zimmern und zwei Suiten, für die Extraportion Privatsphäre bietet sich das abseits gelegene Fischerhaus an. Ein Highlight ist ein Dinner im mit drei Hauben ausgezeichneten MAYER's Restaurant – die französisch orientierte Gourmetküche begeistert mit Köstlichkeiten. Tipp: Das Schloss ist die ideale Location für Märchenhochzeiten, sogar eine Barockkirche befindet sich auf dem Gelände.

SEMINAR

Die besten Seminarhotels

Die besten Seminarhotels, die sich durch ihre flexibel gestaltbaren Räumlichkeiten und erstklassige Ausstattung auszeichnen.

Altes Kloster
Hainburg an der Donau

Ammerhauser
Anthering

ARCOTEL Kaiserwasser
Wien

At the park hotel
Baden bei Wien

Berghotel Tulbingerkogel
Tulbingerkogel

Bründl
Bad Leonfelden

Hotel des Glücks
St. Oswald

Kaiserhof
Wien

Kitzhof
Kitzbühel

Marienhof
Reichenau an der Rax

Maxx
Wien

Meliá
Wien

Nationalpark
Illmitz

Parkhotel Hirschwang
Reichenau an der Rax

Refugium Hochstrass
Stössing

Renaissance Hotel
Wien

Sattlerwirt
Ebbs

Seminar- und Eventhotel Krainerhütte
Baden bei Wien

Staribacher
Leibnitz

Wesenufer
Wesenufer

Ammerhauser

5102 Anthering, Dorfstraße 1 | www.ammerhauser.at | info@ammerhauser.at | Tel.: 06223 2204

Nur 20 Minuten von der Salzburger Altstadt entfernt erwartet das Hotel Ammerhauser in ruhiger Lage im Naturdorf Anthering seine Gäste. Besonders hervorzuheben ist der persönliche Kontakt, der hier gepflegt wird und der für das Wohlbefinden verantwortlich ist. Die sechs modernen Seminarräume haben unterschiedliche Kapazitäten und sind multimedial ausgestattet – durch die Weframe-One-Technologie können Meetings auch hybrid abgehalten werden. Einen riesigen Vorteil gibt es allerdings durch die Teilnahme vor Ort: die frische Küche aus der Region! Viele der Zutaten kommen direkt aus der unmittelbaren Umgebung.

Bad Leonfelden OBERÖSTERREICH K1

Bründl

Spa Hotel

4190 Bad Leonfelden, Badweg 1 | www.hotelbruendl.at | info@hotelbruendl.at | Tel.: 07213 61177

Im Spa Hotel Bründl gilt der Grundsatz: Arbeit und Genuss schließen sich nicht aus. So verbringt man in den Ausläufern des Böhmerwalds eine entspannte Zeit, auch wenn man für ein Seminar angereist ist. Die sechs modernen Räume können durch die mobilen Trennwände flexibel gestaltet werden und haben einen direkten Zugang in den Innenhof oder auf eine Terrasse. Im neu gestalteten Wellnessbereich lässt man den Tag ausklingen, oder man nimmt das Rahmenangebot für Teambuilding mit Aktivitäten in der Umgebung wie Paddeln auf der Moldau, Bogenschießen, Bierbrauen oder -verkosten in Anspruch. Auch top: die Kulinarik.

At the park hotel

2500 Baden bei Wien,
Kaiser Franz-Ring 5

www.atthepark.at
office@thepark.at

Tel.: 02252 44386

In ruhiger Lage mit Blick auf den Kurpark und das Casino Baden findet man mit dem At the park hotel einen ausgezeichneten Ort für jede Art von Veranstaltung. Die sechs Räumlichkeiten „Casino“, „Kurpark“, „Theater“, „Bibliothek“, „Kuppelsaal“ und die „Show Kitchen“ bieten Platz für eine Gruppengröße von bis zu 120 Personen und haben teilweise Zugang zur Terrasse. Die passende Verpflegung darf nicht fehlen und wird nach Wunsch zubereitet. Wunderbar sind der Wellnessbereich und die Incentive-Möglichkeiten des Hauses, so können etwa Wein- und Rumverkostungen oder ein gemeinsames Kochen organisiert werden.

Seminar- und Eventhotel Krainerhütte

2500 Baden bei Wien, Helenental 41 | www.krainerhuette.at | frontoffice@krainerhuette.at | Tel.: 02252 44511

Herzliche Betreuung, Naturerlebnisse und moderne Seminar-Infrastruktur finden im geschichtsträchtigen Hotel Krainerhütte zueinander. Mit einer guten Busverbindung erreicht man das Haus im Helenental im Biosphärenpark Wienerwald von Wien und Baden und verbringt in den 12 top ausgestatteten Seminarräumen erfolgreiche Events mitten im Grünen. Wunderbar ist der Spirit Park mit Erlebnisstationen und Arbeitsflächen, mit den neuen WALDNESS®-Angeboten entdeckt man den Wald auf eine ganz besondere Art. Ebenfalls neu ist die Weframe Academy. Im Buffetrestaurant wird man mit Köstlichkeiten verwöhnt.

Ebbs

TIROL F3

Sattlerwirt

6341 Ebbs, Oberndorf 89 | www.sattlerwirt.at | info@sattlerwirt.at | Tel.: 05373 42203 | 0664 411 0569

Beim Sattlerwirt in Ebbs bei Kufstein fühlen sich Einheimische genauso wohl wie Urlaubsgäste und Seminarteilnehmer. Tradition und Moderne treffen hier gekonnt aufeinander, der optische Beweis ist die Harmonie zwischen dem traditionellen Stammhaus mit dem Neubau, in dem sich der Tagungsbereich befindet. Der 145 m² große Seminarraum kann bei Bedarf in mehrere kleinere Bereiche aufgeteilt werden, im dritten Stock befindet sich ein weiterer Raum mit 70 m², Pausenbereich und kleiner Dachterrasse. Die wohlverdiente Entspannung erhält man im Wellnessbereich mit finnischer Sauna, Sole-Dampfbad und mehr.

Hainburg an der Donau

NIEDERÖSTERREICH P2

Altes Kloster

2410 Hainburg an der Donau, Fabriksplatz 1a | www.altes-kloster.com | hotel@alteskloster.at | Tel.: 02165 64020

Hier erwartet die Besucher eine außergewöhnliche, besonders ruhige Stimmung: In einem beeindruckenden Gebäude aus dem 17. Jahrhundert liegt das Hotel Altes Kloster. Historische Mauern und Kreuzgewölbe treffen auf eine moderne Einrichtung. Es gibt drei bestens ausgestattete Seminarräume mit den klingenden Namen Philosophikum, Technikum und Pfaffenbergsaal, in denen jeweils 30 bis 80 Personen Platz finden. Wunderbar ist auch der Innenhof, welcher sich ideal für Empfänge eignet. Nach dem Meeting entspannt man sich in einem der 52 außergewöhnlichen Zimmer, im Wellnessbereich oder im Restaurant.

Illmitz BURGENLAND O3

Hotel Nationalpark

7142 Illmitz,
Apetloner Straße 56

www.hotel-nationalpark.com
office@hotel-nationalpark.com

Tel.: 0 2175 3600

Ein Tipp für Naturliebhaber: Hier, im Hotel Nationalpark, tagt man inmitten der einzigartigen Steppenseelandschaft des Seewinkels. Das Hotel verfügt über 45 Zimmer, in den sechs top ausgestatteten Seminarräumen finden bis zu 200 Teilnehmer Platz. Der Seminargarten verspricht Abwechslung, auf Wunsch wird ein Rahmenprogramm in der außergewöhnlichen Umgebung organisiert. Im Sauna- und Relaxbereich genießt man den traumhaften Ausblick und schöpft neue Kraft. Bei einem Drink in der Loungebar oder einem Gläschen im Weinkeller lässt man den vergangenen Tag Revue passieren und stärkt sich für den nächsten.

Kitzbühel TIROL F4

Kitzhof

6370 Kitzbühel,
Schwarzseestraße 8-10

www.hotel-kitzhof.com
info@hotel-kitzhof.com

Tel.: 05356 632110

Nicht nur für Sportler hat der mondäne Skiort Kitzbühel einiges zu bieten. Das Hotel Kitzhof bietet den perfekten Rahmen für Seminare und Firmenevents in traumhafter Bergkulisse. Je nach Anforderungen kann der Tagungsbereich mittels schalldichter Trennwände in maximal fünf Räume gegliedert werden und bietet Platz für bis zu 250 Personen, außerdem gibt es kleinere Besprechungsräume. Wunderbar ist der direkte Zugang zur Gartenanlage. Erholung bieten die umliegende Natur sowie der großzügige Wellnessbereich. Genießer können sich auf das Bio-Frühstücksbuffet und weitere Köstlichkeiten freuen.

Staribacher

Hotel-Restaurant

8430 Leibnitz, Grottenhof 5 | www.staribacher.at | hotel@staribacher.at | Tel.: 03452 82550

In ungezwungener Atmosphäre verbringt man im Hotel Staribacher schöne Tage in den malerischen Weinbergen der Südsteiermark. Die persönliche Rundumbetreuung ermöglicht einen perfekten Ablauf jeglicher Veranstaltungen – der Seminarraum, der Meetingraum und die Business Suite sind hell und mit modernster Tagungstechnik ausgestattet. Das Herzstück des Hauses ist die Küche: Hier genießt man allerlei Köstlichkeiten und kann im Rahmen eines Dinners am Kitchen Table einen Blick hinter die Kulissen werfen. Das Hotel verfügt über 41 Zimmer und einen Indoorpoolbereich mit Sauna – Entspannung garantiert!

Reichenau an der Rax NIEDERÖSTERREICH N3

Marienhof

2651 Reichenau an der Rax, Hauptstrasse 71-73 | www.marienhof.at | hotel@marienhof.at | Tel.: 02666 52995

Familie Pirker sorgt dafür, dass sich alle Gäste in ihrem Hotel Marienhof in Reichenau an der Rax wohlfühlen. Der Service erstreckt sich selbstverständlich auch auf die Tagungsgäste. Die neun Seminarräume eignen sich für jede Art von Veranstaltung für bis zu 133 Personen, der Zugang zum Garten garantiert angenehme Pausen. Im kleinen, aber feinen Wellnessbereich gibt es ein tolles Panorama-Schwimmbad, wer lieber im Trockenen sportelt, ist mit dem Fitnessraum gut beraten. Man genießt abends ein regionales 4-Gänge-Menü in stilvollem Ambiente, am Morgen startet man mit einem ausgewogenen Frühstück.

Parkhotel Hirschwang

2651 Reichenau an der Rax, Trautenberg-Straße 1 | www.seminarparkhotel.at | office@seminarparkhotel.at | Tel.: 02666 58110

Am Fuße der Rax verbringt man im Parkhotel Hirschwang angenehme Urlaubstage oder Seminare in wunderbarer Umgebung. Man nächtigt in den 75 komfortablen Zimmern, von denen die meisten über einen schönen Balkon verfügen. Tagungen und auch andere Veranstaltungen aller Art finden in den zehn hellen Seminarräumen statt, in drei davon gibt es Hightech-Präsentationsmonitore, und auch die Möglichkeit für hybride Meetings besteht. Die persönliche Betreuung sorgt für einen reibungslosen Ablauf. Im Wellnessbereich mit Ruheraum samt Parkblick und im lichtdurchfluteten Restaurant erwartet die Gäste purer Genuss.

St. Oswald NIEDERÖSTERREICH M2

Hotel des Glücks

3684 St. Oswald, Untere Hauptstraße 4
www.hoteldesgluecks.at
willkommen@hoteldesgluecks.at
Tel.: 07415 7295

Seit 20 Jahren ist das herzliche Team des Hotels des Glücks auf Seminargäste spezialisiert und ermöglicht Veranstaltungen ganz nach persönlichem Wunsch. Man kann etwa das ganze Haus für ein Event mieten, wodurch Ungestörtheit und Exklusivität garantiert werden. Die Meetingräume wurden mittels Feng-Shui gestaltet und sind modern ausgestattet – so gibt es hier die Weframe-One-Technologie für hybride Meetings. Im Wellnessbereich relaxt man im Whirlpool, im japanischen Ruheraum, im Laconium oder ganz neu bei einer Shiatsu-Massage. Alles ideale Voraussetzungen für ein Seminar mitten im Grünen!

Stössing NIEDERÖSTERREICH M2

Refugium Hochstrass

3073 Stössing, Hochstrass 7
www.refugium-hochstrass.at
office@refugium-hochstrass.at
Tel.: 02744 20500

Im denkmalgeschützten Gebäude eines ehemaligen Schulklosters findet man mit dem Refugium Hochstrass den perfekten Ort für Seminare und andere Tätigkeiten, die eine Portion Ruhe, Konzentration und Klarheit brauchen. Die sechs neuen Seminarräume befinden sich im Dachgeschoss, von welchem man den Weitblick genießt. Besonders ist die Klosterkapelle, in der Vorträge und Konzerte abgehalten werden können. Auch das Rahmenprogramm ist toll, es gibt etwa Führungskraft-Schulungen mit Norikern, Wanderungen, Kochkurse und Trommelkurse. Allerlei Köstliches kann man im Speisesaal mit Wintergarten probieren.

Berghotel Tulbingerkogel

3001 Tulbingerkogel, Tulbingerkogel 1
www.tulbingerkogel.at
hotel@tulbingerkogel.at
Tel.: 02273 7391
0676 629 0088

In angenehm ruhiger Lage, aber dennoch von Wien leicht erreichbar, findet man mit dem Berghotel Tulbingerkogel den perfekten Austragungsort für Seminare, aber auch für Teambuilding- und Incentive-Veranstaltungen in der Natur. Es verfügt über 41 Zimmer und Suiten in unterschiedlicher, stilvoller Gestaltung und neun Seminarräume mit bis zu 380 m^2. Der neue Spa und Fitnessbereich laden zum Relaxen ein – das Highlight des Tages stellt aber sicherlich die Kulinarik dar: Im mit zwei Hauben prämierten Restaurant gibt es allerlei Herrliches wie beispielsweise Wild und Pilze aus den Wäldern der Umgebung.

Wesenufer OBERÖSTERREICH I2

Wesenufer

Hotel & Seminarkultur an der Donau

4085 Wesenufer, Wesenufer 1
www.hotel-wesenufer.at
office@hotel-wesenufer.at
Tel.: 07718 20090

In malerischer Lage, direkt an der Donau zwischen Passau und Linz, liegt das Hotel Wesenufer. Im geschichtsträchtigen Haus finden sich insgesamt 49 moderne Zimmer, welche größtenteils über einen traumhaften Blick auf das Wasser verfügen. Die fünf Seminarräumlichkeiten bieten Platz für 19 bis 250 Personen, zudem gibt es zwei kleinere Besprechungsräume und die Möglichkeit, Veranstaltungen hybrid zu veranstalten. Wunderbar: Die Meetings können auch ins Freie auf die Tagungswiese oder die Tagungsterrasse verlegt werden. Entspannung gönnt man sich im Wellnessbereich, etwa bei einer Hydrojet-Massage.

ARCOTEL Kaiserwasser

1220 Wien, Wagramer Straße 8
www.arcotelhotels.com/de/kaiserwasser_hotel_wien
kaiserwasser@arcotelhotels.com
Tel.: 01 224240

Das ARCOTEL Kaiserwasser, direkt am gleichnamigen, idyllischen Altarm der Donau gelegen, erwartet seine Gäste nur wenige Schritte von der UNO City, vom Austria Center und vom Vienna International Center entfernt. Mit seinen neun Seminarräumen (für bis zu 340 Personen), zwei Meetingräumen mit Blick über die Stadt und fünf intimeren Business-Suiten ist es der ideale Ort für Tagungen, Konferenzen, aber auch für Feiern. Nach einem ereignisreichen Tag entspannt man auf dem hoteleigenen Steg am Wasser, im Wellness- und Fitnessbereich oder im Restaurant UNO und der U-ONE Bar. Herrlich ist der Blick ins Grüne.

Kaiserhof Wien

1040 Wien, Frankenberggasse 10
wien.hotel-kaiserhof.at
wien@hotel-kaiserhof.at
Tel.: 01 5051701

Die Lage des Hotels Kaiserhof ist absolut ideal – man befindet sich mitten im Zentrum und erreicht die Oper und die Karlskirche mit wenigen Schritten, dennoch ist Ruhe garantiert. Für Seminare bieten sich die drei hellen, hohen Räume mit stuckbesetzter Decke an, welche mit moderner Seminartechnik ausgestattet sind und Platz für bis zu 80 Personen bieten. Die 74 Zimmer und Suiten laden durch ihre Gemütlichkeit zum Wohlfühlen ein. Für einen sportlichen Ausgleich sorgt der Fitnessraum. Mit dem exquisiten Frühstücksbuffet startet man perfekt in den Tag und lässt diesen wiederum an der Hotelbar ausklingen.

Maxx
by Steigenberger Vienna

1050 Wien, Margaretengürtel 142 | www.maxxhotel.com | reservations.vienna@maxxhotel.com | Tel.: 01 36163900

Das Designhotel MAXX by Steigenberger ist mit seiner Lage zwischen dem Westbahnhof und der Wiener Innenstadt sowohl für Freizeit- als auch Geschäftsreisende eine Topadresse. Die 195 modernen Zimmer bieten Komfort, ebenso der exklusive Spa auf der obersten Etage mit Blick auf den Stephansdom. Eine gemütliche Stimmung herrscht auch in den vier multifunktionalen Konferenzräumen – bis zu 160 Personen finden hier Platz. Das freundliche Team ist mit der Organisation und Durchführung von Meetings gerne behilflich und sorgt für einen reibungslosen Ablauf.

Meliá Vienna

1220 Wien, Donau-City-Straße 7 | www.melia.com | melia.vienna@melia.com | Tel.: 01 90104

Wer eine Veranstaltung, ein Meeting oder ein Seminar in einer außergewöhnlichen Location austragen möchte, der wird mit dem Meliá Vienna fündig: Im höchsten Wolkenkratzer Österreichs und direkt an der Donau gelegen, kann man von hoher Qualität im wahrsten Sinne des Wortes ausgehen. Eine Fläche von 1.000 m² kann flexibel für Kongresse aufgeteilt werden, die neun Meetingräume sind topmodern. Das elegante 57 Restaurant in 220 Metern Höhe eignet sich wunderbar für einen Businesslunch, abends nimmt man Cocktails in der dazugehörigen Bar ein. Auch top für einen Ausgleich: das Fitnesscenter mit Ausblick.

Renaissance Wien Hotel

1150 Wien, Linke Wienzeile/Ullmannstraße 71 | www.marriott.com | renaissance.wien@renaissancehotels.com | Tel.: 01 891020

In diesem Designhotel, nur wenige Minuten vom Schloss Schönbrunn entfernt, fühlen sich Stadturlaubende genauso wohl wie Businessreisende. In den acht, mit modernster Technik ausgestatteten Veranstaltungsräumen finden 190 Personen Platz und in vier Break-out-Rooms kann in kleineren Gruppen gearbeitet werden. Der Ballsaal ist die ideale Location für beeindruckende Weihnachts- und Firmenfeiern. Im Restaurant Wunderkammer Drinking & Dining gibt es eine große Auswahl – man darf sich nicht nur auf originale Wiener Köstlichkeiten freuen, sondern kann hier auch türkische und französische Speisen probieren.

SKI IN
SKI OUT

Die besten Ski in Ski out-Hotels

Die besten Ski in Ski out-Hotels, die durch ihre Nähe zum Skigebiet Ungebundenheit, Komfort und einzigartiges Wintersport-Flair versprechen.

Almmonte
Wagrain

Alpen-Wellness Resort Hochfirst
Obergurgl

AlpenParks Sonnleiten
Saalbach

Alpine Palace
Hinterglemm

Dolomiten Residenz Sporthotel
Sillian

Edelweiss
Zürs am Arlberg

Falkensteiner Hotel & Spa Carinzia
Tröpolach

Hirlanda
Zürs am Arlberg

Kaiserblick Hotel
Ellmau

Sonnhof Alpendorf
St. Johann im Pongau

Tirol Lodge Ellmau
Ellmau

Wälderin
Mellau

Yscla
Ischgl

Zürserhof
Zürs am Arlberg

Das Kaiserblick Hotel

6352 Ellmau, Kirchbichl 5 | www.kaiserblick.at | office@kaiserblick.at | Tel.: 05358 2230

284 top präparierte Pistenkilometer des Skigebiets Wilder Kaiser liegen für die Gäste des Hotels Kaiserblick direkt vor der Haustüre. Nach einem sportlichen Tag gibt es nichts Schöneres, als im neuen Wellnessbereich mit Infinity-Sky-Pool, verschiedenen Saunen und Dampfbädern zu entspannen. Auch auf weitere Neuerungen darf man sich freuen, etwa eine neu gestaltete Eingangshalle sowie neue Panoramastudios oder eine Autowaschanlage. Eine große Rolle spielt hier auch die Kulinarik: Es gibt neben saisonalen, regionalen Spezialitäten auch Gerichte aus aller Welt – selbstverständlich in bester Qualität.

Tirol Lodge Ellmau

6352 Ellmau, Weissachgraben 14A | www.tirollodge.tirol | info@tirollodge.at | Tel.: 05358 44666

Die wunderschöne Bergwelt der Region Wilder Kaiser erkundet man im Winter am besten via Ski. Die trendige Tirol Lodge Ellmau ist mit der Lage direkt an der Hartkaiser-Bergbahn der ideale Ausgangspunkt. Nachdem die Ski am Nachmittag im hauseigenen Sportdepot untergebracht wurden, nimmt man einen Drink in der Bar „Lieblingsplatzl" bei Kaminknistern und Livemusik ein. Oder aber man entspannt im beheizten Außenpool und in der traumhaften Rooftop-Sauna mit Aussicht auf die Berge. Ein kräftigendes Abendessen in einem der vier Restaurants macht einen für den nächsten, sportlichen Tag wieder bereit.

Hinterglemm SALZBURG G4

The Alpine Palace

5754 Hinterglemm, Reiterkogelweg 169 | www.hotel-alpine-palace.com | info@wolf-hotels.at | Tel.: 06541 6346

Eingebettet in die malerische Berglandschaft, erwartet das 5-Sterne-Superior-Hotel Alpine Palace seine Gäste in Saalbach-Hinterglemm direkt neben der Seilbahnstation Reiterkogel. Ein idealer Ausgangspunkt zum Skifahren im Winter und für zahlreiche Sporterlebnisse wie Wandern und Biken im Sommer. Einen idealen Ausgleich findet man im umfassenden Wellnessbereich mit Pools, Saunen etc. und im Body & Soul Center bei Massagen, Kosmetik und Ayurveda-Behandlungen. Gourmets werden vom kulinarischen Angebot begeistert sein: Speziell das elegante Hauptrestaurant und die Skybar sollte man unbedingt aufsuchen.

Yscla

Genießerhotel

6561 Ischgl, Dorfstraße 73 — www.yscla.at — info@yscla.at — Tel.: 05444 5275

Exklusivität, luxuriöses Design, alpiner Charme und vor allem herausragende Kulinarik – das zeichnet das Gourmet-Boutiquehotel Yscla in Ischgl aus. Ganze sechs Hauben finden sich hier unter einem Dach, darunter das mit 18,5 Punkten ausgezeichnete Restaurant Stüva, in welchem Benjamin Parth französische Klassik auf ganz besondere Art modern interpretiert. Aus über 800 Positionen wählt Sommelière Sarah Parth die passende Weinbegleitung. Auch die stylishe Bar SPACE73 und das Bistro Guxa sollte man besuchen. Ein weiteres Highlight: Die Yscla Vital-Therme mit Saunen, Dampfbad und Aquaviva-Bereich.

Die Wälderin

6881 Mellau,
Hinterbündt 383

www.diewaelderin.at
hotel@diewaelderin.at

Tel.: 05518 20102

Direkt am Wander- und Skigebiet Mellau-Damüls, dem größten des Bregenzerwalds, erwartet das Hotel Die Wälderin seine Gäste. Durch die moderne Vorarlberger Architektur und die Gestaltung mit Holz sowie weiteren heimischen Materialien fühlt man sich hier sofort geborgen. Nach einem Tag in den Bergen locken die Bade- und Saunawelt, der ganzjährig beheizte Gartenpool und Ruheräume mit Bergblick. Für Kinder gibt es Spielbereiche und einen eigenen Spaßpool. Tagsüber genießt man Kaffee und Kuchen auf der Sonnenterrasse oder in der Lobby, außerdem gibt es regionale wie weltoffene Köstlichkeiten.

Obergurgl TIROL D5

Alpen-Wellness Resort Hochfirst

6456 Obergurgl,
Gurglerstraße 123

www.hochfirst.com
info@hochfirst.com

Tel.: 05256 63250

Schon im November beginnt im Alpen-Wellness Resort Hochfirst die Wintersaison. Durch die Lage in den Ötztaler Alpen kann man dann bereits Ski fahren und die Winterwunderwelt Tirols genießen. Mit dem Lift direkt hinter dem Hotel geht es auf die Piste. Entspannung beginnt hier schon bei den großzügigen und eleganten Zimmern im Chalet-Stil und zieht sich durchs ganze Haus. Besonders der 1.500 m² große Alpen-Spa ist eine wahre Erholungsoase. Fünf neue Behandlungsräume komplettieren den in Weiß- und Bronzetönen gehaltenen Wellnessbereich. Feinschmecker werden von der 3-Hauben-Kulinarik begeistert sein.

SKI IN SKI OUT

Saalbach

SALZBURG G4

AlpenParks Sonnleiten

5753 Saalbach, Hinterhagweg 361 | www.alpenparks.at | sonnleiten@alpenparks.at | Tel.: 06541 6402

Das Skigebiet Saalbach-Hinterglemm verspricht einen abwechslungsreichen Winterurlaub und das AlpenParks Sonnleiten bietet dafür die perfekte Unterkunft – auch für unterschiedliche Geschmäcker: Man kann sich zwischen insgesamt 36 Hotelappartements, Zimmern und Suiten entscheiden. Die meisten verfügen über eine eigene Sauna, außerdem gibt es einen beheizten Outdoorpool mit Bergblick. Leistungen wie das Skidepot verstehen sich von selbst. Die Herzlichkeit, mit der einem hier begegnet wird, findet man jedoch nicht überall! Das Restaurant Troadkasten verspricht österreichische wie internationale Genüsse.

St. Johann im Pongau

SALZBURG H4

Sonnhof Alpendorf

5600 St. Johann im Pongau, Alpendorf 16 | www.sonnhof-alpendorf.at | info@sonnhof-alpendorf.at | Tel.: 06412 7271

In der ruhigen Atmosphäre des „Aduls-preferred"-Hotels Sonnhof Alpendorf mit 42 Zimmern und Suiten verbringt man einen umwerfenden Skiurlaub. Es liegt direkt an der Piste des Snow Space Salzburg und bietet Services wie einen Sportverleih und eine Skischule direkt im Haus. Nach einem Tag in den Bergen regeneriert man in der 1.200 m² großen Wellnesslandschaft mit mehreren Pools, Saunen, Ruheräumen und vielem mehr oder im Beauty- und Massagezentrum. Die Sonnhof-Verwöhn-Kulinarik verspricht über den ganzen Tag Köstlichkeiten, den krönenden Abschluss eines Tages stellt das kreative 6-Gänge-Menü dar.

Sillian

TIROL F5

Dolomiten Residenz Sporthotel Sillian

9920 Sillian, Nr. 49 d | www.sporthotel-sillian.at | info@sporthotel-sillian.at | Tel.: 04842 60110

Im ersten Familien-Wellnesshotel Osttirols verbindet man Erholung und Genuss mit aktivem Familienurlaub. Ein umfassendes Kinderbetreuungsangebot und Teenagerprogramm entlastet gestresste Eltern, welche in den Pools, in der weitläufigen Saunalandschaft, im Panoramafitnesscenter oder bei einer

Massage entspannen können. Zahlreiche Treatments gibt es aber auch für den Nachwuchs – so kann man beispielsweise gemeinsam wellnessen. Damit genügend Kraft für die Erlebnisse rund um das Hotel wie etwa Skifahren, Wandern oder Radfahren auf dem Drauradweg vorhanden ist, liegt der Fokus der Gourmetküche auf leichter Vollkost.

Tröpolach — KÄRNTEN H5

Falkensteiner Hotel & Spa Carinzia

9631 Tröpolach, Tröpolach 156
www.falkensteiner.com
reservations.carinzia@falkensteiner.com
Tel.: 04285 72000

Dieses Hotel ist ideal für all jene geeignet, die sowohl Aktivität als auch Entspannung im Urlaub nicht missen wollen. Die Talstation des Millenium-Express befindet sich direkt beim Haus und so steht dem entspannten Skitag am Nassfeld nichts mehr im Weg! Außerdem sorgt das umfassende Aktivprogramm für Bewegung. Danach geht's in den Acquapura Spa, wo man auf 2.400 m² verschiedene Pools, Ruhebereiche, eine finnische Panoramasauna und vieles mehr findet. Wer sich sportlich betätigt, muss auch gut essen – dank der saisonalen Aktiv-Kulinarik mit mediterranen Einflüssen und der neuen Halbpension Plus ist dies sichergestellt.

Wagrain — SALZBURG H4

Almmonte

Präclarum Suites Design Hotel

5602 Wagrain, Widmoosweg 3
www.almmonte.com
info@almmonte.com
Tel.: 06413 7286
0664 122 0503

Das Almmonte Präclarum Suites Design Hotel wurde im September 2021 eröffnet und begeistert seitdem seine Gäste nicht nur durch die perfekte Lage in Wagrain direkt an der Talstation der Flying-Mozart-Gondelbahn. Vor allem der persönliche Service, das Design und die 23 luxuriösen Suiten sind außergewöhnlich. Der Premium Spa mit Panorama-Sauna, Dampfsauna und Infrarotkabine verspricht Entspannung, nicht entgehen lassen sollte man sich den sagenhaften Blick von der Dachterrasse. Im Restaurant Almmonte 96 wird mit Raffinesse für kulinarische Highlights mit der passenden Weinbegleitung gesorgt.

Edelweiss

6763 Zürs am Arlberg,
Zürs 79
www.edelweiss-arlberg.at
welcome@edelweiss-arlberg.at
Tel.: 05583 2662

Nach einem reichhaltigen Frühstück startet man direkt vom Hotel Edelweiss aus auf die Piste und steigt mit dem Bergfriedlift in den Skicircus Saalbach Hinterglemm ein. Am Nachmittag darf man sich auf die Annehmlichkeiten im Hotel freuen, etwa auf den Natural Spa und den neuen Bereich rund um den Rooftop-Pool. Das Restaurant begeistert mit Alpin-Chic und natürlich köstlichen Speisen – am Abend genießt man hier ein herrliches 6-Gänge-Menü. In den eleganten Suiten und gemütlichen Zimmern fühlt man sich direkt wohl und findet erholsamen Schlaf. Bodenständigkeit und Innovation werden gekonnt kombiniert.

Hirlanda

6763 Zürs am Arlberg,
Zürs 80
www.hirlanda.at
alberta@hirlanda.at
Tel.: 05583 22620

Denkt man an Lech-Zürs am Arlberg, so kommen einem wohl Schneesicherheit und herrliche, weitläufige Pisten in den Sinn. Nach einem Aufenthalt im Hirlanda bestimmt auch speziell das Hotel und seine freundlichen Mitarbeiter. Mit jeglichen Annehmlichkeiten für Skifahrer: Begonnen mit der Toplage an der Piste über den Skiraum bis hin zum Overnight-Skiservice, ist es ein wunderbares Urlaubsdomizil. Nach dem Skitag genießt man einen Saunagang, das Highlight ist ein Besuch im Feinschmeckerrestaurant, wo man österreichische und mediterrane Köstlichkeiten von feinem Porzellan speist.

Zürserhof

6763 Zürs am Arlberg,
Zürs 75
www.zuerserhof.at
hotel@zuerserhof.at
Tel.: 05583 25130

Direkt an den Pisten von Zürs liegt das Hotel Zürserhof, das bereits in dritter Generation familiär geführt wird und auf eine 60-jährige Geschichte zurückblicken kann. Eine Besonderheit hier ist der einzigartig gestaltete, luxuriöse Aureus Spa, dessen 1.700 m² sich über zwei Ebenen verteilen. Hier findet man neben Saunen, einem Lady Spa und vielem mehr die wunderbare Panorama Lounge mit Kamin und Bibliothek. Kulinarisch wird man im Rahmen der Halbpension unter anderem bei Themenabenden verwöhnt. Nicht entgehen lassen sollte man sich das Käsebuffet, das über 200 Sorten aus aller Welt beinhaltet.

DAS
EDELWEISS
SALZBURG MOUNTAIN RESORT
FAMILIE HETTEGGER
Ski In - Ski Out
FASZINATION IN RAUM UND ZEIT
Hettegger Hotel Edelweiss GmbH
Unterbergstrasse 65 I 5611 Grossarl
info@edelweiss-grossarl.com I www.edelweiss-grossarl.com

WELLNESS
© Mediamodifier

Die besten Wellnesshotels

Die besten Wellnesshotels, die Entspannung, Gesundheit und Beauty vereinen.

Almgut
St. Margarethen im Lungau

Alpin Resort Sacher
Seefeld

Bergblick
Grän

Bio- und Wellnessresort Stanglwirt
Going

Cervosa
Serfaus

Das.Goldberg
Bad Hofgastein

DasPosthotel
Zell am Ziller

Der Wilde Eder
St. Kathrein am Offenegg

Ebner's Waldhof am See
Fuschl am See

Edelweiss
Großarl

Eggerwirt
St. Michael im Lungau

Fritsch am Berg
Lochau

Genussdorf Gmachl
Bergheim bei Salzburg

Hochschober
Turracher Höhe

Holzhotel Forsthofalm
Leogang

Inntalerhof
Seefeld

Jagdhof
Neustift im Stubaital

Kaiserhof
Ellmau

Karwendel
Pertisau

Klosterbräu
Seefeld

Kohlmayr
Obertauern

Krallerhof
Leogang

Lürzerhof
Untertauern

Mooshaus
Kühtai

Nesslerhof
Großarl

Post Lermoos Geniesserhotel
Lermoos

Rogner Bad Blumau
Bad Blumau

Ronacher
Bad Kleinkirchheim

Sonne Lifestyle Resort Bregenzerwald
Mellau

Sonnreich
Bad Loipersdorf

Tauernho
Großarl

Travel Charme Fürstenhaus Am Achensee
Pertisau

Travel Charme Ifen Hotel
Hirschegg/ Kleinwalsertal

TUXERHOF
Tux

Vitalhotel Therme Geinberg
Geinberg

Warther Hof
Warth

Wellnesshotel Alpin Juwel
Hinterglemm

Wellnesshotel der Engel
Grän

Wöscherhof
Uderns

Rogner Bad Blumau

8283 Bad Blumau, Bad Blumau 100
www.blumau.com
urlaubsschneiderei@rogner.com
Tel.: 03383 51009449

Wem gerade Formen zu langweilig sind, der ist im größten bewohnbaren Gesamtkunstwerk von Friedensreich Hundertwasser, dem Rogner Bad Blumau, richtig. Mit Mut zu organischen und ungewohnten Formen überzeugt das Haus nicht nur wellness-, sondern auch kunstaffine Besucher. Flexibilität steht im Mittelpunkt der Halbpension, so kann man sich Ort und Zeit des Frühstücks individuell aussuchen. Ob im Hotelrestaurant, im 8.500 m² großen Wellnessbereich oder im eigenen Augenschlitzhaus: Überall schmeckt man die hochwertigen regionalen Produkte heraus. Abends wird beim Buffet auf alle Ernährungsvorlieben geachtet.

Bad Hofgastein SALZBURG H4

Das.Goldberg

5630 Bad Hofgastein, Haltestellenweg 23
www.dasgoldberg.at
info@dasgoldberg.at
Tel.: 06432 6444

Freiheitsliebend. Glückerfüllt. Naturverbunden – das ist Das.Goldberg. Das Designhotel überzeugt vor allem durch die traumhafte Lage direkt an der Piste und mit wunderbarem Ausblick auf die Hohen Tauern. Nach einem Skitag entspannt man sich im von Zirbenholz geprägten Wellnessbereich, welcher über den einzigartigen Gold.Stollen verfügt. Unbedingt zum Après-Ski vorbeischauen sollte man in der schicken Feuerbar mit balinesischem Einfluss und DJ-Beats wie auf Ibiza. Die Küche ist eine Hommage an die Region: Es gibt unter anderem hausgeräucherten Speck, Käse von der Alm und selbst gebackenes Brot.

Das Ronacher

Therme & Spa Resort

9546 Bad Kleinkirchheim, Thermenstraße 3
www.ronacher.com
hotel@ronacher.com
Tel.: 04240 282

Das Ronacher in Bad Kleinkirchheim ist nicht einfach nur ein Wellnesshotel. Es bietet seinen Gästen Heilwasser aus der eigenen Quelle und ist damit eines unter wenigen. Dieses hilft bei muskulären Problemen, Rheuma und Gelenkbeschwerden. Man nächtigt in 90 gemütlichen Zimmern und darf sich besonders auf eine familiäre Atmosphäre, gepaart mit Luxusservice, freuen. Kulinarisch hat man sich hier dem Slow Food verschrieben, um das Bewusstsein für Essen von hoher Qualität wieder in den Vordergrund zu stellen. Das genießt man sowohl beim Abendmenü als auch beim reichhaltigen Frühstücksbuffet.

Das Sonnreich

Thermenhotel Loipersdorf

8282 Bad Loipersdorf, Schaffelbadstraße 219 | www.sonnreich.at | info@sonnreich.at | Tel.: 03382 20000

In Bad Loipersdorf im steirischen Thermenland erstrahlt Das Sonnenreich nach dem Umbau in den coronabedingten Pausen in neuem Glanz. Durchzogen von frischen Farben und warmem Holz wird sofort eine Wohlfühlatmosphäre für die Gäste spürbar. Über einen beheizten Gang erreicht man ganz bequem das Thermenresort Loipersdorf. Damit das leibliche Wohl im Wellnessurlaub nicht zu kurz kommt, wird den Gästen im Rahmen der Halbpension ein reichhaltiges Frühstücksbuffet sowie ein Genuss-Abendbuffet geboten. Hier möchte man sich nicht auf eine Küchenlinie beschränken, stattdessen werden Vielfalt und Abwechslung zelebriert.

Bergheim Bei Salzburg SALZBURG H3

Genussdorf Gmachl

5101 Bergheim bei Salzburg, Dorfstraße 35 | www.gmachl.at | info@gmachl.at | Tel.: 0662 4521240

Im Genussdorf Gmachl verbringt man seinen Urlaub in der schönen Atmosphäre eines Dorfes – aber mit dem gewissen Luxusfaktor. In einem Dorf ist man immer in der Natur: Mit dem Garten Spa mit Naturbadeteich ist dies auch hier der Fall. Ein traumhafter Ort, um aus der stressigen Großstadt auszubrechen! Es wird viel Wert darauf gelegt, die Lieferanten zu kennen und um die Herkunft der Produkte Bescheid zu wissen, die im mit einer Haube prämierten Restaurant Gmachl verwendet werden. Ein jeder findet hier seinen Lieblingsort – sei es der atemberaubende Infinitypool auf dem Dach, eine der Ruhekojen oder eine Sonnenliege.

Ellmau TIROL F3

Kaiserhof

6352 Ellmau, Harmstätt 8 | www.kaiserhof-ellmau.at | info@kaiserhof-ellmau.at | Tel.: 05358 2022, 0664 540 8120

Direkt über Ellmau und vor der atemberaubenden Bergkulisse des Wilden Kaisers thront das 5-Sterne-Superior-Hotel Kaiserhof. Perfekt relaxen kann man hier im einzigartigen vierstöckigen Spa-Turm, auf dessen Dach sich der neue Unlimited Mountain Pool mit spektakulärem 360-Grad-Rundumblick auf die

Kitzbüheler Alpen befindet. Unter anderem steht auch eine Himalaya-Salzgrotte und ein Naturbadesee mit Gegenstromanlage zur Verfügung. Selbstverständlich werden diverse Beauty-Behandlungen angeboten. Genächtigt wird in luxuriösen Zimmern. Highlights: die neue Skybar im Onyx-Stil und die 2-Hauben-Kulinarik.

Fuschl am See — SALZBURG H3

Ebner's Waldhof am See

5330 Fuschl am See, Seestraße 30 | www.ebners-waldhof.at | info@ebners-waldhof.at | Tel.: 06226 8264

In exklusiver Lage am Fuschlsee im Salzburger Land residiert Ebner's Waldhof am See. Umgeben von einer atemberaubenden Bergkulisse wird den Gästen hier eine Vielzahl an Freizeitaktivitäten geboten. Ob man eine Runde auf dem hauseigenen Golfplatz spielt oder doch einen Städtetrip nach Salzburg unternehmen möchte, liegt ganz bei einem selbst. Ein eigener Strand mit zwei Badestegen sowie ein 4.000 m² großer Wellnessbereich dürfen für das perfekte Urlaubserlebnis natürlich nicht fehlen. Im Rahmen der Halbpension werden abends regionale Köstlichkeiten aus der Fuschlseeregion in Form eines kreativen Gourmetmenüs genossen.

Vitalhotel Therme Geinberg

4943 Geinberg, Thermenplatz 1
www.therme-geinberg.at
reservierung@therme-geinberg.at
Tel.: 07723 85013017

Karibik-Flair ohne die weite Reise? Dies wird im Vitalhotel Therme Geinberg möglich! In der Salzwasserlagune schlürft man exotische Cocktails und genießt den weißen Sandstrand mit Palmen. In elf Themensaunen und Dampfbädern kommen selbst im Winter tropische Temperaturen auf. Von der Karibik reist man sogar noch weiter: In der Oriental World erfährt man authentische Hamam-Erlebnisse. Bevor man sich in eines der 191 komfortablen Zimmer zurückzieht, lockt das Haubenrestaurant Aqarium mit kulinarischen Hochgenüssen, zubereitet mit saisonalen Innviertler Produkten, und die Hotelbar mit köstlichen Drinks.

Going TIROL F3

Bio- und Wellnessresort Stanglwirt

6353 Going, Kaiserweg 1
www.stanglwirt.com
daheim@stanglwirt.com
Tel.: 05358 2000

Das familiär geführte Bio- und Wellnessresort Stanglwirt bietet außergewöhnliche wie abwechslungsreiche Schwerpunkte, welche es zum idealen Urlaus-domizil für Familien oder Gruppen mit verschiedenen Interessen macht. Sei es für sportliche Bergliebhaber, tierfreundliche Kinder oder Genießer guter Küche – hier fühlt sich jeder wohl. Den 5-Sterne-Spa lieben aber garantiert alle! Hier gibt es zahlreiche Bademöglichkeiten, eine Kinderwasserwelt, eine beeindruckende Saunalandschaft, Behandlungen und vieles mehr. Auch die erlesen ausgestatteten Zimmer und Suiten stehen ganz im Zeichen der Entspannung.

Bergblick

6673 Grän,
Am Lumberg 20

www.hotelbergblick.at
info@hotelbergblick.at

Tel.: 05675 63960

Im Hotel Bergblick stehen das Ankommen und Entspannen im Zentrum des Aufenthalts. Eingebettet in die wunderschöne Tiroler Berglandschaft in einem malerischen Hochtal, fällt das nicht sonderlich schwer, etwa im Wellnessbereich mit Panoramapools, Dampfbad, Sauna und Wasserschwebeliegen. Auch das atemberaubende Bergpanorama tut sein Übriges dazu – hier steht ganzheitliches Wohlbefinden im Zentrum der Erfahrung. Gaumengenüsse wiederum sorgen für kulinarische Freuden: vom ausgiebigen Frühstücksbuffet über kleine Snacks am Nachmittag bis hin zum abendlichen Menü, in dem sich alles um Frische und Regionalität dreht.

Wellnesshotel Der Engel

6673 Grän,
Dorfstraße 35

www.engel-tirol.com
post@engel-tirol.com

Tel.: 05675 6423

Wenn Engel reisen … In diesem Wellnesshotel finden anspruchsvolle Gäste ihr ideales Urlaubsdomizil im Tiroler Tannheimer Tal. Im großzügigen Spa-Bereich mitsamt organisch gestaltetem Spahaus gibt es von Adults-only-Zonen mit Entspannungspool mit Whirlliegen bis zu Familiensaunen alles, was das Herz begehrt. Wunderbar ist auch das Pure-Active-Programm mit Qigong, Core-Training, Spinning und vielem mehr. So hat man sich dann das Essen in den verschiedenen Stuben so richtig verdient! Man darf sich auf österreichische Küche mit internationalem Einfluss, bereitet mit regionalen Zutaten, freuen.

Großarl

SALZBURG H4

Das Edelweiss

Salzburg Mountain Resort

5611 Großarl,
Unterbergstraße 65

www.edelweiss-grossarl.com
info@edelweiss-grossarl.com

Tel.: 06414 3000

Die Lage sowie zahlreiche Services wie ein Skiverleih, der Skipassverkauf und der Skikeller vor Ort machen das Hotel Das Edelweiss zum perfekten Winterurlaubsdomizil. Nächtigt man hier, freut man sich nicht nur auf einen herrlichen Skitag, sondern auch auf das Zurückkehren ins Haus. Gründe dafür sind sowohl die einzigartigen Zimmer als auch der herrliche Anazoe-Relaxbereich. Das Hotel hat sich außerdem dem veganen Trend angeschlossen, es gibt vegane Kosmetik und eine kulinarische Besonderheit: Neben dem À-la-carte-Angebot speist man im vegetarischen Gourmetrestaurant „TIAN auf Skiurlaub in Zürs".

Nesslerhof

5611 Großarl,
Unterbergstraße 50

www.nesslerhof.at
info@nesslerhof.at

Tel.: 06414 81200

Eine Vielfalt an Gästen fühlt sich im Hotel Nesslerhof in Großarl wohl – was sie aber wohl alle gemeinsam haben? Sie schätzen die traumhafte Lage inmitten der Bergwelt und die herzliche Betreuung. Nach einem Tag auf der Piste, beim Rodeln, bei einer Schneeschuhwanderung oder anderen Aktivitäten im Rahmen des Programms hat man sich den Besuch im luxuriösen Wellnessbereich so richtig verdient. Dort relaxt man in der Wasser- und Saunawelt. Abends genießt man außergewöhnliche Kreationen aus der Nesslerhof-Küche. Die Zimmer und Suiten bieten jeglichen Komfort und sind lichtdurchflutete Wohlfühlorte.

Tauernhof Ⓝ

5611 Großarl,
Unterbergstraße 55

www.tauernhof.com
info@tauernhof.com

Tel.: 06414 2640

Das Beste der Region Großarl vereint sich im Tauernhof: Hier genießt man wertvolle Zeit mit Freunden und der Familie, erlebt die Kulinarik mit allen Sinnen und lässt sich von der Natur verzaubern. Auch Nichtstun muss geübt werden, doch fällt dies bei Massagen, im Riesen-Whirlpool oder in der Sauna nicht schwer.

Hinterglemm — SALZBURG G4

Wellnesshotel Alpin Juwel

5754 Hinterglemm,
Haidweg 357

www.alpinjuwel.at
info@alpinjuwel.at

Tel.: 06541 7226

In Saalbach-Hinterglemm lassen sich spannende Sommer- und Wintersportaktivitäten in den Alpen mit Ayurveda-Wellness verbinden. Der Spa-Bereich des Wellnesshotels Alpin Juwel hat sich auf das aus Sri Lanka stammende Konzept spezialisiert und bietet verschiedene Behandlungen. Doch auch klassische Wellnessannehmlichkeiten wie vier verschiedene Saunen, ein Dampfbad sowie ein Over-the-Edge-Pool bieten den Gästen Erholung. Passend dazu wird vorwiegend gesunde Kost gereicht, um Körper und Geist in Einklang zu bringen. Besondere Wellnesspakete wurden hier auch für Männer und Jugendliche geschnürt.

Travel Charme Ifen Hotel

6992 Hirschegg/ Kleinwalsertal, Oberseitestraße 6
www.travelcharme.com
ifen@travelcharme.com
Tel.: 05517 608-0

Auf 1.111 Metern Seehöhe erwartet das wunderbare Travel Charme Ifen Hotel seine Gäste inmitten der schönsten Bergwelt des Kleinwalsertals. Die Umgebung des stylishen Hotels lädt zu verschiedensten Aktivitäten ein, man könnte aber auch einfach den ganzen Tag im Puria Spa verbringen. Unter anderem verfügt dieser über mehrere Pools, ein Sole-Klangbecken, Außen- und Innensaunen sowie Behandlungsräume für Massagen und Kosmetik-Treatments. Highlight des Tages ist das Essen in einem der drei Restaurants: dem Theo's, der Walser Stube Carnozet oder dem bekannten prämierten Gourmetrestaurant Kilian Stuba.

Mooshaus

6183 Kühtai,
Kühtai 40

www.mooshaus.at
hotel@mooshaus.at

Tel.: 05239 5207

Ski-in & Ski-out heißt es im Mooshaus, dessen Lage auf 2.020 Metern mit Schneegarantie lockt. Wem dies als Grund für seinen Winterurlaub hier noch nicht reicht, den könnte der Wellnessbereich mit dem höchstgelegenen Infinitypool der Alpen überzeugen! Insgesamt fünf Pools bieten nach einem ausgedehnten Skitag wohlverdiente Entspannung für müde Muskeln. Auch Kinder und Jugendliche sind in Teilen des Wellnessbereichs willkommen. Wer sich nach einem Tag in den Bergen abends in die Ferne sehnt, für den werden asiatische Gaumenfreuden mit coolen DJ-Sounds auf der Terrasse geboten.

Leogang SALZBURG G4

Holzhotel Forsthofalm

5771 Leogang,
Hütten 37

www.forsthofalm.com
booking@forsthofalm.com

Tel.: 06583 8545

In imposanter Alleinlage auf 1.050 Metern Seehöhe befindet sich das Holzhotel Forsthofalm. Hier herrscht durch die besondere Bauweise mit Holz und die Verwendung von Naturmaterialien eine besondere Atmosphäre – man ist stetig mit herrlichem Holzduft umgeben, wodurch ein heimeliges Gefühl entsteht. Mit dem umfangreichen Programm kommt bestimmt keine Langeweile auf – neu gibt es einen Zen Dome. Mit der Bio-Regenbogenküche kommen sowohl Veganer als auch Fleischesser auf ihre Kosten. Unbedingt einnehmen sollte man einen Sundowner auf der Dachterrasse bei coolen Ibiza-Beats und Livemusik.

Krallerhof

5771 Leogang,
Rain 6

www.krallerhof.com
office@krallerhof.com

Tel.: 0 65 83 82 46

Im Hotel Krallerhof in der Leoganger Bergwelt stehen nicht nur atemberaubende Natur und entspannende Wellnessbehandlungen, sondern auch Kunst weit oben auf der Prioritätenliste. So ist jeder Raum individuell gestaltet und inspiriert die Gäste, die hier ihren persönlichen Wohlfühlort finden werden. Seit Mai 2022 ist der Familien-Outdoorpool im 3.000 m² großen Wellness- und Spabereich ganzjährig benutzbar. Insgesamt können sich die Gäste hier in neun Saunen und Dampfbädern sowie in 17 Behandlungsräumen verwöhnen lassen. Es werden täglich geführte Wanderungen in der Leoganger Natur angeboten.

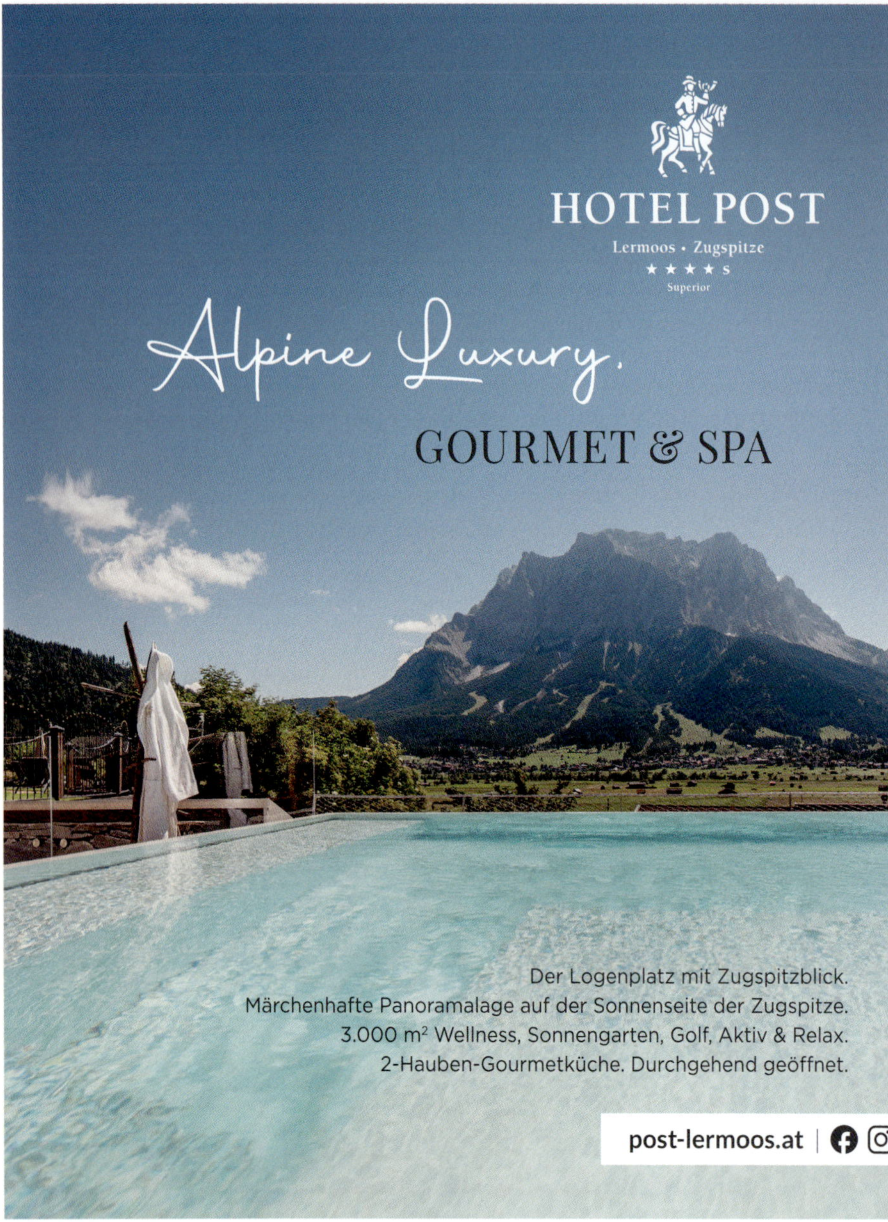
HOTEL POST
Lermoos • Zugspitze
★★★★ S
Superior
Alpine Luxury,
GOURMET & SPA
Der Logenplatz mit Zugspitzblick.
Märchenhafte Panoramalage auf der Sonnenseite der Zugspitze.
3.000 m² Wellness, Sonnengarten, Golf, Aktiv & Relax.
2-Hauben-Gourmetküche. Durchgehend geöffnet.
post-lermoos.at

Post Lermoos Geniesserhotel

Alpine Luxury, Gourmet & Spa

6631 Lermoos, Kirchplatz 6 | www.post-lermoos.at | welcome@post-lermoos.at | Tel.: 05673 2281-0

Im Genießerhotel Post Lermoos lässt es sich auf 1.000 Höhenmetern traumhaft abschalten. Mit Blick auf die Bergwelt wird den Gästen ein Wellnessparadies auf 3.000 m² geboten. Bei gleichmäßigen 30 Grad im Innen- und Außenpool wird jede Jahreszeit zur Schwimmsaison. Wer es heiß mag, der ist im Kräuterdampfbad, der Schwitzstube oder der Biosauna richtig aufgehoben. Nach dem Saunagang bieten sich die Eisgrotte sowie ein anschließender Besuch der Ruheräume an. Auch das leibliche Wohl kommt nicht zu kurz: Die Küche ist mit zwei Hauben ausgezeichnet. Top: Es gibt immer wieder Adults-only-Wochen.

Lochau VORARLBERG A3

Fritsch am Berg

Mental Spa Resort

6911 Lochau, Buchenberg 10 | www.fritschamberg.at | rezeption@fritschamberg.at | Tel.: 05574 43029

Wie der Name schon verrät, ist das Hotel Fritsch am Berg hoch gelegen und umgeben von Bergen, Seen, Wald und Wiese. Das Adults-only-Hotel (16+) verfügt über 34 Zimmer und Juniorsuiten sowie acht Freiraum-Suiten. Besonderheit hier ist das Mental-Spa-Konzept, in dem nicht nur körperliches, sondern auch seelisches Wohlbefinden in die Behandlung miteinbezogen werden. Vom exquisiten Hotelrestaurant blickt man über den Bodensee, das Allgäuer Hinterland und die Schweizer Berge – eine traumhafte Kombination! Währenddessen genießt man leichte regionale und saisonale Speisen in Bio-Qualität.

Sonne Lifestyle Resort Bregenzerwald

6881 Mellau, Übermellen 65 | www.sonnemellau.com | info@sonnemellau.com | Tel.: 05518 20775

Ganz im Westen des Landes liegt das Adults-only-Sonne-Lifestyle-Resort Bregenzerwald. Zum Entspannen lädt die Wellnesswelt, die sich über 1.500 m² erstreckt. Von Massageliegen über verschiedene Saunen und Dampfbäder bis zu einem Gartenpool findet sich hier alles, was man zum Abschalten braucht. Nach einem aktiven Tag in der umliegenden Bergwelt oder einer Sporteinheit im hauseigenen Fitnesscenter ist dies eine wahre Herrlichkeit! Abgerundet wird das Erlebnis von der Kulinarik: Die Küche ist mit einer Haube ausgezeichnet und bereitet auch gerne auf Wunsch vegane, glutenfreie oder laktosefreie Speisen zu.

Neustift im Stubaital TIROL D4

Jagdhof

Spa-Hotel

6167 Neustift im Stubaital, Scheibe 44 | www.hotel-jagdhof.at | mail@hotel-jagdhof.at | Tel.: 05226 2666

Direkt an der berühmten Schlögener Schlinge der Donau liegt das Spa-Hotel Jagdhof. Der Wellnessbereich hat einiges zu bieten: Diverse Saunen, Infrarotkabine, Dampfbad, Ruheinsel und Relaxwiese direkt an der Donau lassen keine Wünsche offen. Auch professionelle Massage- und Kosmetikbehandlungen werden angeboten. Im frisch renovierten Restaurant speist man auf der Sonnenterrasse mit traumhaftem Blick auf den Fluss. Wer es aktiver mag, für den stehen Mountainbike-Touren, Wanderungen, ein Golfplatz in 15 Minuten Entfernung, diverse Fischgründe und ein Nordic-Walking-Stöcke-Verleih zur Verfügung.

Obertauern SALZBURG I4

Das Kohlmayr

5562 Obertauern, Ringstraße 5 | www.daskohlmayr.at | info@daskohlmayr.at | Tel.: 06456 72720

Seit 1964 kann man sich das Alpine Luxury Boutique Hotel Das Kohlmayr kaum noch aus dem Ortsbild von Obertauern wegdenken. Die 59 elegant eingerichteten Zimmer und Suiten vereinen Tradition mit Moderne. Eine Neuheit ist die „Bergnest“-Suite im obersten Stockwerk. Highlight des Hauses: der Wellnessbereich, der sich über vier Ebenen erstreckt. Einige Teile davon sind Erwachsenen vorbehalten, doch rund um den Innenpool und die Familiensauna dürfen es sich auch Familien gemütlich machen. In vier Restaurants werden die Gäste mit reichhaltigen und abwechslungsreichen Menüs im Rahmen der Gourmetpension verwöhnt.

Pertisau

TIROL E3

Das Karwendel

6213 Pertisau,
Karwendelstraße 1

www.karwendel-achensee.com
info@karwendel-achensee.com

Tel.: 05243 5284

Das Wellnesshotel Das Karwendel bietet seinen Gästen alpine Wellness auf höchstem Niveau. Die Kombination aus alpinem Wohnambiente in den Zimmern, gepaart mit der Verwendung erstklassiger regionaler Produkte sowohl bei Treatments als auch in der Kulinarik, vermittelt den Gästen echte Entspannung auf Tiroler Art. Der Spa-Bereich erstreckt sich auf 2.800 m² und bietet neben klassischem Schwimm- und Saunavergnügen auch Erlebnisaufgüsse in der Sky Event Sauna. Das Urlaubserlebnis wird durch die hervorragende heimische Küche in der mit zwei Hauben ausgezeichneten Wilderer Gourmetstube komplettiert.

Travel Charme Fürstenhaus Am Achensee

6213 Pertisau,
Seepromenade 26

www.travelcharme.com
fuerstenhaus@travelcharme.com

Tel.: 05243 5442-678

Am azurblauen Achensee erwartet das im alpinen Stil gehaltene 4-Sterne-Superior-Hotel Fürstenhaus seine Gäste und verspricht eine entspannte Auszeit vom Alltag. Im Wellness-Bereich gibt es auf 3.000m² alles, was man zur Ruhefindung braucht – etwa eine Panoramasauna, einen Außen-Whirlpool und verschiedene Treatment-Räume. Im Restaurant Laurentius speist man mit eindrucksvollem Bergblick. Unbedingt sollte man das Alpensushi mit regionalen Zutaten probieren. Nach einem Drink an der Bar mit freistehendem Kamin findet man dank des Kissenmenüs und der gemütlichen Betten besonders erholsamen Schlaf.

St. Kathrein am Offenegg — STEIERMARK N4

Der Wilde Eder

8171 St. Kathrein am Offenegg, Dorf 3
www.der-wilde-eder.at
info@der-wilde-eder.at
Tel.: 03179 82350

Im Hotel Der WILDe Eder trifft man auf Herzlichkeit und Harmonie in perfekter Kombination mit Genuss und Gelassenheit. Feinschmecker kommen voll und ganz auf ihre Kosten – denn hier kann man nicht nur die köstlichen Kreationen verkosten, sondern auch selbst im Rahmen von Kursen mit Chefkoch Stefan Eder und Konditorweltmeisterin Eveline Wild Hand anlegen. Ruhe findet man im WILD-Kräuter-Spa, beispielsweise bei einer Klangschalenbehandlung, oder bei einem Spaziergang im duftenden Kräutergarten. Das umliegende Almenland lockt mit zahlreichen Erlebnissen – die Gastgeber kennen alle Geheimtipps.

St. Margarethen im Lungau — SALZBURG

Almgut

Mountain Wellness Hotel

5581 St. Margarethen im Lungau, Liftstraße 166
www.almgut.at
info@almgut.at
Tel.: 06476 4290

Die atemberaubende Bergwelt rund um das Hotel Almgut am Lungauer Hochplateau kann wahre Wunder wirken. Mittels Feng-Shui-Prinzipien soll die heilende Bergnatur ins Haus geholt werden. Damit wird eine traumhaft entspannte Atmosphäre geschaffen. Wem das nicht beruhigend genug ist, der muss nur den 1.000 m² großen Indoor-Spa-Bereich mit Saunen und Co oder den Paradiesgarten aufsuchen. Dort lösen sich alltägliche Sorgen in Luft auf! Der Almspa verfügt auch über Adults-Only-Zonen. Im Sommer werden geführte Wanderungen angeboten und im Winter laden die Pisten des Katschbergs zum Skifahren ein.

Eggerwirt

Spa & Vitalresort

5582 St. Michael im Lungau, Kaltbachstraße 5
www.eggerwirt.at
office@eggerwirt.at
Tel.: 06477 82240

Im Spa & Vitalresort Eggerwirt steht neben der Erholung vor allem eins im Zentrum: eine genüssliche Runde Golf. Kein Wunder, liegen doch neben dem Golfclub St. Michael noch vier weitere Plätze in unmittelbarer Umgebung. Das Haus bietet seinen Gästen dabei alles, was das Golferherz begehrt: Organisation von Abschlagzeiten, kostenlose Driving Range und Übungsplatz, Ermäßigungen, absperrbarer Caddy-Raum, Hotelturniere und vieles mehr. Zum Abschalten lädt der traumhaft ruhige Wellnessbereich ein, der aus der hauseigenen Bergquelle gespeist wird. Auch ein eigener Ladies-Spa steht hier zur Verfügung.

Seefeld TIROL D4

Alpin Resort Sacher Seefeld-Tirol

6100 Seefeld, Geigenbühelstraße 185
seefeld.sacher.com
seefeld@sacher.com
Tel.: 05212 22720

In Seefeld liegt das im Alpin-Chic gehaltene 5-Sterne-Superior-Wellnesshotel Alpin Resort Sacher. Seit September 2022 dem Hause Sacher zugehörig, bietet es nur wenige Gehminuten vom Ortszentrum eine Ruheoase für alle, die in der Bergwelt einen entspannten Urlaub verbringen wollen. Auf dem 20.000 m² großen Resort findet jeder sein individuelles Urlaubsglück. Das Team rund um Küchenchef Benedict Jakob kombiniert auf stets hohem Niveau gekonnt Innovation mit Regionalität und ist mit eciner Gault&Millau-Haube ausgezeichnet. Immer dabei: der herzliche Service und dank der Neupositionierung die Original Sacher-Torte.

Inntalerhof

6100 Seefeld, Möserer Dorfstraße 2
www.inntalerhof.at
info@inntalerhof.com
Tel.: 05212 4747

Wo könnte man besser die Seele baumeln lassen als in der faszinierenden Bergkulisse der Tiroler Alpenwelt? Genau dies bietet die Olympiaregion Seefeld. Und mittendrin befindet sich das Hotel Inntalerhof. Ob Golf- oder Wellnessurlaub, hier findet man das Beste aus beiden Welten. Die Alpenwellnesslandschaft mit Saunen lädt zum Entspannen und Energietanken ein, während man in beiden Golfclubs in Seefeld das Eisen schwingen kann. Abschlagzeiten, Trolleys und E-Cars für das ideale Golfvergnügen auf zwei der malerischsten Golfplätze des Landes können dabei entspannt an der Hotelrezeption gebucht werden.

Klosterbräu

6100 Seefeld, Klosterstraße 30 | www.klosterbraeu.at | info@klosterbraeu.com | Tel.: 5215 26 21

Wo Brauerei auf Wellnessresort trifft: Das Hotel Klosterbräu bietet fernab vom Alltagsstress einen wunderbaren, 3.500 m² großen Wellnessbereich mit fünf Wasserflächen, sieben Saunen und einem neuen Fitnessraum. Man muss ausnutzen, dass hier selbst Bier gebraut wird, so ist ein Schluck aus dem Bierbrunnen nach dem Saunagang quasi Pflicht. Wunderbar ist auch der Meditationsgang. Für große und kleine Tierliebhaber gibt es auch eine Bio-Landwirtschaft und einen Streichelzoo zu bestaunen. Dank der Kinderbetreuung, dem Spielzimmer sowie dem neuen Jugendraum kommt hier auch der Nachwuchs nicht zu kurz!

Serfaus TIROL C4

Cervosa

6534 Serfaus, Herrenanger 11 | www.cervosa.com | info@cervosa.com | Tel.: 05476 6211

Im Hotel Cervosa ist Wellness die Priorität Nummer eins! Mit insgesamt sechs Pools, elf Saunen, Ruhe- und Relaxräumen finden die Gäste hier im 3.000 m² großen Spabereich alles, was das Herz begehrt. Mit mehr als 2.000 Sonnenstunden im Jahr bietet die Sonnenterrasse den idealen Spot, um nach der Wellnessbehandlung oder dem Saunagang zu entspannen. Doch auch Aktivität kommt nicht zu kurz: Bei Nordic-Walking-Touren oder geführten Wanderungen lässt sich die alpine Landschaft erstklassig erkunden. Für das leibliche Wohl sorgen das Almfrühstück sowie das 6-Gänge-Abendmenü mit exquisiten Käsesorten vom Buffet.

Turracher Höhe KÄRNTEN I5

Hochschober

9565 Turracher Höhe, Nr. 5 | www.hochschober.com | urlaub@hochschober.com | Tel.: 04275 8213

Auf 1.763 Metern über dem Meeresspiegel, am Turracher See, residiert das Hotel Hochschober. Fast vergisst man im orientalischen Hamam oder dem Chinaturm, dass man sich mitten in den Kärntner Lärchen- und Zirbenwäldern befindet. Viel eher fühlt es sich wie eine Weltreise mitten im Hotel an. Indische

Yogaeinheiten, nordische Saunagänge und Alpen-Adria-Kulinarik komplettieren die Kulturreise. Um sich zu vergewissern, dass man in Kärnten ist, gibt es nichts Besseres als einen Skitag auf der Turracher Höhe, eine Winterwanderung oder Langlaufen. Wunderbar ist auch das außergewöhnliche Angebot an DIY-Kursen!

Tux TIROL E4

TUXERHOF
Hotel Alpin Spa

6293 Tux, Vorderlanersbach 80 | www.tuxerhof.at | info@tuxerhof.at | Tel.: 05287 85 11

Traumhaft eingebettet in die Tiroler Alpenlandschaft liegt der Tuxerhof Hotel Alpin Spa. Hier im Tuxertal finden die Gäste pure Erholung. Ob bei sportlichen Aktivitäten in den Bergen oder im Wellnessbereich mit all seinen Annehmlichkeiten wie Themensaunen, Yoga im Panoramaraum und verschiedenen Behandlungen: Hier vergisst man garantiert jeglichen Alltagsstress. Besondere Highlights sind die neue Panorama-Infrarotsauna und der Sunset Relaxpool auf dem Dach mit atemberaubendem Gipfelpanorama. Von der Gastgeberfamilie Schneeberger und ihrem herzlichen Team wird man hier wie von guten Freunden begrüßt.

Uderns TIROL E4

Wöscherhof Ⓝ

6271 Uderns, Kirchweg 26 | www.woescherhof.com | office@woescherhof.com | Tel.: 05288 63054

Ein kulinarischer „Hochgenuss" offenbart sich zwischen Almen und Berggipfeln im gleichnamigen Restaurant. Bekannt ist der Wöscherhof jedoch für sein breit gefächertes Wellnessangebot. Erholung für Körper und Geist bieten Panorama-Spa, Salzsauna und Co. Behandlungen wie Massagen, Packungen und Beauty-Behandlungen stehen ebenfalls auf dem Programm.

Lürzerhof

5561 Untertauern, Dorfstraße 23
www.luerzerhof.at
hotel@luerzerhof.at
Tel.: 06455 251

Im malerischen Alpenort Obertauern im Salzburger Land liegt das Hotel Lürzerhof. Hell und modern gehalten, verwöhnt man hier die Gäste mit einer 4.000 m² großen neuen Wellnesswelt. Während für die Erwachsenen neben Saunen und Dampfbädern, vom Indoor-Infinitypool bis zum Naturbadeteich, alles Erdenkliche geboten wird, können auch die Kleinsten im Kinderbecken und der Kuschellounge Wellnessfreuden genießen. Für die Kinder werden außerdem ein Kino, ein Kinderspielraum und eine Bowlingbahn angeboten. Genächtigt wird in eleganten Zimmern. Tipp: unbedingt die Edeldestillate aus der eigenen Brennerei probieren.

Warth VORARLBERG B4

Warther Hof

6767 Warth, Bregenzerwaldstraße 53
www.wartherhof.at
hotel@wartherhof.at
Tel.: 05583 3504

Wer im Warther Hof in Vorarlberg nächtigt, den hat es in einen authentisch-idyllischen Alpenort verschlagen. Die Skipiste liegt direkt gegenüber dem Hotel und wer im Sommer wandern gehen möchte, der hat es nicht weit zu einigen der schönsten Wanderwege der Alpen. Das Haus bietet ein umfangreiches Aktivprogramm an. Im 3.000 m² großen Wellnessbereich inklusive verschiedener Saunen, darunter eine Textilsauna für Familien, und unterschiedlichen In- und Outdoorpools können Körper und Geist entspannen. Auch eine Kinderbetreuung im hauseigenen Kids Club sorgt an fünf Tagen pro Woche für Unterhaltung der Kleinen.

Zell am Ziller TIROL E4

DasPosthotel

6280 Zell am Ziller, Rohrerstraße 4
www.dasposthotel.at
info@zillerseasons.at
Tel.: 05282 2236
0664 223 6000

Heimische Hölzer, hochwertige Stoffe und knallige Farben vereinen sich in den Designzimmern des Posthotels und schaffen Räume zum Wohlfühlen im Herzen von Zell am Ziller. Das kulinarische Angebot überzeugt ebenso: Mit selbst gebackenem Brot und hauseigenen Kaffee-Blends zum Frühstück ist der gelungene Start in den Tag bereits gesichert.

Gault&Millau

präsentiert die Jahrgangstabelle

Jahr	Niederösterr.	Burgenland	Steiermark	Wien	Südtirol	Piemont	Toskana	Bordeaux	Burgund	Rioja	Kalifornien
2001	6	6	6	5	5	6	5	5	6	6	7
2002	6	7	6	6	4	4	4	4	6	5	5
2003	5+	7	6	7	5+	6	6	5+	6	5	5
2004	5+	5+	4+	4	5	6	6	5	5	6	5
2005	5	4	5	5	4+	5	4+	6	5+	5+	5+
2006	6	7	5+	6	5	5	6	5	5	4+	4+
2007	5	5	5+	5	5	5	6	4	5	4+	5
2008	4	5	5+	5	4+	5	5	4–6	5	5	4+
2009	7	7	6	6	7	7	7	7	6	6	5
2010	3–5	4–5	5	4–5	5	5	5	7	4	6	4
2011	6	6–7	6	6	5	5	5	4–5	4–5	4–5	4–5
2012	6	6	6	6	5	6	6	4	6+	5	6
2013	6	6	6	6	6	5	5	3	5	4	5
2014	4	4–5	3–4	4	4+	5+	5	5	5	4	6
2015	7	7	7	6	7	6	6	7	7	6	6
2016	5	5	4	7	5	6	6	6	4	6	5
2017	6	7	6	6	5	4	5	4	6	5	6
2018	6	7	6–7	6	6	7	6–7	6	6+	5+	7
2019	7	7	7	7	6	6–7	6–7	6	6	6–7	6–7
2020	6	6–7	5–6	6	5+	6	7	5+	5–6	6	5–6
2021	6	6	6+	6	6	6–7	6–7	5+	5	7	6

0 = abzulehnen; 1 = schlecht; 2 = klein; 3 = mäßig; 4 = gut; 5 = sehr gut; 6 = erstklassig; 7 = hervorragend

Index A–Z

2

25hours Hotel 1070 Wien 90

A

A-Rosa Kitzbühel 6370 Kitzbühel 186
Adapura Wagrain 5602 Wagrain 172
Adler Inn 6294 Hintertux 41
aDLERS Lifestyle-Hotel Innsbruck 6020 Innsbruck 87
Aichinger 4865 Nußdorf 55
Almdorf Reiteralm 8973 Pichl 78
Almfrieden Hotel & Romantikchalet 8972 Ramsau 176
Almgut 5581 St. Margarethen 286
Almhof Family Resort & Spa 6281 Gerlos 118
Almmonte 5602 Wagrain 265
Alpegg Chalets 6384 Waidring 82
Alpen-Wellness Resort Hochfirst 6456 Obergurgl 262
Alpenhof 6293 Tux 48
AlpenParks Sonnleiten 5753 Saalbach 264
Alpenresort Schwarz 6414 Mieming 159
Alpin Resort Sacher Seefeld-Tirol 6100 Seefeld 287
Alpine Palace 5754 Hinterglemm 260
Alpinhotel Berghaus 6293 Tux 47
Alpinhotel Pacheiner 9520 Gerlitzen 40
Alpinresort Schillerkopf 6707 Bürserberg 36
Altes Kloster 2410 Hainburg 250
Altstadt Vienna 1070 Wien 150
Am Golfhotel Gut Weissenhof 5550 Radstadt ... 161
Am Holand 6883 Au 26
amiamo 5700 Zell am See 127
Ammerhauser 5102 Anthering 248
Andaz 1100 Wien 90
Anno Dazumal 6293 Tux 81
ARCOTEL Kaiserwasser 1220 Wien 255
art-lodge 9542 Treffen 149
Arthotel Blaue Gans 5020 Salzburg 108
Arula Chalets 6764 Lech 74
ARX Boutiquehotel 8971 Rohrmoos 108
At the park hotel 2500 Baden 249
AUERSPERG 5020 Salzburg 88
Augarten Art Hotel 8010 Graz 101
Auracher Löchl 6330 Kufstein 103
Aurelio 6764 Lech 187
Aurelio Hotel & Chalet 6764 Lech 187
Aviva 4170 St. Stefan 32

B

Babula am Augarten 1020 Wien 151
Balance 9210 Pörtschach 160
Bär 6352 Ellmau 38
BAR10ZIMMER 6850 Dornbirn 100
Bären 6881 Mellau 44
Bellevue 5700 Zell am See 67
Benglerwald 6653 Bach 70
Bergblick 6673 Grän 276
Bergdorf Riesner 8953 Donnersbach 71
berge 6450 Sölden 46
Bergergut 4170 Afiesl 232
Berghof 6764 Lech 159
Berghof 8972 Ramsau 45
Berghotel Tulbingerkogel 3001 Tulbingerkogel 254
Bergresort Seefeld 6100 Seefeld 180
Bergschlössl 6580 St. Anton 243
Bergwiesenglück 6553 See 146
Biberkopf 6767 Warth 111
Bichlhof 6370 Kitzbühel 216
Bio- und Wellnessresort Stanglwirt 6353 Going 274
Biohotel Grafenast 6136 Pill 222
Biohotel Gralhof 9762 Weissensee 228
Biohotel Schwanen 6874 Bizau 208
Blaue Gans 5020 Salzburg 108
Blü 5630 Bad Hofgastein 132
Böglerhof 6236 Alpbach 130
Boutique Hotel im Auracher Löchl 6330 Kufstein 103
Boutique Hotel Wachtelhof 5761 Maria Alm 106
Boutiquehotel Stadthalle 1150 Wien 92
Brandauer's Villen 5350 Strobl 236
Brennseehof 9544 Feld 52
Brillantengrund 1070 Wien 152
Bristol 5020 Salzburg 194
Brolli 8462 Gamlitz 234
Bründl 4190 Bad Leonfelden 248
Buchau 6212 Maurach 121
Bühlhof Penthouse 6764 Lech 73
Burg Vital Resort 6764 Lech 187
Bürgerhaus TiMiMoo 7071 Rust 108
Burghotel Lech 6764 Lech 138
Burgi's Living 6764 Lech 28
Burgstaller 9873 Döbriach 209

C

Central 6450 Sölden 191
Cervosa 6534 Serfaus 288
Cesta Grand Aktivhotel & Spa 5640 Bad Gastein 156
Chalet 1551 6764 Lech 73
Chalet Artemis 6580 St. Anton 80
Chalet Bischoferalm 6236 Alpbach 70
Chalet Grand Flüh 6672 Nesselwängle 75
Chalet Mimi 6764 Oberlech 77
Chalet N 6764 Oberlech 78
Chalet Plauderei 5722 Niedernsill 76
Chaletdorf Bergwiesenglück 6553 See 146
Chesa Valisa 6992 Hirschegg 214

Coburg Hotel Residenz 1010 Wien 195
Cortisen am See 5360 St. Wolfgang 58
Country Suites 5571 Mariapfarr 75
Cristallo 9863 Rennweg 123

D

Daberer 9635 Dellach 208
Daniel Wien 1030 Wien 92
Das Traunsee 4801 Traunkirchen 110
Das.Goldberg 5630 Bad Hofgastein 270
des Glücks 3684 St. Oswald 253
Dolomiten Residenz Sporthotel Sillian
9920 Sillian 264
Dolomitengolf Suites 9906 Lavant 158
Domplatz 4020 Linz 104
Dr. Jilly 9210 Pörtschach 56
Drahteselböck 7071 Rust 144

E

Ebner's Waldhof am See 5330 Fuschl...............273
Edelweiss 6763 Zürs 266
Edelweiss 5602 Wagrain 227
Edelweiss 5611 Großarl 277
Eder 5761 Maria Alm 43
Eggerwirt 5582 St. Michael 287
Eisenberg 8383 St. Martin 180
ElisabethHotel 6290 Mayrhofen 106
Elixhauser Wirt 5161 Elixhausen 234
Ellmauhof 5754 Hinterglemm 118
Engel 6673 Grän 277
Engstler 9220 Velden 162
Enzian 9762 Weissensee 65
Erzherzog Johann 8010 Graz 185
Europa 9220 Velden 64

F

Falkensteiner Balance Resort Stegersbach
7551 Stegersbach 32
Falkensteiner Hotel & Spa Bad Leonfelden
4190 Bad Leonfelden 26
Falkensteiner Hotel & Spa Carinzia
9631 Tröpolach 265
Falkensteiner Schlosshotel Velden
9220 Velden 192
Familiengut Burgstaller 9873 Döbriach 209
Familienhotel Die Seitenalm 5550 Radstadt 123
Familienresort Ellmauhof 5754 Hinterglemm ... 118
Feriendorf Holzleb'n 5611 Großarl 72
Fernsteinsee 6465 Nassereith 243
Feuerberg 9551 Bodensdorf 116
Fischer am See 6611 Heiterwang.........................53
Forelle 9762 Weissensee 64
Forsthofalm 5771 Leogang 280
Forsthofgut 5771 Leogang............................... 220
Forstinger 4780 Schärding................................ 89
FourElements 8923 Palfau 30
Franz Ferdinand 9631 Jenig 103
Fritsch am Berg 6911 Lochau 283
Fuchsegg Eco Lodge 6863 Egg 210

G

Gabrium 2340 Maria Enzersdorf.......................140
Galtenberg Family & Wellness Resort
6236 Alpbach 116
GAMS zu zweit 6870 Bezau 233
Garten-Hotel Ochensberger 8181 St. Ruprecht 224
Gartenhotel Crystal 6263 Fügen 39
Gassner 5741 Neukirchen.................................. 44
Gästehaus Wallner 9220 Velden 150
Gasthof Jagersimmerl 4645 Grünau 170
Geinberg 4943 Geinberg 274
Geinberg5 Private Spa Villas 4943 Geinberg....184
Genießer-Schlosshotel Seewirt
8664 Turracher Höhe.....................................227
Genießerhotel Bergergut 4170 Afiesl 232
Genießerhotel Die Forelle 9762 Weissensee..... 64
Geniesserhotel Sonnhof 5621 St. Veit............ 224
Geniesserhotel Unterlechner
6392 St. Jakob in Haus 31
Genussdorf Gmachl 5101 Bergheim 272
Genusshotel Riegersburg 8333 Riegersburg 144
Gilbert 1070 Wien 151
Gmachl 5101 Bergheim 272
Gmachl Elixhausen 5161 Elixhausen 234
Goldberg 5630 Bad Hofgastein 270
Golden Hill Country Chalets & Suites
8505 St. Nikolai... 80
Goldener Berg 6764 Lech..................................218
Goldgasse 5020 Salzburg 88
Goldstück 5753 Saalbach................................. 30
Golfresort Haugschlag 3874 Haugschlag 157
Gradonna Mountain Resort 9981 Kals 214
Grafenast 6136 Pill 222
Gralhof 9762 Weissensee 228
Grand Ferdinand 1010 Wien 92
Grand Hotel Wien 1010 Wien............................194
Grand Hotel Zell am See 5700 Zell am See........ 66
Grand Tirolia Hotel Kitzbühel 6370 Kitzbühel .. 157
grätzl hotel Meidlinger Markt 1120 Wien 93
Grimming 5661 Rauris 177
Grundlsee 8993 Grundlsee...................................52
Guest House 1010 Wien 113
Gut Guntrams 2625 Schwarzau.........................225
Gut Pössnitzberg 8463 Leutschach................. 220

H

Habachklause 5733 Bramberg 117
Haldensee 6672 Nesselwängle 28
Hasenauer 5754 Hinterglemm 41
Haugschlag 3874 Haugschlag 157
Haus Hirt Hotel & Spa 5640 Bad Gastein..........100
Herkuleshof 9815 Kolbnitz 138

Hilton Vienna Danube Waterfront 1020 Wien 66
Hintertuxerhof 6293 Tux 126
Hirlanda 6763 Zürs 266
Hirschwang 2651 Reichenau 252
Hochfirst 6456 Obergurgl 262
Hochgurgl 6456 Hochgurgl 170
Hochkönigin 5761 Maria Alm 140
Hochschober 9565 Turracher Höhe 288
Höflehner 8967 Haus 214
Hollmann am Berg 9565 Ebene Reichenau 72
Holzhotel Forsthofalm 5771 Leogang 280
Hyperion Salzburg 5020 Salzburg 89

I

Ifen Hotel 6992 Hirschegg 279
Ikuna Naturresort 4723 Natternbach 222
Im Park 8490 Bad Radkersburg 232
Imlauer Hotel Schloss Pichlarn 8943 Aigen 184
Imperial Wien 1015 Wien 195
INNs HOLZ 4161 Ulrichsberg 81
Innsbruck 6020 Innsbruck 87
Inntalerhof 6100 Seefeld 287
Interalpen-Hotel Tyrol 6410 Telfs 192

J

Jagdhof 6167 Neustift 284
Jägerwirt 8864 Turrach 62
Jaglhof 8462 Gamlitz 136
Jaz in the City Vienna 1060 Wien 112
Jilly 9210 Pörtschach 56
Josefine 1060 Wien 92
Juffing Hotel & Spa 6335 Thiersee 32
Jungbrunn 6675 Tannheim 148
Juwel 5754 Hinterglemm 278

K

Kaiser Moments 6353 Going 136
Kaiserblick Hotel 6352 Ellmau 260
Kaiserhof 6370 Kitzbühel 272
Kaiserhof Wien 1040 Wien 255
Kaiserlodge 6351 Scheffau 191
Kaiserwasser 1220 Wien 255
Karnerhof 9580 Villach-Drobollach 64
Kärntnerhof 1010 Wien 93
Karwendel 6213 Pertisau 285
Katamaran 7071 Rust 57
Kauz Design Chalets 5582 St. Michael 80
Kempinski Hotel Das Tirol Jochberg 6373 Jochberg 186
Kempinski, Palais Hansen 1010 Wien 194
Kesselspitze 5562 Obertauern 188
Kinderhotel Buchau 6212 Maurach 121
Kitzhof 6370 Kitzbühel 251
Kleines Hotel Kärnten 9580 Egg/Faaker See 100
Kleinsasserhof 9800 Spittal 147
Klosterbräu 6100 Seefeld 288
Knappenhof 2651 Reichenau 107
Kohlmayr 5562 Obertauern 284
Koller 4824 Gosau 213
Kollers 9871 Seeboden 60
Kontor 6060 Hall 87
KOSIS 6263 Fügen 39
Kothmühle 3364 Neuhofen 222
Krainerhütte 2500 Baden 250
Krallerhof 5771 Leogang 281
Kristall 6213 Pertisau 235
Krone 1512 5020 Salzburg 89
Krone 6850 Dornbirn 102
Kronthaler 6215 Achenkirch 26

L

La Pura 3571 Gars 203
LAKE'S – my lake hotel & spa 9210 Pörtschach 236
Lamée 1010 Wien 112
Landgut Moserhof 9816 Penk 78
Landhaus Koller 4824 Gosau 213
Landhaus zu Appesbach 5360 St. Wolfgang 60
Lanserhof Lans 6072 Lans 204
LaPosch 6633 Biberwier 71
Lärchenhof 6383 Erpfendorf 39
Larimar 7551 Stegersbach 181
Le Méridien Wien 1010 Wien 94
Lermoos 6631 Lermoos 283
Lehenriedl 5602 Wagrain 82
Lendhotel 8020 Graz 86
Leo Grand 1010 Wien 152
liebes Rot-Flüh 6673 Grän 168
Linde 9082 Maria Wörth 54
Linde 9082 Maria Wörth 54
Loisium Langenlois 3550 Langenlois 104
Löwe & Bär 6534 Serfaus 126
Lürzerhof 5561 Untertauern 290
Luxuschalet Schmiedalm 5754 Saalbach 79
Luxuslodge Zeit zum Leben 5524 Annaberg 70

M

Magdalena 6273 Ried 178
magdas Hotel 1030 Wien 94
Maiers Kuschelhotel 8282 Loipersdorf 235
Mama Thresl 5771 Leogang 139
Mari Pop 6273 Ried 107
Marienhof 2651 Reichenau 252
MAX 6100 Seefeld 110
Max Brown 7th District 1070 Wien 94
Maximilian 5020 Salzburg 144
Maxx 1050 Wien 256
Meliá Vienna 1220 Wien 256
Mesnerhaus 5570 Mauterndorf 141
Minglers Sportalm 6365 Kirchberg 42
Miramonte 5640 Bad Gastein 166
Moerisch 9871 Seeboden 161

Molzbachhof 2880 Kirchberg 215
MOOONS 1040 Wien 112
Mooshaus 6183 Kühtai 280
Moserhof 2352 Gumpoldskirchen 40
Moserhof 9871 Seeboden 46
Motto 1060 Wien 112
Mountain Resort Feuerberg 9551 Bodensdorf .. 116
Mozart Hotel 5020 Salzburg 109
Mühle Resort 1900 6456 Obergurgl 29
Mühlenhof Rooms Boutique bed & breakfast 3550 Langenlois 104
Mühltalhof 4120 Neufelden 143

N

NALA individuellhotel 6020 Innsbruck 102
Narzissen Vital Resort 8990 Bad Aussee 202
Nationalpark 7142 Illmitz 251
Nationalpark Hotel, Illmitz 7142 Illmitz 251
Natur- und Wellnesshotel Höflehner 8967 Haus 214
Naturdorf Oberkühnreit 5741 Neukirchen 76
Naturhotel Edelweiss 5602 Wagrain 227
Naturhotel Forsthofgut 5771 Leogang 220
Naturhotel Waldklause 6444 Längenfeld 216
Nesslerhof 5611 Großarl 278
Nidum Casual Luxury Hotel 6100 Mösern 44

O

Oberforsthof 5600 St. Johann 124
Ochensberger 8181 St. Ruprecht 224
Original FX Mayr 9082 Maria Wörth 204

P

Pacheiner 9520 Gerlitzen 40
Palais 26 9500 Villach 90
Palais Coburg Hotel Residenz 1010 Wien 195
Palais Hansen Kempinski Vienna 1010 Wien 194
Palais-Hotel Erzherzog Johann 8010 Graz 185
Panorama Royal 6323 Bad Häring 167
Park Hyatt Vienna 1010 Wien 196
Parkhhotel Schönbrunn 1130 Wien 244
Parkhotel Hirschwang 2651 Reichenau 252
Parks 9220 Velden 63
pentahotel Wien 1050 Wien 94
Peternhof 6345 Kössen 158
Pichlmayrgut 8973 Pichl 122
Pierer 8163 Fladnitz 213
Pössnitzberg 8463 Leutschach 220
Post 6380 St. Johann 110
Post am See 4801 Traunkirchen 62
Post Family Resort 5091 Unken 126
Post Lech 6764 Lech 188
Post Lermoos Geniesserhotel 6631 Lermoos .. 283
Posthotel 6280 Zell 290
Posthotel Achenkirch 6215 Achenkirch 232
Postillion am See 9872 Millstatt 55
Priesteregg Premium Eco Resort 5771 Leogang 74
Puradies 5771 Leogang 218
Pures Leben Stadl Wuggitz 8455 Oberhaag 77

R

Ramsauhof 8972 Ramsau 224
Rasmushof Hotel Kitzbühel 6370 Kitzbühel 158
Ratscher Landhaus 8461 Ehrenhausen 211
Refugium Hochstrass 3073 Stössing 253
Reiterhof 6215 Achenkirch 166
Reiters Reserve Finest Familyhotel 7431 Bad Tatzmannsdorf 116
Reiters Reserve Supreme Hotel 7431 Bad Tatzmannsdorf 27
RelaxResort Kothmühle 3364 Neuhofen 222
Renaissance Wien Hotel 1150 Wien 256
RETTER Bio-Natur-Resort 8225 Pöllauberg 223
Rickatschwende F. X. Mayr Health Retreat 6850 Dornbirn 203
Riederalm 5771 Leogang 120
Riederhof 6531 Ried 177
Rieser 6213 Pertisau 122
Ritz-Carlton, Vienna 1010 Wien 198
Ritzlerhof 6432 Sautens 180
Rogner Bad Blumau 8283 Bad Blumau 270
Römerstein 8282 Bad Loipersdorf 134
Ronacher 9546 Bad Kleinkirchheim 271
Rosewood Vienna 1010 Wien 197
Ruby Lissi 1010 Wien 95

S

Sacher Salzburg 5020 Salzburg 190
Sacher Seefeld-Tirol 6100 Seefeld 287
Sacher Wien 1010 Wien 197
Saint Shermin – Bed, Breakfast & Champagne 1040 Wien 113
Salve 6361 Hopfgarten 42
Salzburgerhof 5700 Zell am See 199
Sans Souci Wien 1070 Wien 197
Sarotla 6708 Brand 156
Sattlerwirt 6341 Ebbs 250
Schalber 6534 Serfaus 172
Schani Salon 1070 Wien 113
Schillerkopf 6707 Bürserberg 36
Schloss an der Eisenstrasse 3340 Waidhofen .. 237
Schloss Dürnstein 3601 Dürnstein 240
Schloss Fernsteinsee 6465 Nassereith 243
Schloss Leonstain 9210 Pörtschach 143
Schloss Mittersill 5730 Mittersill 142
Schloss Mönchstein 5020 Salzburg 189
Schloss Obermayerhofen 8272 Sebersdorf 145
Schloss Pichlarn 8943 Aigen 184
Schloss Seefels 9212 Pörtschach, Techelsberg 189
Schloss Thalheim 3141 Kapelln 241

Schloss Thannegg
8962 Michaelerberg-Pruggern 242
Schloss Weikersdorf 2500 Baden 240
Schloss Wilhelminenberg 1160 Wien 244
Schlossberghotel 8010 Graz 101
Schlosshotel Fiss 6533 Fiss 184
Schlosshotel Ischgl 6561 Ischgl 185
Schlosshotel Prielau 5700 Zell am See 244
Schreiners Essen & Wohnen 1070 Wien 152
Schwanen 6874 Bizau 208
Seefischer 9873 Döbriach 52
Seegasthof Stadler 4866 Unterach 63
Seeglück Hotel Forelle 9872 Millstatt 160
Seehotel Brandauer's Villen 5350 Strobl 236
Seekarhaus 5562 Obertauern 121
Seetal 6272 Kaltenbach 119
Seewirt 8664 Turracher Höhe 227
Seewirt Mattsee 5163 Mattsee 28
Seitenalm 5550 Radstadt 123
Seminar- und Eventhotel Krainerhütte
2500 Baden 250
Senhoog 5771 Leogang 74
Sepp 5761 Maria Alm 106
Severin's 6764 Lech 188
Sille 9081 Reifnitz 56
SO/VIENNA 1020 Wien 95
Sonja – Alpine Resort 5721 Piesendorf 176
Sonne 5753 Saalbach 178
Sonne Lifestyle Resort Bregenzerwald
6881 Mellau 284
Sonnenburg 6764 Lech 119
Sonnhof 5621 St. Veit 224
Sonnhof Alpendorf 5600 St. Johann 264
Sonnhof European Ayurveda 6335 Thiersee 46
Sonnreich 8282 Bad Loipersdorf 272
Spa Resort Styria 8271 Bad Waltersdorf 27
Spielmann 6632 Ehrwald 233
Spiess & Spiess 1030 Wien 95
Spinnerei Designhotel Linz 4030 Linz 104
Sporer Alm 6280 Rohrberg 79
Sportalm 9546 Bad Kleinkirchheim 133
Sporthotel Lorünser 6763 Zürs 49
Sporthotel St. Anton 6580 St. Anton 45
Sportresidenz Zillertal 6271 Uderns 49
Stadler 4866 Unterach 63
Stadthalle 1150 Wien 92
STAGE 12 – Hotel by Penz 6020 Innsbruck 88
Stanglwirt 6353 Going 274
Staribacher 8430 Leibnitz 252
Stein 5020 Salzburg 30
Steiner 5562 Obertauern 122
Steinerwirt 5090 Lofer 139
Steirereck am Pogusch 8625 Turnau 149
Steirerhof 8271 Bad Waltersdorf 168
Stock 6292 Finkenberg 136
Strandhotel am Weissensee
9762 Weissensee 66
Strandhotel Sille 9081 Reifnitz 56
Streklhof 9220 Velden 150
Student Hotel Vienna 1020 Wien 96
Superbude Wien 1020 Wien 95

T

Tannenhof 5600 St. Johann im Pongau 124
Tannenhof 6580 St. Anton 190
Tauern Spa Zell am See – Kaprun
5710 Kaprun 42
Tauernhof 5611 Großarl 278
Teichwirt 8163 Teichalm 181
Theresa 6280 Zell 228
Therme Laa – Hotel & Silent Spa 2136 Laa 172
Thierseerhof 6335 Thiersee 226
Tirol 6561 Ischgl 171
Tirol Jochberg 6373 Jochberg 186
Tirol Lodge Ellmau 6352 Ellmau 260
TOP Hotel Hochgurgl 6456 Hochgurgl 170
Traube Braz Alpen.Spa.Golf.Hotel 6751 Braz ... 156
Traunsee 4801 Traunkirchen 110
Travel Charme Fürstenhaus Am Achensee
6213 Pertisau 285
Travel Charme Ifen Hotel 6992 Hirschegg 279
Trofana Royal 6561 Ischgl 186
TROFANA ROYAL 6561 Ischgl 186
Tulbingerkogel 3001 Tulbingerkogel 254
TUXERHOF 6293 Tux 289
Tyrol 1060 Wien 111

U

Übergossene Alm Resort 5652 Dienten 117
Ullrhaus 6580 St. Anton 109
Unterschwarzachhof 5754 Saalbach 124

V

Valavier Aktivresort 6708 Brand 36
VAYA Fieberbrunn fine living resort
6391 Fieberbrunn 101
Verwalter 6850 Dornbirn 135
Verwöhnhotel Kristall 6213 Pertisau 235
Vienna House Martinspark Dornbirn
6850 Dornbirn 86
Villa Antoinette 2680 Semmering 147
Villa Ivy 5081 Salzburg 109
Villa Postillion am See 9872 Millstatt 55
Villa Rosa 8343 Bad Gleichenberg 131
Villa Verdin 9872 Millstatt 141
Vitalhotel Therme Geinberg 4943 Geinberg 274
Vivamayr Altaussee 8992 Altaussee 202
Vivamayr Maria Wörth 9082 Maria Wörth 204
Vortuna Gesundheitsresort
4190 Bad Leonfelden 202

W

Wachtelhof 5761 Maria Alm 106
Wälderin 6881 Mellau....................................262
Waldhaus Rudolfshöhe 5640 Bad Gastein 131
Waldklause 6444 Längenfeld..........................216
Waldruhe 9941 Kartitsch 138
Warmbaderhof 9504 Villach Warmbad............162
Warther Hof 6767 Warth 290
Wasnerin 8990 Bad Aussee........................... 208
Weikersdorf 2500 Baden 240
Weinrefugium Brolli Südsteiermark
8462 Gamlitz 234
Weisses Rössl 5360 St. Wolfgang.......................59
Wellnesshotel Alpin Juwel 5754 Hinterglemm. 278
Wellnesshotel Der Engel 6673 Grän................277
Wellnessresort Amerika-Holzer am See
9122 Klopeiner See 54
Werzer's Hotel Resort Pörtschach
9210 Pörtschach 56
Wesenufer 4085 Wesenufer............................254
Weyerhof 5733 Bramberg...............................134
Wiener Gäste Zimmer 1100 Wien 153
Wiesergut 5754 Hinterglemm..........................102
Wiesler 8020 Graz 86
Wilde Eder 8171 St. Kathrein 286
Wildspitze 6481 Mandarfen 43
Wilhelmshof 1020 Wien...................................151
Winzer 4880 St. Georgen 31
Wöscherhof 6271 Uderns............................... 289

Y

Yscla 6561 Ischgl 261

Z

Zeitgeist Vienna 1100 Wien 96
Zell am See 5700 Zell am See 237
Zhero Hotel 6555 Kappl...................................103
Zillertalerhof 6290 Mayrhofen........................107
Zoku Vienna 1020 Wien 96
Zola 1020 Wien 153
Zugspitz Resort 6632 Ehrwald 36
Zum Oberjäger 7322 Lackenbach.................. 242
Zum Verwalter 6850 Dornbirn 135
Zürserhof 6763 Zürs 266
Zwölferhaus 5754 Hinterglemm 40

NOTIZEN

NOTIZEN

NOTIZEN